원자력발전소 경영 리더를 위한

리더십 클리닉

# 원자력발전소 경영과 코칭 리더십

# 원자력발전소 경영과 코칭 리더십

| | |
|---|---|
| 초판인쇄 | 2022년 10월 13일 |
| 초판발행 | 2022년 10월 24일 |

| | |
|---|---|
| 지은이 | 이병식 손태경 공저 |
| 발행인 | 조현수 |
| 펴낸곳 | 도서출판 더로드 |
| 마케팅 | 최관호 최문섭 |
| IT 마케팅 | 조용재 |
| 교정교열 | 이승득 |
| 디자인 디렉터 | 오종국 Design CREO |

| | |
|---|---|
| ADD | 경기도 고양시 일산동구 백석2동 1301-2 |
| | 넥스빌오피스텔 704호 |
| 전화 | 031-925-5366~7 |
| 팩스 | 031-925-5368 |
| 이메일 | provence70@naver.com |
| 등록번호 | 제2015-000135호 |
| 등록 | 2015년 06월 18일 |

정가 28,000원
ISBN 979-11-6338-318-5 03320

원자력발전소 경영 리더를 위한

리더십 클리닉

# 원자력발전소 경영과 코칭 리더십

이병식 손태경 공저

도서 출판 더로드
The Road Books

# "한국 원자력의 재도약을 위해 도전하기를 염원해 보면서"

2018년 필자가 한국전력 원자력대학원대학교(KINGS)에 겸임교수로 근무 시 회사(한수원)의 배려로 현직의 동료와 함께 중국 심천에서 개최된 세계원자력사업자협회(WANO) 파리센터가 주관한 원자력 리더십 개발 1주 과정에 참석하면서 앞으로 중국의 원전 운영관리 능력이 한국을 넘어설 정도의 괄목상대로 발전하게 되리라는 깊은 인상을 받았다. 원자력 리더십 개발 과정에 참석하는 중국 원전에 종사하는 경영진과 고위 간부들의 참여도와 열정이 상상을 초월할 정도로 대단하였기 때문이다. 한국도 원전 초기 도입 시와 원전 기술 자립을 위해 매진할 당시에 이러한 고조된 분위기가 있었다. 이제 다시 우리도 이러한 열정으로 한국 원자력의 재도약을 위해 도전하기를 염원해 보면서 이 책을 연다.

지금으로부터 약 11년 전 일본 후쿠시마 원전 중대사고 이전에는 국내 원전 운영이 세계 최고라는 생각이 한수원 경영진과 간부들 사이에 공공연하게 회자되었고 또한 외부에도 자랑스럽게 홍보하곤 했다. 원전 정지 건수와 원전 이용률 등 외부에 나타난 실적은 세계 최고 수준이었기 때문이다. 그 후로 고리원자력1호기 소내외 전원 상실사건(SBO)의 은폐, 원전 부품 관련 비리와 품질 서류 위조된 기자재 사용 등으로 원전 운영자의 명예와 운영실적이 동반 추락하기 시작하였다. 지난 5년간 탈원전 정책의 소용돌이와 세계 어느 나라보다 더 엄격한 안전 규제 속에서도 원전 운영자는 많은 노력을 기울였지만 국내 원전 운영실적은 미국 원전의 연평균 이용률 대비 약 20% 이상 떨어진 상태로서 이제는 우리 국내 원전 운영 능력이 세계 최고 수준이라고 더 이상 말할 수 없게 되었다. 무엇보다도 큰 문제는 원전 운영실적이 형편없이 떨어진 원인을 지나치게 비합리적이며 반친화적 규제환경 등 외부 원인으로만 돌리고 원전 운영관리 능력을 최고 수준으로 업그레이드시키려는 강한 의지와 각성의 절실함을 깨닫지 못할 수가 있다는 것이다.

한국이 최초로 수출한 UAE 바라카 원전은 한국 사람과 국내 기술로 건설되었으나 발전소 준공 후, 운영은 한국인과 한국의 운영관리 시스템이 영어 구사 능력과 리더십이 우수한 인력으로 교체되고 선진 원전 운영시스템으로 완전히 바뀐 것은 우리에게 시사하는 바가 크다.

이에 대한 여러 가지 해석이 있을 수 있으나 한 가지 분명한 원인 중의 하나는 국내 원전 운영시스템과 프로세스 등 운영 소프트웨어가 더 이상 매력적이지 않고 최고 수준이 아니라는 것이다. 더 상세한 원인 분석은 책을 읽어

보면 알 수 있지만, 2005년부터 선진 엔지니어링 제도를 국내 원전에 도입하기 시작했지만 지속적으로 개선하여 완전히 우리의 것으로 소화하여 뿌리를 내리지 못했기 때문에 외국 전문가의 눈에는 우리의 원전 운영시스템이 완성도가 낮은, 보통 수준으로 보였기 때문이라고 생각된다. 이 이야기를 하는 이유는 현재 국내 원전 운영 능력 수준이 세계적으로 볼 때 어느 정도의 위치에 놓여 있는지를 냉정하고 분명히 볼 필요가 있기 때문이다. 원전 운영 능력은 원전 종사자의 전문기술 능력뿐만 아니라 이를 효과적으로 구현할 수 있는 운영시스템과 프로세스 효용성에 달려 있다. 바라카 원전 본부에서 국내 원전 운영 능력이 이 두 분야에서 모두 낮은 평가를 받고 있는 것에 대해서 객관적 시각으로 돌아보아야 하며 재도약의 기회로 삼아야 할 것이다.

필자가 이 책을 쓰게 된 직접적인 원인은 한국이 24기 원전이 가동되고 있는, 원전 설비용량 기준 세계 6위의 원자력발전 강국이지만 실제 원전 운영 현장에서 발전소장 등 경험이 있는 원자력 리더십 전문 강사가 거의 없다는 데 있다. 믿기 어렵겠지만 이는 사실이다. 필자가 국내 원자력 리더십 전문 강사 자칭 1호이며 〈원자력발전소 경영과 코칭 리더십〉이라는 이 책자가 원자력 리더십을 중점적으로 언급하는 최초의 도서이기 때문이다. 국내 원전 종사자의 리더십 교육은 타 분야 리더십 교육과 매일반이다. 이는 원자력 리더십에 대한 관심과 이해가 부족하여 일반 리더십 교육과 별반 다르지 않다고 보았기 때문이다. 때때로 미국원자력발전협회(INPO), 세계원자력사업자협회(WANO)

또는 캐나다 중수로사업자그룹(COG)에서 운영하는 원자력 리더십 개발교육에 소수의 참여 대상자를 보내 교육을 받거나 몇 년에 한 번 정도 해외 원자력 리더십 전문 강사를 초빙하여 교육하는 정도로서 많은 교육대상자에 비하면 그야말로 메마른 논바닥에 물 한 바가지 붓는 격으로서, 운 좋게 기회를 얻은 참석자들에게는 큰 교육효과가 있지만, 이러한 원자력 국제기구에 의한 간헐적인 리더십 교육은 회사 전체적인 측면에서 그 영향이 미미할 수밖에 없다. 또한 나라마다 원전 사업의 환경과 조직 문화가 다르기 때문에 원자력 리더십의 핵심 본질과 요소는 동일하지만 중요도에 따라 구체적 적용에 있어서는 효과적인 방법이 다를 수 있다. 때문에 국내 실정에 맞는 원자력 리더십 개발 및 훈련 프로그램이 필요하다. 한국이 수출한 UAE 바라카 원전 초기운영단계에서 중요 상위 보직에 있던 국내 경험 인력이 급속히 밀려 나가는 것도 체계적이며 전문화된 국내의 원자력 리더십 교육부재와 큰 관련이 있다고 본다.

원전 운영자인 한수원에서는 계층별 리더십 교육에 원전 운영 종사자들도 사무, 건설 등과 함께 일반적인 리더십 교육을 필수 과정으로 운영하고 있다. 이러한 일반적인 리더십 교육도 필요하겠지만 원전 운영 종사자에게는 원자력 안전이 핵심이 되며 이를 실질적으로 현장에 적용할 수 있도록 하는 원자력 리더십 교육이 필수적으로 요구된다. 상기에 언급한 원자력 국제기구 역시 이를 강조하며 원자력 선진국에서는 원전 운영 종사자에 대한 원자력 리더십 교육의 중요성을 인식하여 리더십 개발 전문 프로그램을 별도로 개발하거나 원자력 국제기구 교육 프로그램을 적극적으로 활용하고 있다.

본 책자의 제목으로 사용된 "원자력발전소 경영과 코칭 리더십"의 "경영"이라는 단어가 원전 현장 관리자들에게 친숙하게 느끼지 않을 것이다. 대부분의 원전 현장 관리자들은 자신을 경영 리더로 보지 않고 운영관리자로 간주한다. 경영 리더는 사장이나 임원들로만 생각되기 때문이다. 그러나 이제는 맡겨진 발전소 설비관리를 담당하는 운영관리자로서의 좁은 시야에서 벗어나 모든 인적, 물적 자원을 효율적으로 관리하여 목표를 달성하는 경영 리더로서의 비전, 그리고 시야와 업무 능력이 필요하다. MZ세대의 직원들이 증가함에 따라 원자력 전문기술 능력뿐만 아니라 인정과 경청의 소통과 코칭 능력, 개인의 능력개발과 팀워크를 향상하여 발전소 성능 목표를 지속적으로 달성시키는 발전소 경영 리더로서 능력을 갖추는 리더십 개발교육이 더욱 필요로 하고 있다. 두 개 호기 기준 원자력발전소에는 약 750명의 원전 운영자와 협력업체 직원들이 근무하고 있고 원전 설비를 안전하고 신뢰성 높게 운영하기 위해 매년 수백억 원의 예산을 사용하고 있다. 그러므로 원전 운영보다는 "경영"이 맞으며 운영관리자보다는 원전 "경영 리더"로 호칭하는 것이 타당하다고 본다.

한국의 원자력, 특히 원자력발전소 경영에 있어 앞으로 닥칠 위험과 기회가 우리 앞에 함께 놓여 있음을 본다. 앞으로 당면할 위험은 그 전과는 다른 성격의 새로운 위험으로서 대비를 철저히 해야 할 것이다. 2010년 후반부터 시작된 숙련된 경험 인력의 대거 퇴직으로 현재 원전 현장의 경험 인력이 쓰나미처럼 빠져나가고 있고 지난 5년간 탈원전 정책으로 앞으로 신규 원전 건설이 본격화될 때까지 영세한 원전 기자재 중소업체의 아사 상태가 당분간 지속될 것으로 보이며 이로 인한 기자재 적기 조달 및 품질 저하 문제 발생 가능성이 높아 보인다. 기회로는 올해 5월에 출범한 새로운 정부는 탈원전을 폐기하고 신한울원자력 3, 4호기 건설과 설계수명에 근접한 기존 원전의 수명연장과 원전의 해외 수출을 적극적으로 추진하려고 한다. 원전 건설과 발전 분야에서 약 40년간 일해온 사람으로서 이보다 다행스러운 일은 없으나, 우리 앞에 놓인 기회들은 운영 중인 원전의 안전 운영이 지속적으로 뒷받침될 때만 가능하다는 평범한 사실을 강조하고 싶다. 지금 국내 원전 운영 능력이 어느 위치에 있는지 냉정히 돌아보고 앞으로 다가올 위험이 무엇인지를 면밀히 분석하여 취약점에 대비하여야 할 것이다. 필자가 보기에는 원전 운영 관련 전문 인력의 양성과 능력개발, 원전 소(실)장과 팀장 등 경영리더의 코칭을 가미한 원자력 코칭 리더십 개발 그리고 병행하여 원전 운영시스템과 프로세스의 고도화 추진이 더욱 절실하게 필요한 시점이다.

끝으로 본 도서 발간 목적과 내용을 간략히 소개하면서 머리말을 마치고자 한다. 책의 전반부는 원자력발전소 현장 근무 경험이 없거나 적은 분들을 위해 원전의 3대 구성요소인 발전설비, 설비를 운영하는 사람들과 안전 운영을 위한 시스템과 프로세스 등을 설명하고, 원자력발전소 운영조직의 업무 기능을 부서 고유기능과 발전소 공통기능에 대해 무슨 일을 하며 업무

수행 기본원칙과 주요 프로세스 등을 간략히 소개하고 필자의 경험을 토대로 선진 외국 원전운영과 비교하여 각각의 기능에 대해 향후 개선 방향을 제시하였다.

책의 후반부는 원자력발전소 경영 리더 양성을 위해 원자력 국제기구를 포함 국내외 원자력 리더십 교육 프로그램 내용을 소개하고 국내의 원자력발전 사업환경을 고려하여 우리 실정에 맞는 원자력 리더십 교육 프로그램의 긴급한 필요성에 관해 기술하였다. 또한 원자력발전소 사업환경이 더욱 어려워 짐에 따라 원전 경영 리더의 다양한 고충을 소개하며 원전 소(실)장 리더십 교육 경험을 토대로 각각의 리더십 항목에 대한 리더십 실패 사례와 이런 문제를 예방 또는 해결할 방법을 리더십 클리닉으로 제시하였다.

원자력 리더십 클리닉은 온전히 필자의 원전 소(실)장 현장 근무 경험과 수년간의 원전 소(실)장 리더십 교육을 통해 나온 것으로, 필자의 주관적이며 체험적인 성격이 짙으므로 독자에 따라서는 다르게 받아들일 수 있다. 그럼에도 불구하고 본 도서가 원자력 산업계에 종사자들에게 원전 경영과 원자력 리더십에 대한 인식을 높이는 데 크게 기여하리라 기대한다.

끝으로 지식과 경험이 많은 베이비붐 세대가 원전 산업현장에서 급격히 빠져나가면서 그 공간을 MZ세대가 빠르게 채워가고 있는 요즈음 원전 경영 리더의 리더십도 시대가 요구하는 코칭 리더십을 갖추도록 바뀌어야 한다는 것을 코칭과 코칭 리더십 항목에서 자세히 기술하였다.

본 도서가 원자력 산업계에 근무하고 싶은 대학생과 원자력을 제대로 이해하고 싶은 일반인에게 원전 설비의 하드웨어가 아닌 그 안에 근무하는 사람들과 운영시스템 등 바깥에서는 잘 보이지 않은 주요 소프트웨어 측면을 이해하는 데 도움이 되기를 바라고 원자력 경영 리더가 되기를 바라는 원자력 산업계 종사자들의 리더십 개발과 함양에 실제적으로 도움이 되기를 간절히 기원한다.

2022년 10월

저자 **이병식 손태경**

## "코칭 리더십이 원자력 안전문화 증진"

　　　　　　　　　　"원자력발전소 경영과 코칭 리더십" 본 도서는 여러 가지 측면에서 내게는 무척이나 흥미롭다.

　첫째는 원전 설비의 복잡한 하드웨어를 다루지 않고 내부에 잘 보이지 않은 소프트웨어적인 운영관리 시스템과 프로세스 또한 이를 다루는 사람들의 활동을 소개하는 최초의 도서로서, 현재 원전에 종사하는 근무자들뿐만 아니라 원자력 분야에 일하고 싶은 학생들과 원전에 대한 호기심이 있는 일반인에게도 원전이 어떻게 운영되고 있는지 세세한 부분까지 충실하게 서술하고 있기 때문이다.

　둘째는 본 도서가 원자력리더십 교육이 일반 리더십 교육과 근본적인 차이점은 무엇인가를 현실감 있게 설명하며 국내 원전 종사자에 대한 국제적인 수준의 원자력리더십 교육이 시급하다는 것을 강조하고 있기 때문이다. 40여년을 원자력발전업무에 종사한 한 사람으로서, 늦었지만 이제라도 원전 종사자들에게 체계적인 원자력리더십 교육이 확대되기를 바라는 마음이 크다.

마지막으로 본 도서가 코칭 리더십을 강조한 것이 매우 흥미롭다. 저자는 코칭 리더십이 원자력 안전문화 증진 철학과 추구하는 방향을 같이한다고 강조한다. 조직 위계질서가 엄정한 공기업, 특히 안전을 최우선하는 원전기업에서  코칭 리더십을 접목해 조직 구성원들에 대한 인정, 공감, 경청을 통해 소통이 원활한 조직이 되고 이에 따라 조직 목표 달성은 물론 실질적인 안전문화도 함께 발전해 나갈 수 있다고 강하게 제시하고 있기 때문이다.


2022년 10월


**김범년**

현) 한전국제원자력대학원대학교 초빙교수
현) 한국압력기기공학회(KPVP) 학회장
전) 한국수력원자력(주) 발전부사장, 한전KPS 사장 등

Contents | **차례**

## Chapter_VI
## 원자력발전소 경영 리더를 위한 리더십 클리닉(Clinic)

# Chapter_VII
## 코칭과 코칭 리더십

Chapte **I**

## 한국
## 원자력 산업의
## 비전(전망)과
## 현주소

原子力
發電所
Coaching
Leadership

# 01 _ 한국 원자력 산업의 비전(전망)

우크라이나 사태의 장기화로 에너지 안보가 국가적 생존의 문제로 그 중요성이 강조되면서 최근 친원전 정책을 표방한 현 정부는 원전 발전량 비중을 2030년까지 30% 이상으로 올리겠다고 발표했다. 지난 정부가 탈원전 추진으로 중단되었던 신한울원자력 3, 4호기의 건설추진은 물론 설계수명이 완료되는 10기의 원전에 대한 계속운전 추진이 가능하게 된 것이다. 또한 2030년까지 체코, 폴란드, 사우디 등 신규 원전건설을 희망하는 국가에 10기의 원전을 수출하는 것을 목표로 범정부가 참여하는 '원전수출전략추진위원회' 및 추진위원회 산하에 '원전수출전략추진단'이 공식 출범하게 되었다. 지난 5월 미국과 한국의 정상회담에서 양국이 원전을 청정에너지로 인정하고 원전 수출과 소형모듈 원자로(Small Module Reactor: SMR) 등 기술 부문에서 협력해나가기로 한 것도 향후 SMR을 포함한 원전 수출을 촉진하는 다양한 조합의 선택 가능성을 높이는 계기가 될 것으로 보인다. 이에 더하여 최근 유럽의회가 녹색 분류체계(택소노미)에 원자력발전을 포함하기로 한 바, 한국의 녹색 분류체계(K택소노미)에도 원전이 포함될 것으로 보여 원전 건설 및 수출 환경이 더할 나위 없이 좋아질 것으로 예상된다.

그러나 이러한 장밋빛 같은 미래 희망이 현실로 이루어져 공급망 아랫부분에 있는 관련 중소업체와 종사자에게 이르기까지는 최소 3~5년의 상당한 시간이 필요할 것으로 보인다. 신한울원자력 3, 4호기 건설 착공도 건설 허가를 받기 위한 '환경영향평가' 수행 등으로 2025년 말이나 가능하며 해외 원전 수출이 올해 성사된다고 해도 실제 공사에 들어가기까지 2~3년의 준비 기간이 필요하기 때문이다. 지난 5년간 탈원전으로 거의 빈사 상태에 있는 원전 중소업체에 대해 예비품 조기 발주 등 각종 지원대책이 효과적으로 시행되어 원전 생태계의 복원이 속히 이루어지기를 고대한다. 한 가지 고무적인 것은 원전 건설 경험이 있는 대형 건설사를 중심으로 SMR 및 신규 원전 수주에 대비해 관련 조직과 인력을 확보하고 있다는 것이다. 한국의 원자력 전망은 그야말로 밝게 떠오르는 젊은 태양과 같다. 이것은 현재 가동 중인 원전의 안전 운영이 뒷받침되어야 지속 가능하며 원전 수출 경쟁력을 높이기 위해 원자력산업 전체가 긴밀히 협조하여 기술혁신을 통한 생산성 향상과 창의적인 리더를 포함한 원자력 전문 인력의 양성에 심혈을 기울여야 할 것이다.

## 02 _ 한국 원자력 산업 기술 자립 추진 역사

한국의 원자력 산업 태동의 역사는 1950년대부터 시작이 되었다. 그 당시 전쟁 직후 세계에서 가장 가난한 나라 중 하나였지만 자원 빈국의 나라에서 원자력을 통한 에너지 자립의 국가 미래정책 비전을 이루기 위해 원자력 전문 인력 양성 등 원자력에 대한 투자를 아끼지 않아 그로부터 약 20년 후인 1978년도에 고리원자력1호기가 가동되었다. 이는 아무것도 가진 것 없이 인적자원만 가진 우리가 한국의 초대 대통령부터 정부와 민간 산업계의 미래를 생각하는 선각자들의 애국심과 피나는 노력으로 이룩한 것으로서 원자력산업 중흥의 기초를 놓은 덕분이며, 이들의 노고는 길이 역사에 기록될 것이다.

고리원자력1호기 가동 이후 한국은 1982년부터 핵연료 제조 기술 자립을 추진하였고 원자력발전소 설계와 원자로설계 제작 기술 자립을 위해 1986년 3월 '원전건설 기술 자립 계획'을 수립하고 1995년까지 한빛원자력3,4호기 건설을 통해 원전 기술 자립을 달성한다는 목표 아래 국제 경쟁 입찰을 통하여 ABB-CE(이후 웨스팅하우스에 합병)로부터 기술 전수를 통해 약 95%까지 국산화하는 데 성공하였다.

한빛원자력3,4호기를 참조발전소로 하여 건설된 한울원자력3,4호기가 1998년과 1999년 각각 상업 운전을 개시함으로써 마침내 한국표준원전 (KSNP: Korean Standard Nuclear Power Plant)이라는 한국의 고유 원전 브랜드가 탄생하게 되었다. 한국표준원전은 원전의 수출을 위해 '최적의 경수로' 라는 의미의 OPR1000(Optimized Power Reactor)으로 명칭을 변경하였다.

원자력 안전성이 획기적으로 향상된 차세대 원전 건설 필요성이 대두됨에 따라 우리나라의 주력 원전 모델인 OPR1000을 개량하여 국가 선도 기술개발 과제(G-7)를 통해 개량형 원전 APR-1400을 개발 발전시켰으며 2009년 한국이 최초로 아랍에미리트에 APR-1400 독자 노형을 수출하여 현재 바라카원전1,2호기가 가동되고 있고 3, 4호기는 시운전 중이다.

신한울원자력1,2호기에서는 그동안 국산화되지 못했던 미 정부 소유 기술인 핵심 설계코드를 통합 국산화하고 웨스팅하우스 공급 기자재인 주제어 설비와 원자로 냉각재 펌프 국산화를 끝으로 명실상부한 원전 건설 기술자립을 완성하였다. 또한 2019년 한국의 APR-1400은 미국 원자력 규제위원회 (NRC)로부터 설계인증(Design Certification)을 받게 되었다. 미국 이외 나라로서는 현재까지 한국의 APR-1400 노형이 유일하게 미국 원자력 규제위원회 (NRC)로부터 설계인증을 취득한바 향후 미국 내에도 한국에 의해 APR-1400 노형의 신규 원전이 건설될 것으로 기대하고 있다. 원전 종주국인 미국에 한국의 신규 원전이 건설된다는 것은 꿈으로만 생각하였는데 이제 현실화되는 시간이 곧 다가오고 있음을 느낀다.

## 03 _ 한국의 원자력 산업 국제 경쟁력 수준은
어느 정도인가?

세계 최강국인 미국이 신규 원전 4기 건설을 시도하였으나 결국 V.C Summer 부지의 2기는 건설을 중단하였고 계속 건설하기로 한 Vogle 부지의 2기는 당초 계획된 예산과 공기를 2배 이상 훨씬 초과하였어도 아직 준공을 못 하고 2023년도 준공을 목표로 하고 있다. 모든 면에서 막강한 국력을 자랑하고 있는 미국이 신규 원전 건설 프로젝트를 진행하는 데 있어 큰 어려움을 겪고 있는 현 상황에서 한국의 원자력산업의 국제 경쟁력은 세계적 수준이라고 하는데 이 말이 어느 정도 타당한지 그리고 한국의 이러한 경쟁력은 어디서 나오는지도 궁금할 것이다.

현재 세계적으로 원자력발전소를 독자적으로 건설할 수 있는 국가는 러시아와 중국 등 공산국가를 제외하면 한국, 프랑스, 일본 정도이다. 일본은 2011년 후쿠시마 원전 중대사고 이후 급격히 독자적인 경쟁자로서의 지위를 잃고 미국 등과 연합하여 원전 수출 경쟁에 참여하고 있다. 프랑스도 핀란드에 신형 원전을 수출하여 2009년 준공 예정이었으나 일부 기술적 문제로 오랜 소송 끝에 13년이 지연된 올해부터 전력을 생산할 수 있는 등 원전 건설 비용과 공기 준수 측면에서 한국에 비해 경쟁력이 상당히 떨어진다고 보는 것이 전문가들의 일반적 견해이다.

반면에 한국은 1990년대부터 2010년대까지 지속적으로 원자력발전소를 건설하여 현재 총 30기(폐로 2기, 운영 중 24기, 건설 중 4기)의 건설 및 운영 경험을 가지고 있어 원전 설계 건전성, 건설 시공 능력 그리고 안전성과 신뢰성 높은 운영 능력을 확보하여 세계에서 가장 경제성과 안전성 높은 원전 건설과 운영 능력을 갖춘 모범적인 국가로 인정받고 있다.

한국의 신규 원전 건설 경쟁력은 어디에서 나오는 것일까? 필자의 견해는 아래와 같다.

첫째, 지속적인 신규 원전 건설로 설계, 제작, 시공, 시운전 등의 원전 각 분야의 문제점 개선과 혁신을 통한 건설 전체 주기(Cycle)에 걸쳐 물품과 서비스의 품질향상과 업무 생산성을 높이는 최적화가 지속적으로 이루어져 건설 비용의 감소와 공기 단축 추진이 가능하였다.

둘째, 신규 원전 건설 시 한전/한수원 발주자가 사업관리를 전적으로 책임지고 추진하는 체계로서 그간 축적된 사업관리 경험과 노하우가 풍부한 것이 한국의 큰 장점이다. 특히 정보통신 기술(Information and Communications Technology: ICT)을 이용한 디지털 사업관리로 실시간 관리체계를 구축, 발전시켜 나감으로써 신규 원전 건설 경제성 확보를 크게 견인해 왔다. 또한 한전/한수원 발주사의 사업관리 능력뿐만 아니라 설계, 제작, 시공사들도 지속적으로 신규 원전을 건설해 옴으로써 담당 분야에 대한 사업관리 노하우가 축적되어 종합적 문제 해결 능력 및 관련 연계 사항(Interface)들을 효율적으로 조정하는 능력이 크게 향상되었기 때문이다.

셋째, 지속적인 신규 원전 건설로 건강한 원전 산업 생태계의 구축, 즉 원전 기자재와 서비스 공급망의 구축이 잘 이루어져 있는 것이 한국 원전 건설의 경쟁력을 유리하게 확보할 수 있었던 중요한 요인이라고 본다.

마지막으로 한국의 대형 건설사의 원전 시공 능력이 아주 탁월하다. 국내에서 지속적으로 원전 건설 경험을 축적할 뿐만 아니라 해외 대형 건설 프로젝트를 수행한 경험이 풍부하여 한국 신규 원전 수출에 있어 가장 경쟁력을 높일 수 있는 요인이기도 하다. 즉, 인건비가 저렴한 해외 노동력을 최대한 활용하여 주어진 공기 내에 요구되는 품질의 원전 시공을 완성하기 위한 한국 건설사의 시공 능력이 한국의 신규 원전 수출 경쟁력 확보에 필수적인 역할을 하였고 앞으로도 그 역할이 지대하다고 본다.

이와 같이 한국의 원전 건설 경쟁력은 단기간에 이루어진 것이 아니라 약 30년 이상의 장기간 지속적인 신규 원전 건설에 힘입어 끊임없이 혼신의 노력을 기울여 온 결과이다. 이러한 한국의 원전 건설 경쟁력은 세계 최고의 수준으로서 우리 모두 자랑스럽게 이야기할 수 있지만 결코 자만해서는 안 되며 우리에게 부족한 재원 조달 능력, 영어 구사 능력과 국제 감각이 뛰어난 인재 양성 등 국제적인 경쟁력을 높이는 노력을 게을리해서는 안 될 것이다.

**Tip 코너**

## 부쩍 늘어난 신규 원전 건설 프로젝트 전화 컨설팅 요청

'22년 7월부터 필자에게 LinkedIn SNS을 활용한 글로벌 컨설팅사의 전화 컨설팅 요구가 빈번해지고 있는 것을 볼 때 유럽을 중심으로 신규 원전 건설을 고려하는 국가나 기관의 조사 수요가 대폭 증가하고 있음을 피부로 느끼고 있다. 컨설팅받기를 원하는 항목은 주로 아래와 같다.

– 신규 원전 건설추진 시 최우선으로 고려해야 할 요소들과 그 사유

– 신규 원전 건설 시 최신 기술 내용 및 적용 현황

– 신규 원전 건설을 위한 경제적인 Financing 방법

– 신규 원전 건설을 위한 기자재 공급망 현황 등

대부분의 종사자가 본인의 업무에 집중하게 됨으로 전체 발전소 운영과 관련된 숲 전체를 보는 노력을 하지 않는 경우 잘 보이지 않게 된다. 이 장에서는 독수리가 비상하여 지상의 목표물을 바라보듯이 발전소 전체에 대한 조망을 이해하기 쉬운 그림처럼 제시하고자 한다.

Chapte **II**

# 원자력발전소
# 운영관리를
# 어떻게 설명하면
# 좋을까?

原子力
發電所
Coaching
Leadership

원자력발전소를 일반인에게 어떻게 알기 쉽게 설명할 수 있을까? 더 나아가 일반 국민들을 포함하여 원자력 산업계에 근무하는 사람들에게 원전 운영관리하는 방법을 큰 그림으로 나타내 보일 수 없을까? 이러한 질문에 대한 대답으로 이야기를 시작해 본다.

원자력발전소에 30년 이상 근무했더라도 전문성 확보 및 유지를 위해 대부분 한두 분야에서 업무를 계속하기 때문에 원자력발전소 운영 전반에 대한 조망과 시야가 없을 수 있다. 타 부서의 업무를 옆 부서에서 보는 것과 실제 그 업무를 해보는 것과는 차이가 있다. 또한 대부분의 종사자가 본인의 업무에 집중하게 됨으로 전체 발전소 운영과 관련된 숲 전체를 보는 노력을 하지 않는 경우 잘 보이지 않게 된다. 이 장에서는 독수리가 비상하여 지상의 목표물을 바라보듯이 발전소 전체에 대한 조망을 이해하기 쉬운 그림처럼 제시하고자 한다.

# 01 _ 원자력발전소 운영은 어떻게 시작되며 운영 준비 주요 요소는?

원자력발전소 운영을 위해서는 세 가지 기본 골격이 갖추어져야 한다. 원자력발전 설비(Plant), 자격인증이 된 종사자(People), 검증된 운영프로세스 및 절차서(Process & Procedure)가 그 세 가지로, 기억하기 쉽게 영어 첫 자리를 따서 3P로 호칭하기도 한다.

A. 원자력발전 설비의 구조물, 계통, 기기(Structure, System, Component: SSCs)들이 요구되는 검사와 테스트를 통하여 건전성이 입증되어야 한다. (Plant)

B. 원자력발전소를 운영하기 위해서는 적정한 수준의 경험 인력을 포함한 조직 구성과 원자로 등 발전설비를 감시 및 제어할 수 있는 면허(SRO, RO)를 소지한 훈련된 운전원이 준비되어야 한다. (People)

C. 원자력발전소는 운영 기술 지침서, 최종 안전성 평가 보고서, 운전 및 정비 관련 절차서(계약자 및 제작사 작성 분 포함) 등 승인된 문서, 절차서 및 매뉴얼에 따라 운영되어야 한다. (Process & Procedure)

D. 규제기관은 발전소 현장 주재 사무소를 운영하여 발전소 운영자의 발전소 운영 관련 모든 행위를 감시 감독한다. 또한 품질관리 감사, 안전성

관련 설비에 대한 설계변경 검토 및 평가 등을 수행한다.

그러면 3P에 대하여 좀 더 자세히 살펴보기로 하겠다.

# 02 _ 원자력발전소 운영 준비 요소(3P) 주요 내용

원자력발전소 운영 준비 큰 골격 3가지, 즉 발전설비, 운영조직과 종사자. 운영프로세스와 절차서에 대해 간략히 살펴보면 아래와 같다.

## A. 원자력 발전설비(Plant)

① 원자력 발전설비는 크게 구조물(Structure), 계통(System), 기기(Component)로 구성되어 있고 이들 첫머리를 따서 SSCs로 표현한다. SSCs는 안전성과 기능 중요도에 따라 발전소 설계단계에서부터 안전등급, 품질등급, 지진등급, 전기등급 등 기준에 따라 분류되고 구매, 제작, 시험 등을 거쳐 운전 가능성을 입증한다.

• 안전등급 분류: Safety class(SC)-1, SC-2, SC-3 & Non-safety

(ANSI/ANS51.1-1983, "Nuclear Safety Criteria for the Design of Stationary PWR")

- 품질등급: Q, A(Augment Q), S(10 CFR 50 APP. B, ASME NQA-1, KEPIC QAP)
- 지진등급: Seismic category 1, 2, 3(NRC Regulatory Guide 1.29 "Seismic Design Classification")
- 전기등급: Class-1E, Non-class 1E(IEEE 308 "Criteria for Class-1E Power Generating Stations")

② 구조물의 분류

· 안전 관련 구조물: 격납 건물, 보조 건물, 필수 냉각 취수구 건물 등.
· 비안전 관련 구조물: 비필수 냉각 취수구 건물, 야외 탱크 등.

③ 계통의 분류

- 일차계통: 원자로 냉각재 계통(Reactor Coolant Sys.)을 중심으로 원자로 출력을 감시, 제어하며 방사선 관련 계통이 이에 속한다.
- 이차계통: 터빈발전기 관련 계통으로서 급수, 복수, 순환수 계통이 이에 속한다.

④ 기기의 분류

- 능동기기: 펌프처럼 작동하는 기기를 말한다. 펌프, 밸브, 전동기 등.
- 수동기기: 스스로 동작하지 않는 기기를 말한다. 배관, 배관 지지대 케이블 등.

## B. 원자력발전소 운영 조직과 종사자(People)

원자력발전소 조직 및 인력은 나라마다 차이가 있다. 미국 등 유럽 원전을 운영하는 회사들은 설계 엔지니어링 및 정비 분야 조직과 인력을 발전소의 내부 조직으로 보유함으로써 자체 역량을 최대한 높여 외부 의존도를 줄이는 반면, 우리나라나 일본, 중국 등에서는 조직과 인력을 최적화하여 업무의 효율성을 제고시키기 위해 설계 엔지니어링과 발전설비 정비를 외부 전문 조직에 위탁하고 있다. 한수원의 경우 2개호기 기준 350명가량의 한수원 인력과 400명 정도의 계약자 인력 등 총 750명 정도의 인력이 발전소 내에 근무한다. 이외에도 지역협력과 행정지원은 원전 본부장 산하 조직으로 있는 대외협력처와 경영 지원실이 원전 본부 내 3~4개 발전소를 지원하고 발전부 교대 운전원에 대한 교육 훈련은 인재개발원 소속의 교육훈련센터가 담당한다. 대전에 있는 한수원 중앙연구원에서는 발전소 현장의 기술 현안에 대해 전문적인 기술지원을 제공한다. 다음의 도표는 2개호기 기준으로 운영되고 있는 대표적인 한수원 원자력발전소 조직이다.

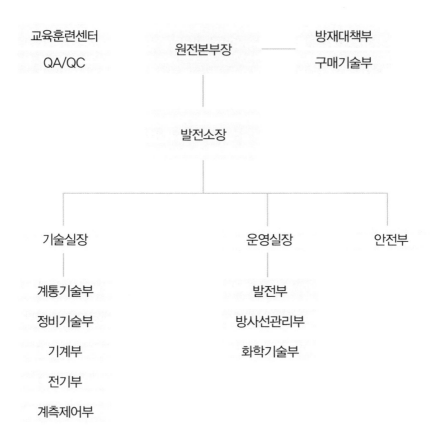

국내 원자력발전소 조직도(2개호기 기준)

교육훈련센터
QA/QC

원전본부장 ———— 방재대책부
구매기술부

발전소장

기술실장        운영실장        안전부

계통기술부        발전부
정비기술부        방사선관리부
기계부        화학기술부
전기부
계측제어부

## C. 원자력발전 운영프로세스 및 절차서(Process/Procedure)

원자력발전소 설비에 대한 점검 및 운영뿐만 아니라 관리시스템과 업무
프로세스가 개발되고 발전소에서 수행하는 모든 일들이 절차화 되어있다. 회

사 사규, 규정과 지침 이외에도 원전을 운영하기 위한 표준절차서, 품질보증 절차서 등 본사가 주관하는 260여 개의 절차서가 있으며 발전소 현장 업무수행을 위한 운영 절차서, 계약자 정비 절차서 등 약 2,000개의 절차서를 사용하고 있다. 원전 운영프로세스와 절차서도 나라마다 차이가 있다. 업무 책임과 절차가 아주 명확한 미국의 경우 절차서 작성 및 수립체계가 분명하여 미국 엑셀론사의 경우 국내 원전보다 약 10배 정도 많은 2만여 개의 절차서가 개발되어 사용하고 있다.

# 03 _ 원자력발전소 운영 준비 요소(3P) 유지관리 및 건전성 확인 방법

　　　　　　　　　 원자력발전소를 운영하기 위한 제반 준비가 다
되어 실제 운영에 들어가게 되면 지속적으로 목표하는 결과를 산출하기 위해
부단한 노력을 기울여야 한다. 원전을 안전하고 성능이 우수한 상태로 유지
하기 위해서는 결국 원전의 3가지 골격(3P)의 건전성을 계속 확인하고 최적의
상태를 유지해 나가는 것이다.

## A. 원자력발전 설비의 신뢰도 최적 상태로 유지관리

　원전이 가동되고 나서는 관련 규제 법령 및 요건에 따라 원자력 안전성 관
련 구조물과 일차측 압력 경계의 건전성을 입증하기 위하여 가동중검사(ISI:
In-Service Inspection)를 수행해야 한다. 또한 가동 년 수 증가에 따라 설비 노
후로 인한 손상 정도를 감시 및 평가하기 위해 안전성 관련 펌프와 밸브에 대
한 가동중시험(IST: In-Service Test)을 수행한다. 또한 10년 주기로 주기적 안
전성 평가(PSR: Periodic Safety Review)를 수행하여 발전설비뿐만 아니라 발전
설비 운영 관련 소프트웨어 부분까지 점검하여 지속적인 개선을 통해 최적

상태로 유지 관리한다.

## B. 원자력발전소를 운영하는 종사자들의 자격 유지관리 및 교육훈련

원자력발전소에 근무하는 종사자는 어떤 전공을 공부한 사람들이 근무할까? 실상을 잘 모르는 일반 사람들은 원자력공학(물리 전공 포함)을 전공한 사람들만 근무하는 것으로 오해할 수 있다. 그러나 실상은 원자력공학 전공자 종사자는 발전소 전 직원의 약 10% 정도이다. 오히려 기계공학(기계설계, 재료공학 포함), 전기전자공학을 전공한 직원들이 전 직원의 절반이 넘는다. 이는 플랜트 산업의 특성상 발전설비가 주로 펌프, 밸브, 전동기 등 기계설비와 전기전자 계측설비가 대부분을 차지하기 때문이다. 이 밖에 화학, 토목, 건축 등의 전공자들이 있다. 원자력발전소 건설단계에서는 토목, 건축을 전공한 직원들이 많이 필요하나, 건설이 완료된 후 운영 단계에는 소수의 유지보수 인력만 필요하다. 원전 운전원의 경우 설비 전문지식 보다는 원전의 계통 전체를 이해해야 하므로 이공계를 전공한 직원들은 누구나 소정의 교육훈련과 시험을 거쳐 원자로 조종감독자(SRO), 원자로 조종사(RO) 면허를 취득할 수 있다. 다음의 표를 보면 원전 종사자의 전공별 점유율을 나타낸다.

## 원전 종사자 전공별 점유율

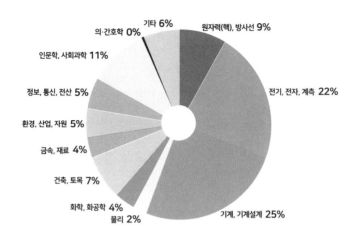

① 원자력 운전원 교육 및 자격인증

원전 운전원으로서 근무하려면 일정한 교육훈련을 받아서 자격인증 과정을 거쳐야 한다. 특히 주제어실 근무는 국내의 경우 관련 원자력법에 따라 교대 조마다 원자로 조종감독자(Senior Reactor Operator: SRO)와 원자로 조종사 (Reactor Operator: RO) 면허 보유자가 각각 1명 이상이 근무해야 한다. 미국 같은 경우, 주제어실 운전원은 모두 면허 소지자이다. SRO와 RO 면허는 국내 규제기관에서 주관하는 소정의 필기, 실기 및 면접을 통과하여 면허를 취득하여야 하며 면허의 유효성을 유지하기 위해서는 지속적인 교육훈련 요건을 충족시켜야 한다. 현장 운전원의 경우 소정의 교육훈련을 받아 자격인증만 받으면 되며 원자로 운전원과 발전부장은 필히 SRO 면허 소지자만 보직할 수 있다.

② 정비원(정비엔지니어) 양성 및 자격인증

한수원의 직원들은 정비원이 아니라 정비 엔지니어라고 해야 한다. 직접 정비는 한전KPS, 또는 계약에 의한 타 정비업체 직원들이 수행한다. 한수원 정비 엔지니어는 계약자 정비원들의 현장 정비업무를 감독하며 문제점 파악 및 해결, 자재 조달, 정비 수행 관련 리스크 검토 및 관련 부서와 협조 등의 업무를 수행한다. 전문 분야별 정비업무를 수행하기 위해서는 그 업무에 대한 직무 자격인증 카드(Job Qualification Card: JQC)에서 요구하는 지식과 실무 경험이 있어야 한다. 대부분 정비회사별로 자체 자격인증 프로그램을 수립하여 운영하고 있다.

③ 엔지니어 자격인증

국내는 특별히 엔지니어 자격을 이공계 대학 졸업자에 국한하지 않지만, 미국 원전의 경우 엔지니어는 필히 4년제 이공계 대학교 졸업자에 한하여 엔지니어라 부르며 발전, 방사선관리, 화학 분야는 이공계 대학 졸업자에 국한하지 않고 소정의 지식과 경험이 있으면 그 직무를 수행할 수 있다. 국내 원전도 직무 자격 인증제도를 도입하여 계통(System) 엔지니어 등 자격인증관리를 하고 있다.

④ 소장, 실장 자격 및 경영관리 리더십 교육

국내 원전 운영의 경우 소장의 자격 요건은 원자로 조종감독자 면허(SRO) 소지자를 우선하며 원자력발전기술사 자격증 소유자도 보직할 수 있도록 되어 있다. 그러나 이 요건이 원자력 관련 법령에 요구되지는 않는다. 그래서 소장이 면허가 없어도, 운영실장이나 기술 실장이 SRO 면허가 있으면 최소 요건은 맞는 것으로 간주하고 있다. 최근에는 원자력발전소에서 발전과 정비 분야 근무 경험이 반드시 있어야만 소장 보직이 가능하도록 내부 규정을 강화하였다.

**Tip 코너**

### 사내 자격인증 원자로조종감독자(C-SRO) 교육 유감

미국 원전의 경우 원자로 조종감독자(SRO)를 자격과 면허로 분류하여 운영하고 있다. 즉, 발전업무에 직접 종사하지 않는 간부와 직원 중에 상위 보직에 보임되기 위해서는 소정의 SRO 교육과 실습을 통과할 시 규제기관에서 발행하는 면허 SRO(Licensed SRO)와 구분되는 사내 자격인증 SRO(Certified SRO: C-SRO)을 부여한다. 미국 원전의 경우 소(실)장을 포함 주요 간부들은 운전에 직접 종사하지 않아도 사내 자격인증 교육을 통해 대부분 C-SRO를 보유하고 있다.

국내의 경우 발전소(실)장을 포함 부장급 이상 주요 보직자에 대한 사내 자격인증 SRO, 즉 C-SRO 도입을 몇 차례 시도하였으나 어떠한 이유인지 한 번도 성공하지 못했다. 필자도 본사의 실장으로 근무 시 향후 발전소장 보직에 대한 준비를 위해 C-SRO 교육을 신청하고 온라인으로 이론 교육을 다 받았는데, 막상 시뮬레이터를 활용한 실기 교육은 계속 지연되더니 결국 C-SRO 제도 도입이 무산되었다. C-SRO 제도를 시행한다면 면허

없는 발전소 근무 주요 간부들의 원자력 기술 능력 향상에 크게 기여할 것으로 기대되었는데 교육이 취소되어 큰 아쉬움으로 남았다.

발전소(실)장 등은 상위 직급으로 올라갈수록 교육 기회가 극히 적기 때문에 발전소 소(실)장으로 임명되기 전 원자력 기술 능력 향상을 위한 C-SRO 교육의 적극 도입 및 교육 이수가 필요하며, 원자력발전소 안전 최우선 경영 관련 원자력발전의 특성과 국내 원자력 사업환경 및 회사 조직문화 등을 충분히 고려한 국내 실정에 효과적인 원자력 리더십 교육프로그램의 개발 및 이행이 더욱 필요하다고 본다.

## C. 원자력발전소 운영 절차서 등 모든 절차서 유효성 지속 확인

원자력발전소의 모든 절차서는 발전소 절차서 관리 프로세스에 따라 2년 주기로 유효성 검토를 시행한다. 왜냐하면 원전을 운영하는 동안 새로운 규제요건을 반영하기 위한 설계변경 또는 설비개선이 요구되거나 부품 단종으로 설비를 교체할 경우가 종종 발생하기 때문에 관련 절차서도 함께 변경되어야만 한다. 절차서 개정을 효과적으로 하기 위해서 "절차서 개정 및 검토를 위한 절차서"가 있고 본 절차서에 모든 절차서에 대한 주기적인 절차서 개정을 위한 책임과 역할이 명시되어 있다. 원전의 안전성 관련 절차서의 개정은 발전소 소장이 주관하는 안전 관련 최고 결정기구인 발전소안전위원회(Plant Nuclear Safety Committee: PNSC)의 검토 승인을 거쳐야 된다.

# 04 _ 원자력발전소가 화력 등 기타 발전소와 다른 점은 무엇인가?

원자력발전소는 화력 등 기타 발전소와 어떻게 다른 것인가? 생산된 증기로 터빈발전기를 돌려 전기를 생산하는 이차측 설비는 대동소이하다. 다른 점은 원전의 경우 원자로 내 핵연료의 핵분열 시 발생하는 열을 이용하여 증기발생기에서 증기를 생산하는 것이 다르다. 이로 인해 달라지는 발전소 운영 관리상의 차이점을 살펴보자.

## A. 근본적인 차이점은 어디에서 오나?

원자력발전소에서는 연료를 석탄 대신 3~4% 농축된 우라늄(U235)을 사용한다. 핵분열 시 엄청난 에너지와 함께 방사선이 나오기 때문에 방사선 피폭을 예방할 수 있는 설비와 관리 시스템이 필요하다.

원전을 최초 가동하기 위해서는 초기 핵연료 장전이 필요하며 국내 원전의 경우 18개월 주기로 연료의 삼 분의 일(1/3) 또는 사 분의 일(1/4)씩 교체가 필요하다. 이는 원자로 내부에 4년~6년 정도 사용할 수 있는 연료가 한꺼번에 들어 있는 것으로 어마어마한 에너지가 원자로 내부에 집적되어 있는 것이다. 따라서 노심의 정교한 반응도 제어가 필요하며 다중 방호의 안전설계가 요구된다. 또한 원자력발전소는 가동 후 정지 시에도 원자로 내 노심 연료로부터 붕괴열이 발생하고 방사선이 나온다. 따라서 사용 후 연료 저장 시설에는 어떠한 비상시에도 항시 냉각할 수 있고 이를 잘 감시할 수 있는 설비가 필요하다.

원전은 사고 확률은 매우 낮으나 사고 시 그 영향이 일반 국민에 미치는 영향이 지대하므로 원전 안전성 확보가 회사의 최우선 비전과 경영목표가 되어야 하며 원전을 운영하는 관리자들도 원전의 안전성에 대한 투철한 사명감과 높은 도덕성도 함께 요구된다. 원자력안전위원회 등 규제 기관도 현장에 상주하여 원전의 안전 운영을 감시 등 원전 운영자는 항시 규제 기관으로부터 엄격한 통제와 감시하에 있다. 이와 같은 주변 사업 환경이 원전 운영 관리상 크게 영향을 준다.

B. 원자력발전소에만 있는 기능들

- 원자로 격납 건물
- 방사선 물리적 방호 및 방사성 기체, 액체, 고체 폐기물 감시 및 처리 관련 설비
- 노심 및 핵연료 감시, 검사, 제어 계통 설비
- 비상 노심 안전 계통 등 다중의 안전 설비

- 사용후연료 냉각, 저장, 감시 계통 설비

- 방사능 비상 훈련 설비 등이 있다.

# 05 _ 한국 원전과 외국 원전 운영관리 상 차이점은 무엇이고 그 이유는?

원전을 운영하는 국가마다 처해 있는 내 외부 환경이 다르기 때문에 원전 운영관리에도 많은 차이가 발생한다. 동일한 설계의 원전이라도 어느 국가에서 가동하느냐에 따라 조직운영과 업무체계가 다르고 이에 따른 업무 절차도 다르기 마련이다.

## A. 차이는 왜 생기는 걸까?

원자력발전소 운영조직과 관리 체계는 원전 최초 도입 시 원전의 운영 주체가 어디냐에 따라 영향을 받으며 또한 국가의 원자력 정책 방향, 원자력 규제 제도 및 환경에 따라 나라마다 차이가 있게 된다.

우리나라의 최초 원전인 고리원자력1호기는 미국의 웨스팅하우스사로부터 턴키 방식으로 도입되어 건설 및 운영되었다. 한전이 원전 건설 및 운영 주체가 됨에 따라 자연스럽게 방사선관리 조직을 추가한 것 외에는 화력발전소 운영 조직과 유사한 조직으로 운영된 것이 한국의 원전 운영조직의 출발로 보면 된다. 또한 1980년대 국가적 차원의 원자력 기술 자립을 효과적으로 추진하기 위해 기관별로 담당해야 할 업무 분야를 구분하여 지속적으로 추진해 온 결과 원전 건설의 완전한 기술 자립을 이루었고 현재의 한수원의 원전 운영조직도 원자력 관련 기관 협업체제의 골격 그대로 굳어졌다. 즉, 건설과 운영은 한전(2001년 이후 한수원), 핵연료 제작 공급은 핵연료㈜, 설계 엔지니어링은 한전기술㈜, 정비는 한전KPS가 주관기관으로서 역할을 하였다.

2001년도 전력산업 구조 개편에 의해 한전의 자회사로 한수원이 분사된 이후 원전 운영 관련 한수원의 엔지니어링 기능의 취약성을 깨닫고 2005년도부터 미국 등 선진국의 엔지니어링 제도 도입 및 정착을 시도하였다. 또한 동시에 기존의 정비 조직 위주에서 선진국과 같이 엔지니어링이 주도하는 조직으로 시범 발전소인 고리원자력2발전소의 조직을 변경하여 2년간 시범 운영하였으나 경영진이 바뀌면서 다시 원래 조직대로 환원되었다. 그 이후에도 몇 차례 엔지니어링 조직 보강을 위한 시도가 있었으나 성공하지 못하였다. 이는 원전의 엔지니어링 기능 및 역할에 대한 원전 관리자들의 이해와 인식이 부족했을 뿐만 아니라 오랜 기간에 걸쳐 고착된 원자력 관계 기관 협업 체계에 익숙한 종사자들이 변화를 적극적으로 수용하지 못했기 때문이라고 생각한다.

## B. 한국과 외국 원전(미국과 서유럽, 일본, 중국)과 운영상 차이점

〈미국과 서유럽〉

원자력발전소 운영의 선진국인 미국, 프랑스 등 서유럽 국가들의 원전 운영 조직 및 체계는 유사하다. 즉 한국처럼 설계 엔지니어링과 정비조직 및 인력을 외부 계약자에게 외주를 주지 않고, 발전소 내부에 조직과 인력이 있다. 또한 한국은 정비조직이 설비 문제의 책임을 갖지만, 미국과 서유럽에서는 엔지니어링 조직이 모든 기술적인 문제 해결의 책임과 권한(Technical authority & Leading role)을 가진다.

규제요건과 환경이 미치는 차이는 여러 가지가 있다. 먼저 원전 종사자에 대한 교육훈련 인증(Accreditation) 제도가 가장 대표적인 예이다. 미국은 원전 운전원에 대해 주기적인 재인증(Requalification) 제도가 있어 우리처럼 한 번 면허를 받고 재교육 요건만 채우면 계속 자격을 유지하는 것이 아니라, 주기적으로 시험을 받아서 통과해야 한다. 또한 발전 분야 6개 프로그램(발전 부장, 발전 차장, 안전 기술 자문, SRO/RO 면허 운전원, 현장 운전원)과 기타 기술 분야 6개 프로그램(기계, 전기, 계측 정비 분야, 방사선 관리, 화학, 엔지니어링) 총 12개 교육훈련 프로그램에 대해 4년 주기로 미국의 경우 미국원자력발전협회(INPO)로부터 원전 운영자의 교육프로그램 적합성을 인증(Accreditation)받아야 한다. 인증에 실패할 경우, 원칙적으로 원전 운영이 불가능하기 때문에 원전 경영자는 종사자의 교육 훈련에 지속적인 관심과 노력을 기울인다.

국내의 경우 원전 면허 운전원(SRO, RO)에 대한 주기적인 교육요건은 있으나 미국처럼 재인증(Requalification) 제도는 없다. 종사자에 대한 교육훈련이 강제 요건이 아니고, 이 또한 원전 운영자에게 일임하기 때문에 다른 현안에 밀려 경영진의 지속적인 관심이 적어질 수밖에 없고, 원전 종사자에 대한 회사의 교육훈련 프로그램도 INPO와 같은 전문기관의 주기적인 인증을 받아야 할 강제 요건이 없기 때문에 회사 자체의 지속적이며 시스템적인 개선 동기와 노력이 미국 원전과 비교할 때 상대적으로 미흡한 것이 현실이다.

원전 규제 요건과 환경이 원전 운영 관리에 크게 영향을 끼치는 것이 가동 중 정비(On-Line-Maintenance: OLM)이다. 미국 원전의 경우 대부분 60년대와 70년대 건설된 원전으로서 국내 원전보다 오랜 연식의 발전소임에도 불구하고 약 90기 원전의 평균 이용률이 지난 10년간 90%를 넘고 있다. 이는 매우 합리적인 규제 환경 등 여러 가지 원인이 있으나 가동 중 정비를 수행하여 계획예방정비 기간에 정비해야 할 정비 물량을 최소화함으로써 정비 기간 단축을 통해 이용률을 높일 수 있기 때문이다. 국내의 경우 비상 디젤발전기 등 안전성 관련 설비가 고장이 발생한 경우에만 가동 중 정비를 허용하고 있다.

최근 국내 원전의 경우 규제 환경과 지역의 주민 수용성, 엄격해진 노동법에 따른 근로 시간 준수 등의 어려움으로 계획예방정비 기간이 두 달이 넘는 경우가 많아 10~20일대 미국 원전과 비교 시 큰 차이가 있음을 알 수 있다.

일본의 원전 운영관리는 우리나라와 매우 유사하다. 필자가 2008년도 WANO 주관 동경전력 본사 안전 점검에 2주 참석하여 본사 및 동경전력 소속 원자력발전소를 방문하였고 한수원 근무 시 벤치마킹 차 시코쿠에 있는 이타카 원전과 홋카이도에 있는 도마리 원전을 방문한 적이 있다. 동경전력은 일본에서 가장 큰 전력회사로서 정비 분야와 설계 엔지니어링 분야 역무 대부분을 외주를 주고 있어 국내와 유사하게 운영되고 있었다. 그러나 정비 분야 외주가 국내의 경우 단일 단계(Tier)의 소수의 계약자로 계약구조가 단순화 되어 있는 반면에 동경전력은 주계약자 밑에 하청계약자 등 여러 단계로 세분화되어 있어 발전설비의 최종 정비를 누가 하는지 알기가 어려울 만큼 복잡한 구조로 되어 있었다.

반면에 이카타 원전이나 도마리 원전의 경우는 원전 현장 부지가 하나로서 동경전력과 같은 다단계의 정비계약 구조에서 오는 어려움은 없었다. 또한 하나의 현장에 근무하고 있는 기술 인력의 장기 근무로 원전 운영이 매우 안정되어 있었고 계약자의 정비원을 포함한 교육훈련에도 운영사가 투자하는 등 단일 부지에 2~3기를 운영하는 소규모 원전 운영사가 다수 부지에 다수 호기를 운영하는 동경전력보다 훨씬 우수한 실적을 달성한 고유한 특징이 있었다.

〈중국〉

필자가 2014년도 WANO 주관으로 시행한 중국 CNNC 산하 CNNP 본사 안전 점검 일원으로 참가한 적이 있다. 점검 기간 중 본사 및 CNNP 소속 진산 원전 본부를 방문하였다. 또한 2018년도에는 WANO 파리센터 주관으로 중국 심천에서 개최한 리더십 교육도 참석하여 많은 중국 CCN 고급 간부들과 함께 교육을 받았다. 그 당시 경험을 되살려 보면 중국의 원전 운영은 국내와 많이 달랐다. 먼저 원전에 대한 소유권과 인허가 책임이 CNNP 회사 및 본사에 있지 않고 원전 건설 시 민간 자본을 유치해 건설함에 따라 소유권을 갖는 회사가 별도로 있고 원전 별 인허가 책임은 본사가 아닌 원전 현장에 있었다. 따라서 본사는 인원이 100명 이하로서 주로 표준화를 촉진하는 정도였고 본사의 체계적 관리 감독 및 자원지원 기능이 거의 없었다.

설계 엔지니어링과 정비 분야 역무는 국내와 같이 외부 계약자에게 외주를 주고 있었는데 원전 조직 운영상 국내와 다른 점은 진산 원전 본부의 경우 인력의 효율성을 극대화시키기 위해 3개의 다른 노형의 9기의 원전을 발전 교대부서를 제외하고는 하나의 조직으로 운영하고 있었다. 예를 들면 방사선 관리부서는 전체 9개 원전에 대해 역무를 수행하는 것이다. 원전 소장은 오직 발전 교대부서만 가지고 있고 나머지 정비, 방사선 관리, 화학, 엔지니어링 등 기능은 본부 조직으로서 역무를 수행한다. 이는 특별히 단기간에 원자력발전소 건설 및 운전 호기수가 증가함에 따라 경험 인력을 최대한 신규 건설 및 시운전에 활용하기 위한 고육책인 것을 알 수 있었다. 국내에서는 도저히 생각할 수 없는 조직 운영을 진산 원전 본부에서 목격할 수 있었다. 장기적으로 볼 때 원전의 안정 운영에 부정적인 영향을 끼치게 될 것으로 보였다.

원전 소장을 면담할 기회가 있었는데 나이가 30대 후반 또는 40대 초반으로 보였다. 경험도 많지 않은 것은 분명하였다. 이는 급격히 늘어나는 원전 설비에 대비해 경험 인력이 부족함을 극명히 보여주고 있었다.

WANO 파리센터 주관으로 참석한 리더십 교육에는 CGN 고급 간부들이 대부분이었으며 참석자의 열기가 대단하였다. 모든 실습에 매우 적극적으로 참석하여 의견들을 발표하였고 발표력 또한 잘 훈련된 조교와 같이 망설이지 않고 서로 다투어 발표하려고 하였다. 특징은 강사가 아무리 발표 제한 시간을 주어도 한결같이 첫째, 둘째, 셋째의 정형화된 훈련 형식에 따라 발표를 다 하여 시간이 지연되기가 다반사였다. 고급 간부의 연령대도 30~40대가 대부분으로서 급격히 팽창하는 중국 원전산업에 대한 이들 간부의 기대와 포부 그리고 패기와 열정을 충분히 느낄 수 있었다. 필자는 중국 원전 간부들의 이러한 열정이 부럽기도 했지만 중국 원전 경영 리더의 부족한 현장 경험들을 보완해 줄 수 있는 WANO 등 원자력 국제기구의 지속적인 관심과 지원이 필요할 것으로 보였다.

# 06 _ 일본 후쿠시마 원전 사고 이후 국내 원전에 반영된 개선사항은?

　　　　　　　　　　　　일본 후쿠시마 원전 사고 이전까지는 온실가스 주범인 탄소배출이 거의 없는 원자력산업은 새로운 부흥을 꿈꾸던 때라 후쿠시마 원전 사고 이후 그 충격이 몹시 컸다. 특히, 매를 맞는 당사자보다 바로 옆에서 다음 차례를 기다리는 친구가 더 많은 공포를 느끼듯이 국내에 미친 영향은 일본에 몰려온 쓰나미가 덮친 것과 같았다. 필자도 본사에서 가동 원전의 설비관리를 담당하는 실장이었는데 매일 같이 대내외 점검과 대책 회의로 개인 일상이 거의 없을 정도로 힘들었던 기억이 있다. 2011년도 3월 일본 후쿠시마 원전 사고는 한국을 비롯해 전 세계 원자력 산업계에 엄청난 재앙이었다.

후쿠시마 원전 사고의 직접적인 원인은 일본 동북부 미야기현 오사카 반도 동남쪽으로 130km 떨어진 앞바다에서 규모 9.0의 대지진이 발생하였는데 이로 인한 지진해일이 덮쳐 발전소 내부로 해수 유입을 방지하기 위해 만든 방파제 방벽을 넘어, 지하에 설치되어 있던 비상 발전기 침수 등 소내 모든 교류 전원이 상실되었고 사고가 진전되어 노심 손상과 수소 폭발로 국제 원자력기구(IAEA)가 만든 국제 원자력 사고 등급 중 최고 위험 단계인 레벨 7

로 공식 발표되었다. 이는 1986년 구소련에서 발생한 체르노빌 원전 사고와 같은 레벨이다. 후쿠시마 사고에 영향을 미친 여러 가지 다양한 원인이 도출되어 발표되었고 앞으로도 계속 논의될 것이나 본 저서에서는 그 논의를 피하고 국내 원전의 후쿠시마 원전과의 차이점은 무엇인지를 간단히 살펴보고자 한다.

## A. 국내 원전이 후쿠시마 원전과 차이점은 무엇인가?

일본 후쿠시마 원전 사고는, 원전의 설계가 기존의 설계기준을 만족시켜야 함은 물론 지진, 태풍 등 극한 상황의 자연재해를 가정한 설계 기준 외 사고에도 충분히 견딜 수 있도록 설계되어야 한다는 것을 보여준 사고이다. 후쿠시마 사고 이전에 일본 내부 검토 보고서에 방파제 방벽을 충분히 높여야 한다는 보고서도 발간되었으나 운영회사는 물론 일본 규제기관도 심각하게 받아들이지 않았다. 국내 원전의 설계 기준도 동일하게 설계 기준 외 사고에 대해서는 확률론적 안전성 평가(Probabilistic Safety Assessment: PSA)를 수행하며 그 결과를 제시한다. 후쿠시마 원전과 다른 점은 아래와 같다.

• 후쿠시마 원전은 원자로 내부에서 바로 물을 끓여 증기를 만드는 비등경수로(BWR)형으로서 경제성 측면에서는 유리하다. 국내는 모두 가압경수로(PWR)형으로서 비등경수로 형 대비 안전성 측면에서 여러 가지 장점이 있다. 즉, 원자로 용기 내는 물로 채워져 있고 별도의 증기발생기에서 증기를

만들기 때문에, 원자로 일차측의 방사화된 액체나 기체가 터빈 발전기 이차측에 누설될 가능성이 극히 적다. 또한 원자로 내부 건물 설계 자체가 비등경수로 형 원전보다 훨씬 크기 때문에 수소 폭발 위험도 상대적으로 적다.

• 일본과 우리나라는 지형적으로 큰 차이가 있다. 일본에서는 유독 많은 지진이 일어난다. 미국 지질조사국(USGS)에 따르면 지구 전체에 발생하는 지진의 90% 이상은 불의 고리(Ring of Fire)라고도 불리는 환태평양 조산대에서 발생한다고 한다. 환태평양 조산대에 속한 일본은 특히 지진이 자주 발생하고 강진의 빈도가 높은데 그 이유는 네 개의 지각 덩어리 유라시아와 필리핀, 태평양, 북아메리카 판이 만나는 접점에 위치하고 있기 때문이라고 한다. 반면에 한국은 오랜 역사적인 기록을 보더라도 지진의 발생 빈도와 강도가 일본에 비해서는 안전하다고 본다. 일본 후쿠시마 원전 사고만 보더라도 지진 자체에 의한 영향으로는 송전탑이 무너져 외부 전원이 상실되었으나 발전소 내부 안전설비 기능은 지진해일(쓰나미)로 발전소 내부 비상 발전기가 침수된 것이 가장 결정적이고 직접적인 재앙의 원인이었다.


B. 후쿠시마 원전 사고 이후 국내 원전에 추가 반영된 사항


• 방수벽과 방수문 설치
• 이동형 가스 터빈 발전기 구입 배치
• 소방차를 활용한 대체 사용후핵연료 냉각원 설비

- 격납 건물 여과 배기 계통(CFVS) 설치

- 피동 촉매형 수소 재결합기(PAR) 설치

- 안전 주입계통과 보조 급수 계통을 통한 직접 냉각수 비상 주입 가능토록 연결 배관 설치 등

**Tip 코너**

### 일본 후쿠시마 원전 사고 관련 국내 원전에 반영해야 할 교훈은?

국내 원전의 설계와 지형이 일본 후쿠시마 원전보다 아무리 안전하다고 하더라도 그것 자체가 원자력 안전을 영구적으로 보장해 줄 수는 없다. 후쿠시마 원전 사고 원인에 대해서 단지 설비 자체의 문제뿐만 아니라 소프트웨어 측면의 발전소 운영관리 시스템과 주요 관리자들의 리더십, 그리고 조직문화까지 광범위하게 검토하여 국내 원전에 필히 반영해야 할 것이다. 후쿠시마 원전 사고 후속 조치를 보면 대부분 중대사고 시 대응 관련 설비 추가보강으로서 원전 운영자는 1조 이상의 예산을 사용하여 대규모 설비보강을 했으나 너무 설비보강 측면만 강조되었다고 생각된다. 물론 추가 설비보강이 매우 중요하지만, 소프트웨어 측면의 교훈은 무엇이고 어떤 반영을 하였는지 진지하게 그리고 겸허하게 교훈(Lessons-Learned)을 끌어내는 노력도 이에 못지않게 중요하다고 본다. 지금이라도 타산지석의 배우는 자세가 참으로 필요한 시점이라고 생각한다.

원자력발전소를 운영관리하는 것을 아파트 모델하우스처럼 보여 줄 수는 없을까 하는 생각
에서 원전 운영관리 모델을 사용함으로 좀 더 이해하기 쉽게 설명해보기로 한다.

# 원자력발전소
# 운영관리를
# 어떻게 준비하고
# 이행해야 할까?

原子力
發電所
Coaching
Leadership

원자력발전소를 운영관리하는 것을 아파트 모델 하우스처럼 보여 줄 수는 없을까 하는 생각에서 원전 운영관리 모델을 사용함으로 좀 더 이해하기 쉽게 설명해보기로 한다. 즉 원전을 어떻게 운영하는지 한 페이지의 도표로 나타낸 것으로 아래와 같다.

## 원자력발전소 기능 분류

| 공통기능＼고유기능 | 발전 | 정비 | 엔지니어링 | 방사선 | 화학 | 교육훈련 | 자재구매 | 방재 | 품질 |
|---|---|---|---|---|---|---|---|---|---|
| 형상관리 | | | | | | | | | |
| 설비 신뢰도 | | | | | | | | | |
| 작업 관리 | | | | | | | | | |
| 성능 향상 | | | | | | | | | |
| 안전(안전 문화) | | | | | | | | | |

원자력발전소에서 수행해야 할 전체업무를 두 가지 성격으로 구분하는데 첫째는 담당 부서에 국한된 분야별 고유기능으로 분류하는 것으로서 대표적으로 부서의 업무 분장(Role & Responsibility)에 표시된다. 둘째는 발전소 전체에 영향을 미치는 공통 분야별 기능 요건으로 주로 관련 업무 프로세스상에서 기술된 맡겨진 역할과 기능을 수행한다. 원자력 본부 산하의 지역 및 대외 협력 및 홍보 업무와 일반 행정업무 등에 관해서는 이 책에서는 제외하기로 한다.

전통적으로 한국은 수직적인 조직구조에 익숙하기 때문에 분야별 소관 업무에 대해서는 끝까지 주인 정신을 가지고 수행하며 결과에 대해서도 책임감을 갖는다. 하지만 조직 전체에 영향이 미치거나 자기 소관만이 아닌 여러 부서에 공통으로 걸쳐 있는 업무에 대해서는 솔선하여 주도하는 조직을 찾기가 어렵고 그만큼 업무의 추진 속도와 성과도 떨어지는 경향이 있다.

# 01 _ 원자력발전소 업무 분야별 고유 기능요건(Functional Area)

분야별 고유 기능 요건은 현재 원전 조직도 내 부서의 업무 분장과도 같다. 운영실 산하에 있는 발전, 방사선 관리, 화학 그리고 기술실 산하에 있는 기계, 전기, 계측 분야 정비, 엔지니어링 업무가 있고 원전 본부 단위로 교육훈련, 방재 대책, 구매, 품질보증 및 검사 업무가 대표적이다. 우리에게 매우 익숙하지만 좀 더 높은 산에서 아래를 내려다보는 눈으로 큰 골격을 보기로 한다. 즉 원자력발전소의 효과적인 운영 관리를 위해 아래 분야별로 수행하는 업무가 무엇이며 조직은 어떻게 구성되어 있으며 업무의 기본 원칙, 주요 업무 수행 프로세스와 인적오류 예방을 위한 종사자 교육훈련 내용 등을 살펴보기로 한다.

### A. 발전(Operations)

① 주로 수행하는 업무는 무엇인가?

발전소를 안전하고 신뢰성이 유지되도록 원자로 안전과 반응도 관리에 집중하여 운전하며 하루 24시간 지속적으로 발전소 주요 운전변수를 감시하고 이상 발견 시 사안의 시급성과 중요도를 판단하여 필요시 긴급 조치하고 소 (실)장 등 지휘계통 보고와 함께 개선과 조치가 필요한 사항은 운영개선 프로그램(Corrective Action Program) 프로세스를 통해 정비부서 등 관련 부서에서 원인분석과 이에 따른 조치를 수행토록 해야 한다. 발전부는 원전의 안전을 지키는 최전방의 군인과도 같다. 따라서 긴급상황에 대처할 수 있도록 실전과 같은 비상 대응 훈련에 많은 노력과 시간을 투자한다. 운전원의 일상적인 업무는 아래와 같다.

- 업무 인수인계 회의 참석
- 작업 오더 검토
- 정주기 시험 수행
- 정비 작업을 위한 밸브 정렬 상태 등 현장 상태 확인
- 운전변수 점검(주제어실 운전원)
- 현장 워크다운(walk down) 및 로깅(현장 운전원)
- 작업통지 발행(CAP)
- 작업 전 회의(PJB) 참석 등

② 조직은 어떻게 구성 운영되는가?

발전부는 크게 일근과 교대근무 두 가지 형태로 나눌 수 있다. 발전부의 주된 부서는 365일 24시간 지속적으로 근무해야 하기 때문에 국내의 경우 6조 4교대 근무 형태이다. 즉 하루 8시간 기준으로 4교대(3조 근무, 1조는 휴식)이며

나머지 2개 조 중 1조는 교육훈련을 받고(원자력 관련 법에 따라 모의 제어실 훈련 등 지속적인 교육이 요구됨) 나머지 1조는 일상 근무 형태로 전환하여 발전부에서 수행하는 정기 점검 수행과 교대근무조의 긴급 충원이 필요한 경우가 종종 발생함으로 인력 충원 대기조 같은 역할도 한다. 발전부는 2개 호기 12개 교대부서가 있으므로 인력이 단일부서로서는 원자력발전소에서 가장 큰 조직이다. 1개 조 발전부 인력은 신입 교육 인원 1~2명을 포함하여 약 10~12명 정도이다. 원전을 운영하는 국가마다 발전부 교대근무 형태가 다르다. 미국과 UAE 바라카 원전의 경우 우리와 달리 5조 2교대 형태로서 12시간씩 근무하고 휴식 시간을 많이 갖는 형태로 운영한다. 계획예방정비 기간에는 운전원들이 수행하는 업무가 매우 많아 12시간씩 며칠간 계속 일하는 것이 한국인에게는 체력적으로 큰 부담이 되기도 한다.

③ 업무수행 기본 원칙은 무엇인가?

운전원 업무수행 기본 원칙(Fundamental)은 운전원이 업무를 적절히 수행 및 활용하기 위한 필수적인 지식, 숙련된 기능, 태도와 습관으로 정의 한다(INPO). INPO에서 제시하는 운전원의 기본 원칙 5개 항목은 아래와 같다.

〈면밀한 감시〉

운전원은 발전소 주요 운전변수를 면밀하게 감시해야 한다. 특히, 발전소가 과도상태에 있을 때는 더욱 주의 깊게 감시를 강화해야 한다. 현장 운전원은 이상 변수 발견 시 즉시 주제어실에 보고해야 한다.

〈정확한 조작〉

운전원은 변수를 조정함에 있어 범위한계를 미리 정하고 정해진 범위 안에서 정확하게 조작하여야 한다. 운전원은 기기 조작 전 절차의 조건과 배경을 이해하고 최신 개정 승인된 절차서에 따라 정확하게 조작해야 한다.

〈보수적 성향〉

운전원은 안전 운전을 위해 계획된 업무와 긴급업무가 동시에 수행되지 않도록 관리해야 하며 운전 여유도를 충분히 갖도록 주요 운전변수에 대해서는 보수적으로 설정해 감시해야 한다.

〈효과적인 팀워크〉

운전 교대조의 팀워크는 안전 운전과 비상 대응 시 매우 중요하며 지속적으로 팀워크를 향상시키기 위한 개선사항을 도출, 해결함으로써 최상의 상태를 유지해야 한다. 교대 조원에 의해 실수로 부적절한 조작이 이루어지지 않도록 서로 질문하며 확인하는 등 인적오류 예방에 탁월한 팀워크를 조성해야 한다.

〈엔지니어링 기본과 설계에 대한 이해〉

운전원은 기기 조작 전에 그 기기의 기능과 연동 사항 등을 이해하고 확인해야 한다. 운전원은 또한 기기가 고장이 발생했을 경우 발전소에 미치는 리스크를 충분히 이해하고 적절히 대응해야 한다. 특히, 주제어실 면허 운전원(SRO, RO)은 원자로 이론, 전기 및 열역학 이론에 대해 충분한 지식을 보유해야 한다.


④ 주요한 업무 프로세스는 무엇인가?

발전업무 관련 주요 업무 프로세스로는 업무인수인계, 운영개선프로그램(Corrective Action Program: CAP), 중요운영결정(Operational Decision Making: ODM) 등이 있으며 이중 CAP, ODM을 간단히 소개한다.


〈운영개선프로그램: CAP〉

CAP은 발전소 운영 관련 문제점 및 개선 필요사항을 도출하여 원인을 분석하고 그에 따른 시정조치를 수행, 문제점 재발을 방지하고 성능개선과 운영효율을 향상시키는 프로그램으로서 2007년 해외 선진 운영프로세스 도입에 따라 운영 개시되었다.


CAP 발행 대상은 아래와 같으며 개선이 필요한 모든 사항을 포함한다.
• 발전설비 고장 및 성능저하
• 업무효율 향상 등 일상업무에서 발견된 문제점, 개선 및 제안 사항
• 인적행위 관련 개선 필요사항
• 국내외 기술정보 및 운전경험 검토 결과 개선 필요사항 등

〈중요운영결정: ODM〉

발전소 운영기술지침서의 운전제한치를 초과하지 않는 상태에서 원자로 냉각재 누설률의 증가 등 운전의 주요 변수가 점차 운전제한치에 접근하는 추세가 있으면 발전부서가 주관이 되어 ODM 평가팀을 구성해 리스크를 평가하여 리스크 단계별 어떤 조치를 취해야 할지를 결정하는 프로세스로서 향후 큰 리스크로 발전할 가능성이 있는 문제에 대비한 매우 효과적인 의사결정 프로세스이다.


⑤ 인적오류 예방을 위한 교육훈련은 어떤 내용인가?

운전원의 인적오류를 예방하기 위해 아래와 같은 다양한 방법들이 있다.


- **자체진단**(STAR: Stop, Thinking, Action, Review)

- 동료 점검

- Three-way communication

- 절차서 사용 및 준수

- 작업전회의(PJB), 작업후회의(PJC)

- Phonetic Alphabet(예: EDG 1A 경우 EDG one Alpha로 읽음)

- 절차서에 명시된 변수 범위 초과 등 불확실 시 일단 멈춤

- 의문을 갖는 태도

- Place keeping

- Flagging

• 동시 확인 및 독립 확인 등

**Tip 코너**

**원자력발전소 운전원 계속 근무를 위한 동기부여**

국내 원전 운전원들의 자질과 능력은 세계 어느 나라 원전 보유국보다 뛰어나다. 왜냐하면 신입직원 선발 시 우수한 인적자원을 확보하여 교육훈련과 자격인증을 받게 하기 때문이다. 그러나 최근에는 우수한 운전원들이 발전부서에 지속적으로 근무하기보다 노동강도나 스트레스가 상대적으로 적은 타 일근 부서로 이동이 빈번하고 또한 거의 관행화되어 있어 늘 발전부서는 그 빈자리를 경험이 적은 신입직원들로 채워지고 있다. 이에 따라 발전부서는 계속 신입직원들을 교육시키는 데 많은 노력을 소비함으로 팀의 비상 대응능력 등 팀 전체의 능력을 한 단계 높이는 데 사용될 에너지가 부족함을 겪게 된다. 정비부서도 동일한 현상이 발생한다. 회사에서는 지식과 경험이 많은 발전부 소속 직원들이 자부심을 갖고 계속 근무할 수 있도록 물심양면의 다양한 동기부여가 필요한 것으로 보인다.

■ 꿈에서도 나타난 발전정지

지금으로부터 20년이 더 지난 이야기이다. 한수원이 분사되기 전 한전 시절이다. 발전부장으로 발령받아 약 3년 반 근무하였는데 근무 기간 동안 여섯 차례의 발전소 불시 정지가 있었다. 그런데 공교롭게도 그중에서 다섯 번 연속해서 우리 발전부 근무 중 발전소 불시 정지가 발생하였다. 이에 본부에서 무슨 일이 있는지 우리 발전부에 대한 조사까지 받을 정도였다. 발전부의 인적 실수가 아니라서 다행히 인사 조치 없이 넘어갈 수 있었다. 발전소는 6조 3교대이며 한 개조에서 계속해서 발전정지를 경험한다는 것은 거의 나타날 수 없는 확률이다. 어떤 발전부장은 7년간 근무하였어도 자기 근무 시 한 번도 발전정지를 경험하지 못한 운이 억세게 좋은 사람(?)도 있다.

근무해 본 사람은 알겠지만, 발전소가 불시 정지되면 그야말로 정신이 없을 정도로 전화가 빗발치며 한쪽에서는 발전소 안정상태를 절차대로 유지하고 발전부장은 직속상관인 소실장 등에게 보고한다. 그 밖에 절차대로 원전 관련 기관에 보고하며 근무 시간이 끝나도 원인 파악 등을 위해 남아서 협조해야 한다. 만일 운전원의 인적 실수가 조금이라도 관련이 있다면 교대조 전체가 본사를 포함하여 규제 기관의 조사를 받아야 한다.

중앙제어실(Main Control Room: MCR) 내 발전부장 책상 왼편에 발전기 등 전기분야 설비감시 경보창과 제어반이 있는데 4번 연속 발전소 불시 정지를 경험한 필자는 전기 쪽 특유의 경보음만 울려도 소스라치게 놀라게 되었고, 한동안 꿈에서도 발전소가 정지되어 이리저리 힘들게 뒤척이다 소리치면서 꿈에서 깨기도 했다. 여섯 번째 발전소 불시 정지는 불행 중 다행(?)스럽게 한 시간 차이로 우리 조로부터 인계받은 다음 조에서 발생하였다. 뒤돌아보면 교대근무 시 5번의 발전정지 경험은 비상대응능력과 리더십을 기르는 데 아주 소중한 경험자산이 되었다.

## B. 기계, 전기, 계측 정비(Maintenance)

### ① 주로 수행하는 업무는 무엇인가?

발전소 정비에 대해서 정비의 성격에 따라 예방정비, 예측정비, 고장정비 등으로 구분하나 실제 업무수행 측면에서는 크게 일상정비(Routine Maintenance)와 계획예방정비(Planned Outage) 두 가지로 분류한다. 발전소가 정상 가동 중일 때의 일상 정비는 발전소 계통 및 설비의 정기, 주기 점검 및 시험일 경우 월 단위로 수행 일정 계획이 수립되며 설비가 손상되거나 기능이 저하되는 경우 발전소 운영개선프로그램(CAP)에 상태 보고가 등재되면 프로세스에 따라 관련 부서에서 설비 중요도에 따라 원인 분석과 조치계획이 수립되고 작업지시서에 의거 현장 정비 작업이 이루어진다.

계획예방정비는 국내 원전의 경우 18개월 주기로 시행되며 계획예방정비 기간은 필수적으로 수행해야 하는 시험과 사전 계획된 정비 작업 항목 중 주공정(Critical Path)에 따라 결정된다. 따라서 안전과 품질확보는 물론 현장 작업 상황을 파악하고 변화에 대처하고 작업 일정, 특히 주공정을 효율적으로 관리하기 위해서 계획예방정비 공정관리센타(Outage Control Center: OCC)를 운영한다. 계획예방정비를 성공적으로 수행하기 위해서는 최소 9~12개월 전부터 준비하며 발전소 모든 역량을 모아서 총력대응 체계를 사전 구축하고 대응한다.

② 조직은 어떻게 구성 운영되는가?

발전소가 정상 가동 중에는 정비관리부에서 일간, 주간, 월간 단위의 정비, 점검 및 시험이 계획, 검토되어 기계, 전기, 계측 정비부서에서 주관하여 정비를 수행한다. 주된 검토사항은 살아있는 발전소에 영향을 미치는 작업 항목과 잠재적 요소가 있는지 그 리스크를 사전에 검토하여 제거 또는 현저히 감소시키는 데 있다.

계획예방정비는 주로 기술 실장 산하의 조직이 주된 업무를 수행한다. 정비관리부에서 계획예방정비 준비 및 이행조직(OCC) 운영과 완료 후 평가까지 담당하고 기계, 전기, 계측 정비부서에서 발전소 설비의 정비를 주관한다. 기계, 전기, 계측 분야의 정비는 한수원 직원이 직접 정비를 수행하는 일차측 핵심 설비에 대한 계측 정비를 제외하고는 계약에 의해 정비업체에 의해 수행된다. 정비는 크게 설비에 따라 원자로 설비, 터빈발전기, BOP 설비 등 세 가지로 분류하여 정비부서 내 각 파트가 담당 주관, 수행한다.

③ 업무수행 기본원칙은 무엇인가?
〈정비원의 업무수행 기본원칙〉
정비원은 안전하고 효과적인 정비를 위해 필요한 지식, 숙련된 기능, 태도와 실행력을 가지고 있어야 한다. 이를 위해 정비원은 자격인증이 먼저 되어 있어야 한다. 정비원은 작업계획과 현황을 작업전회의, 인수인계 등을 통해 명확히 소통하여 이해해야 하며 작업 후 작업 관련 지침서, 절차서 등을 개선하기 위한 피드백을 제공해야 한다.

정비원은 정비 관련 설비의 주요 기능과 기본설계에 대해 지식이 있어야 하며 작업으로 인한 리스크의 중요도를 이해하고 계약자의 매뉴얼과 발전소 도면을 이해할 수 있어야 한다. 정비원의 행위는 사려 깊고 보수적이어야 한다. 불확실성 또는 예기치 않는 결과 등을 마주쳤을 때 일단 멈춤을 하고 명확한 방향에 대해 관리자로부터 지시를 받고 처리해야 한다.

④ 주요한 업무 프로세스는 무엇인가?

국내 원전의 경우 정비부서에서 현장 정비 작업 행위에 대한 감독뿐만 아니라 작업관리도 함께 수행한다. 왜냐하면 작업관리부서의 조직과 인력이 적기 때문에 정비 실무부서에서 대부분의 작업관리를 수행한다. 정비 작업관리는 공통기능에서 다룰 것이다. 대표적인 정비 관련 프로그램 (프로세스 포함)은 아래와 같다.

- 예방정비(Preventive Maintenance: PM) 프로그램
- 예측정비(Predictive Maintenance: PdM) 프로그램
- 설비문제 해결
- 고장정비 관리
- 단종품 관리
- 정비 후 시험, 평가
- 시험 장비 관리

〈예측정비 프로그램 소개〉

예측정비는 적절한 센서들을 설치하여 설비상태의 변화를 감지하고 결함 발생의 원인을 진단하여 올바른 시기에 적절한 정비업무를 수행하여 가동율과 신뢰도를 높이는 정비방식으로 상태 기반 정비(Condition Based Maintenance)라고도 불리며, 설비와 고장, 신호처리 및 센서 그리고 신호 분석과 대책 수립에 대한 기초적인 기술들로 구성된다.

예측정비에 사용되는 설비 진단 기술은 아래와 같다.

- 진동: 회전기기, 왕복동 설비
- 윤활유 분석: 회전기기
- 열화상: 전기부품, 구조물 등
- 전기신호 분석: 전동기
- 초음파 진단: 배관, 압력용기, 회전체, 전력 설비 등
- 기타: 음향탐지(Acoustic Monitoring) 등

⑤ 인적오류 예방을 위한 교육훈련은 어떤 내용인가?

- 작업전회의 및 작업후회의
- 직원 및 정비 계약자 현장 친숙화
- 정비원 인적오류 예방을 위한 물리적 방호벽 설치

## 정비 훈련 실습시설

국내 원전의 정비원과 정비 엔지니어들은 그 자질과 능력 측면에서 매우 우수하다. 국내의 경우 미국 등 해외 원전과 달리 정비가 엔지니어링 업무와 분명하게 구분되어 있지 않아 엄격히 말하면 정비 엔지니어링 업무를 수행하고 있다고 보면 된다. 한수원 운영자에 의해 직접 수행되는 계측 분야 정비를 제외하고는 현장의 설비에 대한 직접 정비 행위는 전문 정비회사에 위임하여 수행되므로 한수원의 정비 엔지니어는 주로 정비 관련 행정과 엔지니어링 업무를 수행하게 된다. 국내의 정비원과 정비 엔지니어가 부족한 분야는 정비 관련 훈련 실습 시설과 인적오류를 예방할 수 있는 실습시설이 선진국 대비 크게 부족한 편이다. 또한 운전원과 마찬가지로 근무 환경이 상대적으로 좋은 타 부서로의 이동이 심하여 항상 신입사원의 비중이 높은 것도 개선되어야 할 점이다.

■ 어금니와 바꾼 일터 지키기

원전 소(실)장들은 계획예방정비(OH)가 시작되면 대부분 가족이 있는 본집에 들어가지 못한다. 2주에 한 번씩 집에 가던 것을 두 달에 한 번 가든지, 아니면 부득이 집에 들를 수 없는 경우에는 부인이 내려오기도 한다. OH 중에는 크고 작은 일도 많이 발생하며 주어진 공기 내에 수행할 업무들이 많아서 마음의 여유가 없기 때문이다. 또한 발전소 내에서 무슨 일이 생기면 발전소장이 현장에 있었느냐가 제일 먼저 거론이 되는 직장 분위기라서 아예 그런

소리를 듣지 않으려고 개인적인 중요한 일이 있어도 포기하고 일터를 지키는 쪽으로 선택하기도 한다. 발전소장들의 교육 기회가 거의 없는 것도 타의 반자의 반의 선택이기도 하다.

필자도 발전부장, 기술 실장, 발전소장을 거치면서 많은 OH를 경험했으며 2016년도 마지막 OH가 두 달이 넘어가면서 많이 힘들었다. 그 당시 OH가 시작되면서부터 치아가 아프기 시작했다. 가까운 치과에 가보니 큰 병원에 가야 된다고 했다. 갈 수 있는 형편, 즉 마음에 여유가 없다 보니 계속 병원

계획예방정비를 담당하며 고생하는 직원들과 함께 소장실에서 한 컷

가는 것을 미루었다. OH가 끝나고 집 근처에 있는 치과에 가니 윗턱 어금니 두 개가 못쓰게 되어 당장 발치해야 한다고 했다. 지금 생각해 보니 자신의 건강에 참 무지하였다고 본다. 그렇게 자신의 몸을 혹사해가면서 일터를 지키는 것이 과연 회사나 나에게 도움이 되었을까 생각하니 한동안 바보가 된 기분이었다.

## C. 엔지니어링(Engineering)

### ① 주로 수행하는 업무는 무엇인가?

국내 원전이 미국 등 해외 원전과 가장 차이 나는 부분이 엔지니어링 조직과 기능이다. 국내의 경우 2001년도 한전으로부터 분사된 이후 플랜트 엔지니어링 기능이 미국 등 서양에 비해 취약한 것을 깨닫고 이를 보완하기 위한 많은 노력을 기울였으나 근본적으로 엔지니어링 경험 인력의 부족과 이를 시스템적으로 담아낼 조직이 없기 때문에 경험과 기술 축적에 한계가 있다.

국내의 경우 설계, 시스템, 프로그램 엔지니어링 세부 내용 중 시스템과 프로그램 엔지니어링 일부 기능을 수행하고 있는 실정이다. 설계엔지니어링은 대부분 한국전력기술(KEPCO E&C)이나 기타 엔지니어링 회사에 의존하고 있고 프로그램도 발전소 차원이 아닌 중앙연구원에서 전사를 대상으로 지원하고 있다. 발전소 조직에서는 기술실 산하에 계통기술부가 관련 업무를 담당하고 있고 설계변경관리, 일부 시스템엔지니어링 기능을 수행하고 있다.

② 조직은 어떻게 구성 운영되는가?

발전소 내 계통기술부가 있고 일차측, 이차측 주요 계통, 전기 및 I&C 관련 계통에 대한 시스템 엔지니어링과 설계변경을 담당하는 파트가 있다. 미국 원전의 경우 엔지니어링 조직과 인력이 국내에 비해 훨씬 크며 주로 설계, 시스템, 프로그램 및 프로젝트 엔지니어링으로 구분하며 설계엔지니어링 조직이 타 엔지니어링 분야보다 인력이 상대적으로 많다. 대체로 두 개 호기 기준으로 국내는 20~25명 정도이나 미국 원전은 약 150~200명 수준의 엔지니어가 근무하고 있어 우리의 7~10배 정도 많다.

③ 업무 수행 기본원칙은 무엇인가?

〈계통/설비의 감시와 평가〉

엔지니어는 계통 및 설비의 기능 상실을 예방하기 위해 주요 변수의 트렌드를 감시하고 관련 기능 상실이 발생하였을 경우 잠재적 공통원인 고장을 포함한 원인을 찾아내어 평가하여 향후 재발 방지를 위한 조치를 취해야 한다.

〈설계 및 운전 여유도 보존, 향상〉

엔지니어는 발전소 운전, 정비, 시험 활동 등이 발전소 설계 및 인허가 기준과 일치될 수 있도록 검토하고 확인해야 한다. 즉 안전하고 신뢰성이 높은 발전소 운영을 위해서 엔지니어는 설계와 운전 여유도가 보호되도록 하는 역할을 수행한다. 엔지니어는 적극적으로 설계의 취약성을 찾아내 설계변경 등을 통해 설계 및 운전 여유도를 향상시켜야 한다.

〈설계요건과 인허가 기준 범위 내 운전을 위한 소통, 권고 및 보호〉

엔지니어는 발전소 설계 및 운전 여유도, 설계 코드, 안전 평가 등을 포함한 설계요건과 인허가 기준 관련 발전소 관련 의사결정권자들과 소통해야 한다. 또한 긴급한 기술적 사항 발생 시 관련된 잠재적 리스크에 대해 발전소 의사결정권자와 운전원들에게 권고 또는 정보로 제공하여 적절한 대응 방안과 비상조치를 이행할 수 있도록 해야 한다.

〈전문지식과 기술력의 확보, 유지〉

엔지니어는 담당 계통에 대해 기술기준, 설계요건, 인허가 기준, 안전 평가 및 발전소 운전에 대한 종합적인 지식이 있어야 하고 최신의 일반 산업계 문제 및 과학기술, 운전 경험 등 전문지식과 기술력 확보를 지속적으로 향상시켜야 한다.

〈비판적 사고, 보수적 의사결정과 의문을 갖는 태도〉

엔지니어는 기술적 평가, 설계변경 등 의사결정 시 항상 원자로 안전과 관련 리스크를 충분히 고려하여 결정해야 하며 의사결정 과정에 다른 의견들과 의문을 제기하는 태도를 적극 장려하고 수용해야 한다. 엔지니어는 기술 평가 시 설계와 분석에 사용된 입력자료의 정확성, 엔지니어링 판단과 가정사항의 근거 등을 충분히 확인하고 필요시 제시할 수 있어야 한다.

④ 주요한 업무 프로세스는 무엇인가?

- 설계변경 관리

- 기기 중요도 결정

- 계통/기기 성능감시(System/Component Performance Monitoring)

- 정비 효과 감시 프로그램 성능감시

- 단일기기로 인한 발전정지 유발 기기(Single Point Vulnerability: SPV) 관리

- 단종품 관리

- 각종 엔지니어링 프로그램 관리 등

〈계통 성능감시 소개〉

발전소 계통기술부에서 근무하는 시스템엔지니어의 가장 중요한 업무중의 하나는 계통 성능감시 업무다. 담당하는 계통의 주요 운전변수들을 개인 컴퓨터에서 엔지니어링워크스테이션(Engineering Work Station: EWS)을 통해 감시한다. 또한 감시해야 할 운전변수의 변동 값을 미리 프로그램에 세팅해 놓고 세팅 값을 초과 시에는 개인 휴대폰에 경보를 받을 수 있도록 하여 효과적으로 성능감시를 수행한다. 담당 계통에서 이루어지는 각종 시험과 정비 작업들을 추적 관리하여 계통에 미치는 영향을 분석하고 필요시 계통의 건전성 확보를 위한 설계변경 요청 등의 조치를 한다.

⑤ 인적오류 예방을 위한 교육훈련은 어떤 내용인가?

엔지니어 등 지적 노동자들을 위한 인적오류 예방 프로그램은 INPO에서

는 "기술적 인적오류 예방 프로그램"(Technical Human Error Prevention Program)을 수립하여 운전원과 구분하여 적용한다.

〈기술적 인적오류 예방 프로그램 주요 내용〉

• 엔지니어가 담당업무의 기술적 내용과 업무 수행 시 어떤 종류의 인적 오류가 발생할 수 있고, 발생 시 어떤 결과가 예상되는지를 브리핑하게 한 다(Technical Task Pre-job Briefing).

• 엔지니어가 주요 기술적 업무 수행 전에 무엇이 선행되어야 하는지를 자기 자신을 점검하여 관련 절차나 지침에 따라 업무를 수행하고 결과를 점검한다(Self-Checking).

• 엔지니어는 항상 의문을 갖는 태도를 견지하여 개방적인 질문과 중요 사항에 대해서는 아는 것과 모르는 것을 반드시 확인해야 하며 사실에 근거한 판단과 불확실한 가운데서 일을 진행하지 않도록 해야 한다 (Questioning Attitude).

• 엔지니어는 가정한 것들에 대해서는 객관적 증거, 현장 확인 등 여러 가지 방법으로 가정의 적합성을 입증해야 한다(Validate Assumption).

• 엔지니어는 엔지니어링 프로세스에서 자기가 담당한 결과물을 다음 단계로 넘기기 전에 최종적으로 결과물의 적정성을 확인한 후 개인 서명을 해야 한다(Signature).

## ■ 데이터의 중요성

4차 산업혁명이 도래한 지금 새삼 데이터의 중요성이 부각되고 있다. 데이터 수집, 정확성, 활용성, 공유의 적절성, 분석과 판단에 의한 상황이해, 나아가 미래에 대한 방향 설정까지 데이터에 의존하는 경향이 심화되고 있다. 그런 차원에서 원전도 현재 상황을 재점검하고 과거와 다른 데이터관리를 모색해야 한다고 생각한다. 원점에서 원전운영과 관련하여 무수히 생산되는 데이터를 어떻게 수집 정리하고 이를 체계화하여 분석하고 현장에 피드백시켜 줄 수 있는지 큰 틀에서 연구해 볼 가치가 있다고 생각한다.

작은 것부터 언급하자면 자재마스터 관리를 들 수 있다. 누군가는 지속적으로 발생하는 자재 관련 데이터를 입력해야 하고 변화에 맞게 조정도 해야하는데 그 부분에 취약성이 얼마나 있는지 점검해보아야 한다. 자재 조달과정에서 발생하는 수많은 데이터로 자재마스터를 지속적이고 바로바로 업데이트해야 함에도 불구하고 많은 시간과 노력이 소모되고 그에 대한 주변의 인정과 보상이 미흡해 방치하거나 회피하는 경향이 있다. 그러다 보니 모두 숟가락 들고 식탁에서 음식을 기다리는데 정작 재료를 사 와서 음식을 만드는 사람이 없는 우스꽝스러운 모습이 그려진다.

식탁에 앉아 숟가락을 든 채 서로 네가 요리하라고 떠드는 모습, 그중 힘이 없거나 마음 약한 사람이 어쩔 수 없이 부엌으로 가서 음식 만드는 시늉을 하지만 대충하거나 쌀도 제대로 씻지도 않아 모래든 밥을 밥상에 올리고 밥 먹는 사람은 음식이 제대로 되지 않았다고 투덜거리며 서로를 비난하고 다음식사 시간 되면 또다시 이런 상황이 반복되는 모습이 어떻게 느껴지는가?

리더는 팀워크로 해답을 찾아야 한다. 팀워크는 구성원이 자연스레 서로에게 도움을 주면서 팀 전체의 방향을 일관성 있게 끌고 갈 수 있게 해준다. 서로 도움 되는 역할을 기꺼이 하는 조직문화가 형성될 경우 숟가락 들고 식탁에 앉아 누군가 빨리 음식 해오기를 불평 불만하면서 떠들기 보다는 자발적으로 음식 재료 사 오는 사람, 음식 만들 준비하는 사람, 음식 차리는 사람 등으로 나누어 움직이게 되는 모습이 아마 리더가 바라는 모습일 것이다.

자재마스터가 잘 정리되어있고 실시간으로 업데이트된다면 업무 효율성은 높아지고 생산성이 증대되어 구매업무에 관계자들이 적은 노력으로 업무 성과가 높아짐을 경험할 것이다. 지금 문제는 자재마스터가 정리되어야 하는데 공감을 하면서도 바로 해결하지 않고 있다는 점이다. 몇몇 부서가 처리하기에는 단시일 내에 감당하기 힘들 만큼 많은 시간과 노력이 필요하지만, 엄두를 내지 못하고 있고, 방치할수록 눈덩이는 커져 폭탄 돌리기 게임으로 전환되기 쉽다. 나중에 누군가는 억울하게 큰 부담을 질 수 있다.

지금부터 제로베이스에서 방법을 찾아야 한다. 이렇게 된 것이 누구의 잘못이냐를 따지는 것은 의미가 없다. 골든타임을 낭비할 뿐이다. 누적된 문제를 빨리 정상화하는 것이 중요하다. 늦을수록 점점 더 큰 비용과 시간을 대가로 지불해야 한다. 지금 드는 비용과 시간이 최선이다. 더 이상 늦지 않도록 이 문제를 해결해야 원전의 공급망 관리가 안정화되고 새로운 사업을 창출할 수도 있다.

자재마스터 정상화라는 미션하에 각 부서의 리더들은 어떤 리더십을 발휘하여 팀워크를 다지고 팀플레이를 원하는 방향으로 실현할 것인가? 각 부서가 처한 상황과 가용자원이 서로 다를 뿐만 아니라 각 조직구성원의 생각, 일하는 방법 등이 서로 다르고 리더의 스타일도 다르기 때문에 획일적으로 적용되는 답을 찾는 것은 어리석은 일이다. 미션을 달성하기 위한 합리적 타협점을 찾아야 한다.

리더는 자신의 강점을 바탕으로 구성원과의 소통을 통해 비전을 공유하고 각자의 역할을 정립하여 자발적으로 그리고 유기적으로 자재마스터를 조속히 정상화한다는 전략적 계획을 수립해야 한다. 정립된 자재마스터는 지속적으로 업데이트되는 시스템도 함께 구축되어야 같은 문제가 재연되는 것을 방지할 수 있다. 실시간으로 자재마스터를 관리하지 않는다면 오래된 동창회 명부처럼 또다시 많은 시간과 노력을 소비해야 하고 그때까지 엄청난 낭비를 감당해야 한다.

## D. 방사선 관리(Radiation Protection)

### ① 주로 수행하는 업무는 무엇인가?

원자핵분열 시 발생하는 열과 함께 방사선이 나온다. 이는 인체에 위험하므로 방사선 안전관리가 중요하다. 방사선 관리는 크게 방사선 피폭 관련 종사자 건강관리와 교육, 방사선 관리구역 출입 관리 및 작업허가 등 방사선 방호업무와 기체, 액체, 고체 방사성 폐기물 처리 처분 업무 등 세 가지로 분류된다.

② 조직은 어떻게 구성 운영되는가?

국내 원전의 경우 방사선 관리부서는 보건물리, 방사선 방호, 폐기물 관리, 처분 기술 등 네 파트로 구성되어 있으며 인원은 약 30명 정도다. 한수원은 공개경쟁 계약에 의해 방사선 안전관리 용역 회사를 선정하고 발전소가 정상 가동 시와 계획예방정비(OH) 시에 방사선 안전관리 업무 전반에 관한 계약업체 지원을 받는다. 발전소 가동 중 방사선 안전관리 용역은 발전소 단위로 3년마다 계약자를 재선정하고 선정된 계약업체는 발전소마다 차이가 있으나 대략 60명 정도의 상주인력을 보유하여 업무를 수행하고 계획예방정비 시 방사선 안전관리 용역은 본사 담당 부서에서 그해에 OH를 수행하는 여러 개의 발전소를 묶어서 업체를 선정하되 업체마다 인력이 한정되어 있어서 2~3개 회사가 연합하여 입찰에 참여하고 계약자로 선정 시 OH 수행발전소에 약 40~50명 정도의 인력을 파견하여 방사선 안전관리 업무를 수행한다.

③ 업무 수행 기본 원칙은 무엇인가?

• 원자로 노심, 사용후핵연료 저장조 등 방사선 선원의 잠재적 위험에 대해 지대한 관심과 책임감을 느껴야 한다.

• 방사선 조사선량의 개인과 집단 선량한도가 최대한 낮게 유지되도록 종사자와 일반 국민의 방사선에 대한 건강과 안전에 대한 책임감을 느껴야 한다(ALARA*).

• 방사선으로부터 건강과 안전을 보전하기 위해 방사선 안전 관련 문제의 중요도에 따라 의사결정이 신속, 적절한 조치를 취해야 한다.

• 방사선 관련 업무 수행 시 불확실한 상태 직면 시 즉각 멈추고 문제 해결 전까지는 그 업무를 진행해서는 안 되며 지속적인 개선을 위한 건설적인 피드백에 열린 자세를 가져야 한다.

─────────
* ALARA는 "As Low As Reasonably Achievable"의 약어이다. 모든 피폭은 사회적 경제적 요인을 고려해 넣으면서 합리적으로 달성 가능한 한 낮게 억제해야 한다는 기본 정신에 의해 피폭선량을 제한하는 것을 의미한다. 이 정신은 원자력발전소 종사자 및 주변 주민이 방사선 피폭을 가급적 받지 않도록 합리적으로 달성하는 것을 목표로 하고 있다.

④ 주요한 업무 프로세스는 무엇인가?

• 방사선 관리구역 출입 절차
• 방사선 관리구역 작업허가
• 발전소 ALARA 운영위원회 운영

이중에서 방사선 관리구역 출입 절차와 발전소 ALARA 운영위원회 운영 절차에 대해 간략히 소개한다.

〈방사선 관리구역 출입 절차〉

방사선 관리구역을 출입하기 위해서는 먼저 건강검진, 전신 계측기 측정 (WBC)과 방사선 방호 교육을 이수해야 한다. 발전소 관리구역에 들어갈 수 있는 요건이 될 경우 개인 선량계(TLD)를 수령하고 방사선 관리구역 작업허가서 승인을 받아야 관리구역에 출입할 수 있다.

〈발전소 ALARA 운영위원회 운영〉

발전소 방사선관리부는 매년 그해의 계획예방정비를 포함하여 운전 및 정비 작업으로 인한 전체 종사자의 방사선 피폭선량 최대 허용 총량과 최대 허용치보다 충분히 낮은 발전소  내부 목표치를 수립하여 종사자의 방사선 피폭을 가능한 최소화 되도록 업무를 수행한다. 이를 효과적으로 수행 및 목표값 이내로 달성을 위해 발전소장을 위원장으로 하고 각 부장을 위원으로 하는 '발전소 ALARA 운영위원회' 운영한다. 계획예방정비 착수 전에 방사선 관련 주요 정비 작업 항목에 대해 예상되는 방사선 피폭선량을 세부적으로 계산하고 부서별로 목표치를 부여해 부서에서는 관련 작업수행 시 목표값 이내로 피폭을 관리하여 종사자가 과피폭되지 않도록 철저히 관리한다. 계획예방정비 후에는 결과를 분석하여 운영위원회에 보고하고 개선이 필요한 사항에 대해서는 차기 계획예방정비 시에 반영토록 한다.

⑤ 인적오류 예방을 위한 교육훈련은 어떤 내용인가?

주기적으로 인적 오류 예방 도구 활용상태를 점검하고 명확한 소통, 절차서의 준수, 의문을 품는 태도, 불확실성 대면 시 즉시 멈추고 지침을 구하는 등 인적 오류를 줄이기 위한 다양한 노력을 해야 한다. 그 노력 중의 하나는 발전소 운영개선 프로그램(CAP)상의 방사선 관련 인적 오류 경향을 분석하여 원인분석과 조치를 취하는 것이다.

### Tip 코너

**국내 원전의 방사선 관리 및 중저준위 방사성 폐기물 저감 노력**

국내 원전의 방사선관리는 실용성을 추구하는 미국 등 유럽에 비해 철저히 관리되고 있는 것으로 판단된다. 미국 원전의 경우 방사선 관리구역의 작업이라도 별도의 방사선 방호복으로 갈아입지 않고 작업자는 본인의 작업복 위에 일회용 방호복을 껴입고 작업을 한다. 또한 국내와는 달리 방사선 안전관리 용역업체 없이 자체 조직 인력으로 방사선 관리 전체 업무를 수행한다. 계획예방정비 시에도 별도의 방사선 안전관리 업체를 활용하지 않고 방사선 관련 주요 설비 작업별로 정비업체가 방사선 안전관리도 책임지고 수행토록 한다. 원전 운영자의 현실적인 문제로 원전에 발생하는 중저준위 방사성 폐기물 처리를 위한 비용이 드럼 당 계속 증가하고 있다. 방사성 폐기물 발생 저감을 위해서 현재도 많은 노력을 하고 있지만 자체 연구개발뿐만 아니라 국내외 산업계 모범사례(Best Practice) 벤치마킹 등을 통해 방사성 폐기물의 획기적인 저감 노력이 필요할 것으로 보인다.

■ 원자력발전소 내에 비밀은 없다

필자가 원자력발전소 소장으로 근무하면서 원자력안전위원회 현장사무소장의 호출을 자주 당하는데 대부분이 정보보안 문제였다. 자기가 발전소 모 간부에게 말한 내용이 그대로 원전 민간감시위원회 위원들에게 들어가서 바로 반박 전화가 온다는 것이다. 참 딱한 노릇이었다. 발전소장이 할 수 있는 일은 간부들에게 사내에서 일어난 일들과 정보들을 외부에 유출해 회사를 어렵게 하는 일들이 발생하지 않도록 주의를 촉구하는 정도일 뿐이다. 발전소 안에는 많은 협력 회사의 직원들이 함께 근무하고 있다. 계획예방정비 업무가 피크일 때는 경상 인력에 약 900명에서 1,000명이 추가되기도 한다. 정보 보안 문제를 해결하는 가장 좋은 해결 방법은 처음부터 정보 보안이 필요한 문제가 안 생기도록 하는 것이다. 발전소 안에서 안 좋은 일이 발생하면 바깥에서 먼저 알고 전화가 오는 경우가 흔한 것이 이를 증명해 준다. 보안을 하라고 하면 이상하게 더욱 잘 퍼져나간다. 원자력발전소 내의 일은 비밀이 없다고 보고, 보안할 내용이 없도록 관리하는 것이 최상이라고 생각한다.

### E. 화학(Chemistry)

#### ① 주로 수행하는 업무는 무엇인가?

화학 프로그램 목적은 핵분열 생성물을 최대한 방어하고 부식과 부식생성물의 이동으로 인한 영향을 최소화하며 방사선 영향을 가능한 한 최소화함으로써 계통 재질 상태와 설비의 성능을 최상으로 유지하는 데 있다.

② 조직은 어떻게 구성 운영되는가?

국내 원전의 경우 발전소 화학부서는 화학기술, 방사화학, 수질관리 등 세 파트로 구성되어 증기발생기 수질관리, 일차측 수질관리, 이차측 수질관리를 각각 담당하고 있다. 물처리실, 해수전해설비, 복수탈염설비 운전 및 유지관리는 "수처리 운전 및 경상정비 공사 계약"을 통해 외부 전문업체가 수행토록 운영하고 있다.

③ 업무 수행 기본 원칙은 무엇인가?

화학부 종사자들은 발전소를 안전하고 신뢰성 높게 운영을 지원하기 위해 필요한 지식, 숙련된 기술, 행동과 관행 측면에서 아래 기본 원칙과 기준들을 만족해야 한다.

〈샘플링과 분석〉

화학부 직원은 적정 주기에 따라 발전소 관련 계통으로부터 대표적 샘플을 취하고 적절한 분석 방법을 사용하여 정확히 분석할 수 있어야 한다.

〈감시, 평가 및 대응〉

화학부 직원은 재질의 부식 생성률을 최소화하기 위해 계통의 화학 조건과 상태를 감사해야 하며 손상된 상태를 확인하고 개선하는 조치를 취해야 한다. 또한 화학 전략, 운전 관행, 분석 기술 등을 주기적으로 평가해야 한다.

〈화학 지식〉

화학부 직원은 화학적 손상 메커니즘, 화학 샘플링과 분석 방법의 기준과 한계에 대한 지식이 있어야 하고 발전소 기동 및 정지를 포함하여 정상 및 비정상 조건하에서의 대응 전략을 구사할 줄 알아야 한다.

〈소통 능력〉

화학부 직원은 바람직하지 않은 화학 경향을 발견하는 즉시 보고해야 하며 운전과 엔지니어링 부서 등 관련 부서에 그 경향을 충분히 전달할 수 있는 소통 능력이 있어야 한다.

〈화학 통제〉

화학부 직원은 화학적 품질 기술규격서 등을 철저히 확인함으로써 계통 내 원하지 않은 화학물질의 유입을 방지해야 하며 화학물질 통제 프로그램에 따라 방사성 물질과 화학 폐기물의 생성을 최소화하도록 해야 한다.

④ 주요한 업무 프로세스는 무엇인가?

- 일차측 화학 처리
- 이차측 화학 처리
- 정지 시 화학 처리

〈정지 시 화학 처리 소개〉

정지 시 화학 처리는 방사선 준위가 충분히 낮은 상태와 조건에서 계획예방정비 작업을 수행할 수 있도록 하기 위함이며 핵연료와 일차계통 내 축적된 방사성 부식생성물을 제거하기 위하여 정지 시 화학 처리를 수행한다. 정지 시 화학 처리는 원자로 냉각재 계통 필터, 탈염기, 탈기기 및 화학 및 체적 제어 계통 탱크 등을 활용해서 수행되면 고체 및 용융된 부식 재료와 방사화된 가스를 제거한다.

⑤ 인적오류 예방을 위한 교육훈련은 어떤 내용인가?

발전소에서 사용하는 일반적인 인적오류 예방 기법을 활용하며 특히, 화학분석 능력을 향상하고 정확도를 높이기 위해 한국표준과학연구원의 제3자 검증을 받으며 화학부 직원 개인 평가에도 반영한다.

### Tip 코너

**화학부서 근무 종사자들에 대한 소(실)장의 관심과 인정**

화학부서의 업무는 최상의 수질관리를 통해 증기발생기 등 주요 설비의 부식방지를 통한 건전성을 확보하고 수명기간 동안 성능을 유지토록 하는 업무로서 장기적 성격을 띤다. 이에 따라 발전소 과도상태나 설비 고장 시 즉각적으로 대응하는 발전부 또는 정비 부서보다 발전소 소실장의 관심도가 상대적으로 낮고 발전소 실적에 대한 기여도 평가에서도 대부분 미흡하게 평가되는 경향이 있다. 예를 들면 과거에 화학부장 보직에 화학부서 근무나 관련 전공자가 아닌 발전부서나 정비부서 출신인 경우가 종종 있었다. 외국의 경우 철저히 전문지식과 경험으로 보직을 주기 때문에 우리와 같은 경우는 없다. 증기발생기 건전성 확보 등 장기적 성격의 화학부 업무에 대한 중요도를 인식하고 화학전공 종사자들이 전문성을 지속적으로 개발할 수 있는 동기부여를 받을 수 있도록 소실장의 관심은 물론 인사평가에 충분히 반영되어야 할 것이다.

■ 로봇검사 기술의 부작용

원자력발전소의 증기발생기는 일차측 냉각수(원자로 냉각재)와 이차측 냉각수(급수)가 압력 경계인 전열관 내외부로 흐르면서 열교환을 통하여 증기를 생산한다. 이때 이차측 관판상부에는 증기발생기로 유입된 이물질과 불순물이 농축, 축적된다. 따라서 계획예방정비 시마다 일차측 전열관(U-Tube)의 건전성을 확인하고자 와전류탐상 검사(Eddy Current Test : ECT)와 이차측 랜싱(Lancing)과 FOSAR(Foreign Material Search And Retrieval) 작업을 수행하여 잔류 이물질을 검사 및 제거한다.

증기발생기 이차측 관판상부 튜브다발 내부지역 검사(In-Bundle FOSAR)의 경우 특수 제작된 검사 로봇을 활용한다. 문제는 In-Bundle 검사 장비의 개발 속도는 빠른 반면 발견된 이물질을 제거하는 장비개발은 더디고 충분히 개발되지 않아 계획예방정비(OH)를 수행하는 발전소 현장마다 이로인해 많은 곤란을 겪고 있으며 OH 공기 지연의 원인이 되기도 한다.

In-Bundle 장비로 발견된 이물질 중 어떤 것은 내부에 고착되어 제거가 안 되는 경우가 많은데 이러한 이물질이 잔존하여도 증기발생기 건전성에 어떤 영향도 미치지 않는다는 기술 타당성 보고서를 제출해도 지역의 원전 감시 기구의 위원들은 100% 제거를 요구하기 때문에 모든 이물질 제거 및 지역 주민 설득에 과도한 노력과 많은 시간이 필요하게 된다. 발전소(실)장이 OH 중 그 바쁜 시간에 매일 이물질 제거 수량을 알아보려고 증기발생기 검사 장비실에 출입하며 하는 넋두리 한마디를 소개한다. "검사 장비를 개발하면 함께 제거 장비도 제대로 개발해야지 약도 없이 병만 주네."

한전KPS 개발, 증기발생기 이차측 전열관 다발 내부 원격 육안 검사 장비

## F. 교육훈련 (Training)

### ① 주로 수행하는 업무는 무엇인가?

원전 운영을 위해서는 종사자들의 교육훈련이 매우 중요하게 강조된다. 원전 본부의 교육훈련센터에서는 주로 원전 근무 운전원들에게 법적으로 요구되는 교육훈련을 수행한다. 즉, 운전원의 경우 상하반기 2주씩 연 2회 4주 간의 교육을 의무적으로 받아야 한다. 그중 시뮬레이터 훈련 70시간이 포함된다. 운전원을 제외한 기술부서 직원들의 전문교육은 주로 인재개발원이 주관하는 교육프로그램을 활용한다.

### ② 조직은 어떻게 구성 운영되는가?

발전소 내부에는 발전운영부 내에 교육 파트가 있어 부서별 교육계획을 종합해 발전소 전체 교육계획을 수립하여 시행하며 원전 본부별로 인재개발원 소속의 교육훈련센터가 있다. 센터는 교육 기획, 시뮬레이터 운영 파트 등 2개의 파트와 교수실이 있다. 교수실에는 기술 교수 3명을 포함하여 총 15명의 교수가 있다. 한수원 회사 전체의 Control Tower는 본사 인사처 인재 양성부이며 회사 전체 차원의 교육 계획수립과 시행은 인재개발원이고 원전 본부별 해당 발전소 운전원 재교육은 교육훈련센터에서 시행한다.

### ③ 업무 수행 기본 원칙과 주요 프로세스는 무엇인가?

원자력발전소 교육훈련 프로그램은 철저히 SAT(Systematic Approach

Training)를 기반으로 분석, 개발, 실행과 평가 후 피드백하여 지속적인 개선이 이루어져야 한다. 교육훈련 관련 절차서는 아래와 같다.

- 교육행정 절차서(교재개발 및 관리, 교안 작성 및 관리, 교수요원 자격 및 능력개발 등)
- 운영행정 절차서
- 설비운영 절차서
- 직무수행능력 인증

＊SAT 기반 교육훈련 프로그램은 아래 절차에 따라 구축된다.

- 분석(Analysis)
- 설계(Design)
- 개발(Development)
- 시행(Implementation)
- 평가(Evaluation)

**Tip 코너**

### 원전 종사자 교육훈련

원전 종사자들의 교육훈련(자격인증 포함) 분야만큼 미국 등 선진국과 큰 차이가 나는 것도 없다. 문화적 차이도 분명히 있으나 무엇보다도 원전 종사자들의 교육이 법적 요건으로 강제성이 있느냐 없느냐가 큰 차이의 근본 원인으로 보인다. 즉 미국의 경우는 발전 분야 6개, 기계·전기·계측·방사선·화학·엔지니어 분야 6개 등 총 12개 분야의 교육프로그램이 4

년 주기로 미국원자력발전협회(INPO)의 인증(Accreditation)이 요구되기 때문에 강제성을 가진다. 국내의 경우 운전원에 대한 재교육 요건만 강제성을 갖기 때문에 대부분 원전 본부별로 있는 교육훈련센터 교육이 운전원 교육에 중심을 두고 있다. 교육훈련 조직과 인력은 미국 등 유럽의 원전 및 심지어 한국이 수출한 UAE 바라카 원전과는 비교할 수 없을 정도로 적기 때문에 조직인력과 기능의 지속적인 보강이 필요하다.

### ■ UAE 해외 교육훈련 강사 양성, 그 험난한 노정

2014년도 필자가 인재개발원 글로벌센터장으로 근무 시 가장 중점적인 업무가 UAE 교육훈련 프로젝트 수행을 위한 강사 양성이었다. UAE 바라카 원전 운영사인 Nawah Energy사(이하 NE사)로부터 받은 가장 큰 비판은 국내에서 UAE에 제공하는 교육훈련 프로그램이 Systematic Approach Training(SAT) 기반의 국제적인 표준에 못 미친다는 것과 기술과 운전 분야 강사들의 영어 구사 능력이 떨어진다는 것이었다. 초기 UAE 아부다비에서 기술교육 강사로 부임하자마자 수업에 참관한 바라카 원전 운영사 평가 결과 기준에 미달해 눈물을 머금고 다시 귀국하는 강사들도 종종 있었다.

UAE 교육훈련 프로젝트 강사 요원으로 국내에서 영어를 잘하는 대상자를 선발해 단기간 집중적으로 영어 구사 능력을 높이기 위해 심혈을 기울였다. 원어민 강사를 십여 명 추가 고용하여 파견 예정인 강사 요원들과 일대일 학습, 아침과 저녁에 그룹스터디를 하고 영어 빌리지(구역)를 만들어 영어로만 대화하는 등 다양한 방법들을 활용하였다. 강사들의 영어발표력을 향상시키기 위해 인재개발원 내 토스트마스터(Toastmasters) 클럽을 신설하였다. 클럽 명칭을 Green Wave라 명명하여 방과 후, 한 주에 한 번씩 주제 발표와 즉석 발표 등 영어로 대중 앞에서 발표 시 자신감을 느끼도록 하였다. 이러한 노력으로 강사들의 영어 발표 등 영어 구사 능력이 높아져 그 이후로는 고객사로부터 강사들에 대한 불만이 없었다.

현재 바라카 원전 교육훈련 조직에서 강의하는 국내 교수요원들은 전문지식과 영어 구사 면에서 아주 훌륭하여 바라카 원전 운영사에서 이들 국내 강사들을 직접 고용한 사례가 있었으며 이후에도 직접 고용하려는 시도가 몇 차례 더 있었다. 한가지 아쉬움은 이렇게 어렵게 육성한 영어 구사 능력이 뛰어난 사내 강사들을 계속 유지하고 발전시킬 수 없다는 것이다. UAE 교육훈련 프로젝트 후에 추가적인 수요가 없기 때문에 조직이 없어져 경험과 능력이 뛰어난 강사 요원들이 다른 부서의 새로운 업무를 하게 되고 다시 해외 교육훈련 수요가 생기면 처음부터 강사 요원을 다시 선발하는 등 새로 시작해야 하기 때문이다.

한 가지 제안하자면, 현재 UAE사에 강사 요원으로 파견된 교수들은 전문성과 영어 구사 능력이 입증된 만큼 근무 완료 후 귀국 시 이들의 장점을 잘 살려 회사에 크게 기여할 수 있도록 해외 교육 전담 조직에 근무할 수 있도록 하자는 것이다.

## G. 자재 구매(Procurement)

### ① 주로 수행하는 업무는 무엇인가?

원전의 계통 설비는 고장정비, 예측 예방정비를 수행해야 하므로 예비부품이 필요하며 설비 교체나 설계변경이 필요한 경우도 빈번히 발생하기 때문에 설비 예비품의 확보가 발전소 안전 운전과 신뢰도 확보를 위해 필수적이다. 예비품을 포함하여 자재를 구매하기 위해서는 구매 기술 규격서를 작성하여 자재마스터에 등록하고 필요부서에서 자재마스터를 활용하여 계약부서에 구매 신청을 할 수 있다. 자재가 현장에 입고될 때 품질부서에서 자재의 품질 등급에 따라 자재 적합성을 검사하고 구매기술부 등 인수검사를 시행한다.

### ② 조직은 어떻게 구성 운영되는가?

필요 자재의 신청은 발전소 정비 실무부서(기계부, 전기부, 계측제어부)에서 이루어지며 자재의 기술규격서 작성은 원전 본부 구매기술부에서 시행된다. 구매기술부는 기계, 전기, 계측제어 및 기술검사 등 4 파트로 구성되며 구매기술부 인력은 약 30명 정도이다. 본사 발전본부 설비 기술처에 구매 엔지니어링 부서가 있으며 조달처에 발전 정비 자재 계약부서가 있다. 본사 조달처에서 예비품 등 제작자 및 공급자 등록관리를 수행하며 주기적인 검토 및 평가를 통해 공급망 관리(Supply Chain Management)를 수행한다.

③ 업무 수행 기본 원칙과 주요 업무 프로세스는 무엇인가?

발전소 정비 자재의 적시 공급을 위해서는 공급망 관리가 필수적이며 이를 위해 자재 공급자와 원활한 소통을 통해 자재공급의 지연 요소를 최소화하는 노력이 필요하다. 위·모조품 및 의혹 자재(CFSI)를 철저한 품질검사를 통해 품질이 확보된 자재를 구매하도록 해야 한다.

주요 업무 절차서는 아래와 같다.

- 구매관리(기자재)
  - 기술규격서 작성
  - 자재마스터 등록 및 변경
  - 일반규격품 품질관리
  - 단종품 관리
  - 수리 및 교체품 관리
- 내진 검증
- 내환경 검증
- 전자기 적합성(EMC)


④ 인적오류 예방을 위한 교육훈련은 어떤 내용인가?

구매기술규격서 작성 등은 엔지니어링 분야에 적용하는 기술적 인적오류 예방 기법을 적용한다. 즉, 주요 내용의 사실 확인과 가정의 입증, 제3자 검토 과정을 통한 최종 승인 등이다.

## 구매 기술 전문성 확보 및 유지

구매기술규격서 작성 등 구매 기술 업무는 발전소 정비 및 기자재 관련 전문지식과 경험이 필요한 분야이다. 원전 본부의 구매기술부 직원들도 전문원과 같이 지속적으로 전문성을 유지할 수 있도록 일괄적인 순환보직 이동이 최소화할 수 있는 조치가 필요하다. 미국 원전 등에서는 기술 전문성을 무엇보다도 우선하기 때문에 순환보직이라는 용어가 사용되지 않는다.

■ 밸브 제작업체와 씨름했던 신고리3호기 시운전

2013년도 필자가 신고리 시운전 실장 재직 시의 일이다. 선행호기 고온기능시험을 한참 진행 중인데 중요 밸브인 SBCV(Steam Bypass Control Valve)와 MSADV(Main Steam Air Dump Valve)의 작동이 안 되었다. 두 밸브 모두 미국의 드레서(나중에 GE사에 병합됨)사에서 제작 납품된 것으로 원전에는 처음으로 밸브를 공급하는 회사였다. 자재 구매 부서에서는 가격 경쟁력을 높이기 위해 또한 감사를 받아야 함으로 단독 입찰을 철저히 배제하기 위한 조치로 이해된다. 하지만 원전에 공급 이력이 없는 이 제작업체가 공급한 상기 밸브로 시운전 공정이 수개월 지연이 불가피하였다. 불행 중 다행(?)인 것은 성능시험문서 위조 관련 제어케이블 전체를 교체하기 위해 발전소 준공 일정이 크게 지연되는 바람에 상기 밸브로 인한 시운전 공정 지연은 크게 부각이 되지 않았다.

밸브의 원활한 작동을 위해 수없이 세정하여도 계속 이물질이 발생해 결국 제작업체 기술자가 참관한 후에 SBCV를 현장에서 분해 점검하였다. 밸브 플러그를 감싸는 스택(Stack) 내부에서 제작 시의 드릴 칩(Chip)이 나와 깜짝 놀랐다. 나중에 알고 보니 미국 드레서사는 밸브 설계 도면만 갖고 있고 그 외 하드웨어 제작은 대만, 인도 등에 외주를 주고 이를 조립하여 납품한 것이다. 이뿐만 아니라 동력을 전달하는 모터도 제 성능을 내지 못해 밸브가 완전 동작이 되지 못하였다. 결국 드레서사가 공급한 모든 밸브를 철거하여 반환하였고 드레서사를 병합한 GE사가 새로운 설계로 다시 제작하여 공급하였다. 이 과정 중에 필자와 터빈부의 담당 차장은 매일 미국 드레서사 및 한수원 뉴욕사무소와 전화를 하였다. 밤늦게 다시 출근하여 텅 빈 사무실에서 전화 회의를 하고 잠시 잠을 청하기 위해 다시 퇴근하였다.

이를 통해 얻은 교훈은 크게 두 가지이다. 중요 자재 구매 시에는 특히, 초도 설비에 대해서는 반드시 설비의 건전성과 품질이 입증된 제작업체로부터 구매가 이루어져야 한다는 것이다. 가격 경쟁력을 높이기 위해 이런 업체에 입찰 자격을 부여하는 것은 자재구매부서에서는 책임을 다한 것처럼 보이나 회사 전체적으로 보면 엄청난 손실을 줄 수 있다. 다른 한 가지 교훈은 절대 미국 등 선진국에서 공급한 자재라고 안심해서는 안 된다는 것이다. 임금이 저렴한 개도국에 하드웨어 제작을 외주하는 제작업체가 많기 때문이다. 시운전 기간 내내 상기 밸브 회사와 씨름하면서 보냈고 회사 자재 구매 부서에서 왜 이런 밸브를 구매했는지 원망을 많이 한 기억이 난다.

■ 적정 재고에 대한 인식

모든 설비가 그렇듯이 유지보수는 정상 운전에 필수 불가결한 매우 중요한 요소이다. 발전소가 정상 가동되고 지속성을 가지려면 설비가 일정 수준 이상의 상태를 유지하여야 하고 그러기 위해서 항상 예비품을 보관하고 있다가 적시에 적정한 교체를 해주어야 한다.

필요한 자재를 늘 보관하고 있어야 한다는 발전소 유지보수 담당자와 적정 재고 관리를 해야 한다는 자재 관리 담당자 사이에 늘 논쟁이 있는 이유이다. 정비에 필요한 자재가 없어 OH가 지연되거나 그로 인해 발전소 가동 일수에 영향을 주게 되면 정비 부서 입장에서는 초조해지고 신경질적으로 변할 수밖에 없다. 그 책임이 고스란히 정비 부서로 쏠리기 때문이다.

그러다 보니 정비 부서 책임자 중 한 분에게 '얼마의 재고가 있으면 만족하겠느냐'라는 질문에 '발전소에 들어가는 부품 모두'라고 답할 정도이다. 자동차를 구입하면서 집에 자동차에 들어가는 모든 부품을 쌓아두어야 한다는 식의 생각에 많이 놀란 적이 있다. 물론 그분의 마음은 이해가 간다. 없는 부품 때문에 오죽 스트레스를 받았으면 그런 말을 할까? 회사를 경영하는 처지에서는 이룰 수 없는 푸념으로 밖에 해석되지 않는다. 그래서 그분의 희망이 안타까울 뿐이다.

시시포스 신화에 나오는 돌처럼 영원히 도달할 수 없는 기대에 대해 계속 불만을 느끼기 때문이다. 음식이 냉장고에 쌓여있지만 늘 음식이 부족하다고 느껴 새로운 음식을 냉장고에 사 넣는 것처럼, 자재 창고에는 많은 자재가 쌓여있기도 하다. 과감하게 정리하려 해도 언제인지는 모르지만 필요할 때 없으면 책임지겠냐고 압박하니 아무도 나서서 결정하지 못할 때도 있다.

이는 어느 한쪽에 책임 물을 일이 아니다. 정작 필요한 자재를 적정하게 보관하고 필요한 시기에 바로 쓸 수 있도록 정비 부서와 자재 부서 간 많은 소통이 지속적으로 이루어져 상호 신뢰하는 관계를 만드는 것이 이 문제를 조금씩 해결하는 방법이라 생각한다.

팀플레이가 필요한 상황이다. 회의를 하면서 자신의 견해에서 한 걸음도 물러나지 않으려 하고 누군가가 이 리스크와 업무 부담을 다 해결해 주어야 한다는 식으로 결론을 내리면 오히려 서로 불신만 재확인하는 자리가 되기 쉽다.

두 부서가 함께하는 그룹 코칭을 해 보는 것이 좋을 것 같다고 제안한다. 두 부서의 공통목표를 함께 설정하고 그 목표를 위해 각자가 무엇을 해야 하는지 스스로 정하는 과정에서 해결 방안을 찾거나 해결할 수 있는 힌트를 얻는 기회가 될 수 있다고 생각한다. 상호 신뢰 관계를 구축하는 시간을 갖고 오픈마인드로 사람이 아닌 업무 목표에 중점을 두고 다른 관점에서 같은 방향을 보면서 리스크를 피하고 팀플레이를 펼칠 수 있다면 지금 상황보다는 훨씬 좋은 성과를 낼 수 있을 것이다.

## H. 방재 대책(Emergency Preparedness)

### ① 주로 수행하는 업무는 무엇인가?

방사선 비상 사고가 발생하거나 발생할 우려가 있을 때 사고 수습과 사고 확대 방지를 위하여 사고의 범위에 따라 발전소 자체, 원전 본부, 지방자치단체, 중앙정부까지 포함한 방재훈련을 실시하고 방재 대책 관련 시설과 장비를 점검하며 주변 환경 감시를 수행한다.

### ② 조직은 어떻게 구성 운영되는가?

원전 본부 조직에 속한 방재 대책부는 원자력 방재, 환경 방사능, 방재 훈련 등 세 부분으로 구성되어 있으며 인력은 약 20명 정도이다. 방재 훈련은 부분, 전체, 합동, 연합 훈련으로 구분되며 발전소별 연 4회 훈련을 시행하여 3개 발전소가 있는 원전 본부의 경우 12회의 방재 훈련을 실시하게 된다. 또한 비상대책실(EOF) 관리와 지정된 위치의 환경 시료 채취 분석을 수행한다.

### ③ 관련 절차서와 업무 프로세스는 무엇인가?

〈관련 절차서〉
• 방사선 비상 계획서
• 방사선 비상 계획 수행 절차서

〈업무 프로세스〉

• 방사능 방재 훈련 및 교육

• 방사선 비상 계획서 및 수행 절차서 관리

• 방사능 재난 대응 시설관리

• 환경 방사능 감시 및 평가

• 갑상선 방호 약품 관리

• 방사선 비상 대비 비상 요원 · 비상 계획 · 비상 연락망 유지 관리 및 비상 대응 설비 점검 등.

**Tip 코너**

**방사능 방재 업무 일원화를 통한 관련 업무 효과적 수행**

2011년 발생한 일본 후쿠시마 원전 중대 사고 이후 국내 원전에 추가로 방수벽과 방수문 설치, 격납 건물 여과 배기 계통(CFVS) 설치, 피동 촉매형 수소 재결합기(PAR) 설치 등의 설계변경뿐만 아니라 중대사고 시 기존 설비의 활용이 불가할 경우를 대비한 이동형 가스 터빈 발전차, 소방차를 활용한 대체 사용 후 핵연료 냉각원 설비 등이 추가 설치되었다. 이와 관련하여 방재 요원 관리, 교육 및 훈련, 비상 대응시설 유지관리, 중대사고 대응설비 유지관리 등 방사능 방재업무의 일원화가 되어 효과적으로 관리될 필요가 있다. 설비 운영 담당자의 잦은 인사이동 등으로 규제기관으로부터 지적되는 사례가 발생하기 때문이다.

## I. 품질보증/검사(QA/QC)

원자력발전소의 안전성과 신뢰성을 높이기 위해서는 품질보증 활동의 중요성이 어느 분야보다 강조되고 있다. 미국의 경우 원자력 품질보증 요건(10 CFR 50 부록 B)을 1970년 제정하여 미국 원자력발전소 건설 및 운영 시 의무적으로 적용하고 있다. 또한 설계, 건설, 자재 구매, 제작, 시운전 및 운전 업무 전 과정과 원전 운영자는 물론 모든 설계사, 건설사, 제작사 및 공사/용역 서비스 제공자에게 품질보증요건 준수를 요구하고 있다.

① 주로 수행하는 업무는 무엇인가?

품질보증 계획서와 관련 절차서의 품질보증 요건에 따라 해당 조직이 업무를 만족스럽게 수행하는지를 품질보증 감사를 통해 확인한다. 품질보증 감사는 발전소 관련 부서에 시행하는 내부감사와 외부 계약자에게 실시하는 외부감사가 있다. 품질검사는 자재, 기기, 부품, 계통 또는 구조물이 설정된 품질 요건에 적합한지를 확인하기 위해 현장의 작업상태를 직접시험, 관찰 또는 측정하는 품질확인 활동을 의미한다. 품질검사 종류로는 공장 검사, 인수검사, 현장검사, 가동 중 검사 등이 있다. 또한 안전성 관련 구조물, 계통, 기기들에 대한 업무가 품질 요건에 따라 만족스럽게 수행되는지를 확인하기 위하여 품질검사와는 다르게 특정 프로세스가 전반적으로 적절히 준수되고 있는지를 관찰하는 품질감독 업무를 수행하며 그 밖에 품질보증 프로그램의 검토와 업체 실사 등의 업무를 수행한다.

② 조직은 어떻게 구성 운영되는가?

원전 본부에 품질보증부와 품질검사부 등 2개의 부서가 있어 본부 내 2~4개 발전소에 대한 품질보증과 검사업무를 담당한다. 원전 본부장 산하 조직이 아니라 본사 품질보증실 소속으로 품질 문제 발생 시 즉시 본사 보고 등 원전 본부로부터 독자적 보고가 가능하도록 업무를 수행하고 있다.

③ 관련 중요 문서 및 절차서는 무엇인가?

〈중요 문서〉

• 품질보증 계획서(Quality Assurance Manual: QAM)

〈중요 절차서〉

• 운전 품질검사

• 정비 품질검사

• 불일치 품목 보고서 발행 및 관리

• 시정조치 요구서 발행 및 관리

• 부적합사항 보고

## 예방 품질 활동을 촉진하기 위한 상시 성능평가 시스템 구축

국내 원자력 품질보증 활동이 1970년대 최초 원전인 고리1호기 건설과 함께 들어와 원자력산업뿐만 아니라 원자력 관련 산업 전반에 걸쳐 품질 마인드 확산에 큰 긍정적인 역할을 해왔다. 미국 원전 운영회사의 경우 본사 및 원전 본부에 "Nuclear Oversight" 조직이 있다. 이 조직은 원자력 안전(Nuclear Safety) 감시 감독 및 품질보증/품질검사와 성능평가(Performance Assessment) 업무를 수행한다. 성능평가 업무는 우리에게는 생소하나 평소의 발전소 모든 업무를 감시 감독은 물론 성능 측면에서 초기부터 경향을 추적 분석함으로써 문제를 예방하기 위함이다. 품질 업무도 예방 품질 활동이 있으나 미국의 성능평가는 더 조직적이며 체계적인 프로세스에 따라 성능을 모니터링하여 문제 예방의 사전적 활동이 강하다. 이러한 성능평가를 국내에 직접 도입하기에는 이 업무를 수행할 조직과 인력확보의 문제도 있지만 우리 조직문화 측면에서 잘 안 맞는 부분이 있을 수 있다. 따라서 발전소 전 업무에 대한 주기적이며 객관적 관찰과 분석을 통한 "상시 성능평가 시스템" 구축을 고려해 볼 것을 제안한다. 혹자는 성능지표(Performance Indicator)로 발전소 성능을 측정할 수 있다고 생각할지도 모른다. 그러나 이 성능지표는 대부분 일의 결과를 측정하는 지표이지 사전에 문제로 발전되는 것을 막는 사전 예방 지표로 활용하기에는 한계가 있다.

# 02 _ 발전소 전체 업무에 영향을 미치는 공통 기능요건(Cross-functional Area)

〈공통 기능요건 개발 배경〉

      1990년대 후반부터 미국 NEI 및 INPO에서 원자력발전소 표준운영모델을 개발하면서 발견한 것은 미국 원전도 수직적인 조직에 부여된 업무는 잘 이행되는데도 발전소 실적이 향상되지 않은 이유에 대해서 고민하였다. 이에 대한 개선대책으로 여러 부서와 연계되어 수평적인 프로세스에 따라 진행되어야 할 업무에 대해서는 관심도가 떨어져 이를 집중적으로 관리할 필요성이 대두되었다. 예를 들면 설비 신뢰도 향상 업무는 발전, 정비, 작업관리 및 엔지니어링부서와 긴밀한 관계가 있으나 이에 대해서 누가 무엇을 어떻게 해야 할지가 분명하지 않았다. 따라서 INPO도 이를 인지하고 자체 조직 개편을 통해 공통기능을 담당할 부서를 신설하여 이 분야의 기능을 강화하였고 관련 업무 프로세스를 개발하고 원전에서 이행하도록 촉진하였다.

〈국내 원전 경영에 있어 공통 기능요건의 효과적인 적용이 어려운 이유〉

  수직적 조직구조에 익숙한 국내 기업, 특히 공기업의 경우 소관 업무에 대해서는 무한한 책임감을 가지고 엄청난 부서 내 팀워크를 발휘해 난관도 잘 극복하여 업무 성과를 달성한다. 이는 우리가 보유한 뛰어난 장점임은 틀림없다.

그러나 업무의 책임소재가 분명치 않은 여러 부서 또는 조직 전체의 업무일 경우는 주인이 없는 경우가 발생하므로 관리의 사각지대가 발생할 가능성이 커진다. 또한 한수원의 경우 본사와 현장 조직의 정렬을 중요시하므로 수평적 프로세스로 진행되는 업무에 대해 본사 및 현장에서 주관하는 부서를 분명하게 명시하고 본사 주관부서에서 현장의 이행상태를 지속적으로 실태를 점검하고 개선을 주도해야 한다.

⟨공통 기능요건 분야별 소개⟩

공통 기능요건에 속하는 분야는 아래와 같다.

- 형상 관리(Configuration Management)
- 설비 신뢰도 향상(Equipment Reliability)
- 작업관리(Work Management)
- 성능 향상(Performance Improvement)
- 안전과 안전 문화(Industry/Nuclear Safety and Safety Culture)

## A. 형상 관리(Configuration Management)

① 원전에서 형상 관리란 무엇인가?

형상 관리란 원전의 인허가 시 승인된 기본 설계요건과 관련 상세 설계 문서 및 절차서와 실제 설치 운영 중인 현장과 항상 일치되어야 한다(그림 참조). 따라서 가동 중 설비 교체 또는 설계변경 수행 시 이로 인한 관련 설계 문서, 도면, 절차서 등 변경되어야 할 부분이 동일하게 반영되고 최종적으로 변경 사항에 대해 운전원 및 관련 종사자들의 교육까지 이루어져야 하며 이를 설계 형상 관리라고 한다. 또한 발전소 출력 운전부터 계획 예방 정비를 위한 발전 정지까지 각각의 운전 모드에 따라 설비의 상태가 정확한 위치에 있는 지를 승인된 절차에 따라 검토하고 확인해야 한다. 이를 운영 형상 관리라고 한다. 원자력발전소에서 형상 관리는 발전소 안전성 확보 측면에서 매우 중요하게 다루어야 할 분야이다. 미국 장기 정지 원전의 대부분이 인허가를 받은 설계요건 대비 가동 중에 설계변경 등으로 실제 현장과 불일치하고 때로는 설계 및 운전 여유도를 크게 벗어나게 되어 규제기관으로부터 가동정지 명령을 받게 되었다.

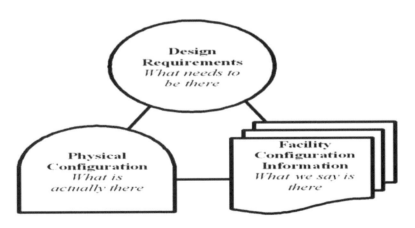

Figure 1
Configuration Management Objective

형상관리(Configuration Management) 목표

② 조직은 어떻게 구성 운영되는가?

원전에서 설계 형상 관리 업무 수행은 국내의 경우 계통기술부 설계기술 파트에서 담당한다. 미국 원전의 경우 Design Engineering 부서에서 담당한다. 운영 형상 관리는 운영실 산하 발전운영부와 발전 교대부서에서 담당한다.


③ 주요한 업무 프로세스는 무엇인가?

〈INPO 문서〉

• Configuration Management Process Description(INPO AP-929)

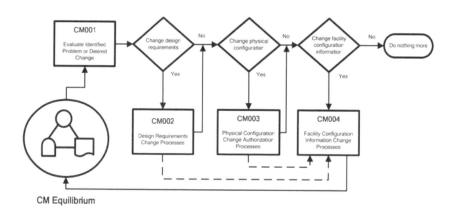

형상관리 프로세스 흐름도(INPO AP-929)


〈국내 원전〉

• 형상 관리 상태 평가팀 운영

- 기술 지침서 및 FSAR 개정 및 관리
- 임시 변경
- 소프트웨어 형상관리 등

## Tip 코너

### 형상 관리 오류 예방을 위한 소프트웨어 프로그램 활용

2005년도 엑셀론사 등 외국 전문가 4명과 함께 엔지니어링 제도 정착팀을 구성해 시범 원전에 대해 형상 관리 상태를 점검한 결과 우리 눈으로 보이지 않았던 많은 형상 관리 관련 지적 및 경미한 설계오류 사항들을 다수 발견하였고 전 원전에 대해 종합적으로 형상 관리 상태를 점검하였고 그 결과를 규제기관에 신고하고 시정조치를 수행한 적이 있다. 그러나 지금까지도 최종 안전성 분석보고서(FSAR) 내용과 현장 설계 문서 등과 불일치한 사항이 발견되고 있어 규제기관으로부터 운영자의 재발 방지 대책의 유효성에 대해 의문을 제기 받는 것은 필연으로 보인다. 이러한 형상 관리 오류가 왜 근절되지 못하는지 자세히 살펴볼 필요가 있다. 이는 설계 엔지니어링을 외부 업체에 의존하고 있고 소수의 인력으로 형상 관리를 수행함으로써 형상 관리 오류를 철저히 예방할 수 없기 때문으로 보인다. 최근에는 이러한 형상 관리 오류를 예방하기 위한 효과적인 소프트웨어가 개발되어 활발히 활용하고 있으므로 이의 도입을 검토해 볼 것을 제안한다.

## B. 설비 신뢰도(Equipment Reliability) 향상

### ① 설비 신뢰도는 무엇인가?

원자력발전소에서 사용되는 설비 신뢰도는 어느 한 부서의 고유업무로 간주하기보다는 발전소 전체 부서와 연관되어 있다. 설비 신뢰도는 설비의 중요도에 따라 효과적으로 설비의 신뢰성을 확보하기 위해 발전소 생애주기까지 고려한 종합적이고 매우 체계적인 설비관리 프로세스이다.

원자력발전소는 많은 크고 작은 설비들로 구성되어 있고 또 각각의 설비는 수백만 개의 부품들로 이루어져 있어 설비의 성능에 영향을 미치고 설비의 신뢰도는 발전소 안전과 성능에 직접적인 영향을 미친다. 설비의 성능에 영향을 주는 것은 다만 설비 자체의 신뢰도뿐만 아니라 운전원의 설비 조작과 정비원의 정비 품질로부터도 많은 영향을 받는다. 또한 설계, 제작 및 시운전 단계 시 크고 작은 인적오류도 설비고장의 직접적인 원인으로 작동하거나 잠재적 요인으로 존재하다가 시간이 지난 후 설비에 영향을 주는 다른 요인과 함께 설비 고장을 유발하기도 한다.

부서별로 업무 분장에 따라 설비관리를 수행하면 되는데 왜 이러한 종합적인 설비 신뢰도 프로세스 개발이 필요했을까? 부서별 업무 수행은 부서에 분장된 그 업무만 보고 전체에 어떤 영향을 미치는지는 크게 생각하지 않는다. 마치 몸이 어디가 아픈데 자기네가 담당한 팔다리에는 아무 문제가 없다는 식이다. 실제로 여러 부서가 관련된 설비 고장의 경우 관련 각각의 부서에서는 담당한 분야는 문제는 없다고 주장한다. 분야별로는 문제가 없는데 그 설비는 고장이다. 무엇이 문제인가? 각자 자기 담당 설비에는 문제가 없다는 것을 입증하기 위해 조사했기 때문에, 즉 편향적으로 설비를 점검한 결과이다. 편향된 마음과 시각은 문제가 보이는 것을 방해한다. 설비 신뢰도 관련 업무는 모든 부서가 직간접으로 영향을 주기 때문에 함께 정보를 공유하고 다수의 부서가 하나의 팀처럼 업무를 수행하여야 할 경우가 많으므로 종합적인 프로세스 개발 및 활용이 필요한 것이다.

설비 신뢰도 프로세스는 아래 사항을 포함한다.
- 기기 중요도 결정(필수, 비필수, 고장 시 교체)
- 고장정비 및 근본 원인 분석
- 예측, 예방정비
- 계통 및 기기 성능감시, 경향분석
- 정비 후 피드백 반영
- 정비규정
- 운전 경험 데이터의 활용
- 주요 설비 장기 정비계획

② 조직은 어떻게 구성 운영되는가?
엔지니어링 조직이 강한 미국 원전에서는 엔지니어링 조직에서 발전소 조

직 전체 차원의 종합적인 설비 신뢰도 향상 프로그램을 주관 운영하고 프로세스에 따라 관련 조직의 업무 진행을 촉진하고 필요시 협조를 이끌어낸다. 국내 원전의 경우 엔지니어링 기능이 약하기 때문에 발전소 설비 신뢰도 향상 업무를 기술 실장이 주관하되 어느 한 부서가 종합적으로 추진하기보다는 업무 분장에 따라 부서별로 나누어서 수행하고 있다. 예를 들면 계통성능감시, 기기 중요도 분석, 발전정지 유발기기 관리 종합은 계통기술부에서, 예측 예방 정비, 고장정비와 원인분석은 기계, 전기, 계측 등 정비부서에서, 설비 유형별로 개발된 예방정비 프로그램 내용과 정비 주기를 나타내는 예방정비 탬플레이트(PM Template) 개발 및 개정, 중장기 투자계획 등은 정비기술부에서 담당하고 있다.

③ 업무 수행을 위한 주요한 업무 프로세스는 무엇인가?

국제적으로 널리 쓰이는 주요 업무 프로세스는 미국원자력발전협회(INPO)에서 개발, 개정되고 있는 설비 신뢰도 프로세스(Equipment Reliability Process, INPO AP-913)이다. 이는 아래와 같이(도표 참조) 발전소 설비관리 업무 전체를 여섯 개 분야로 구분하여 업무를 효과적으로 연결, 프로세스화한 것이다. 설비 신뢰도 프로세스 구성 항목은 아래와 같다.

- 설비(기기) 중요도 분석
- 계통(설비) 성능감시
- 원인 분석 및 개선을 위한 운영개선 프로그램(Corrective Action Program)

- 예방정비 수행 및 피드백

- 예방정비 탬플레이트(PM Template) 활용으로 지속적인 예측, 예방정비 프로그램 개선

- 주요 설비 장기 관리(Long Range Plan, Long-Term Asset Management)

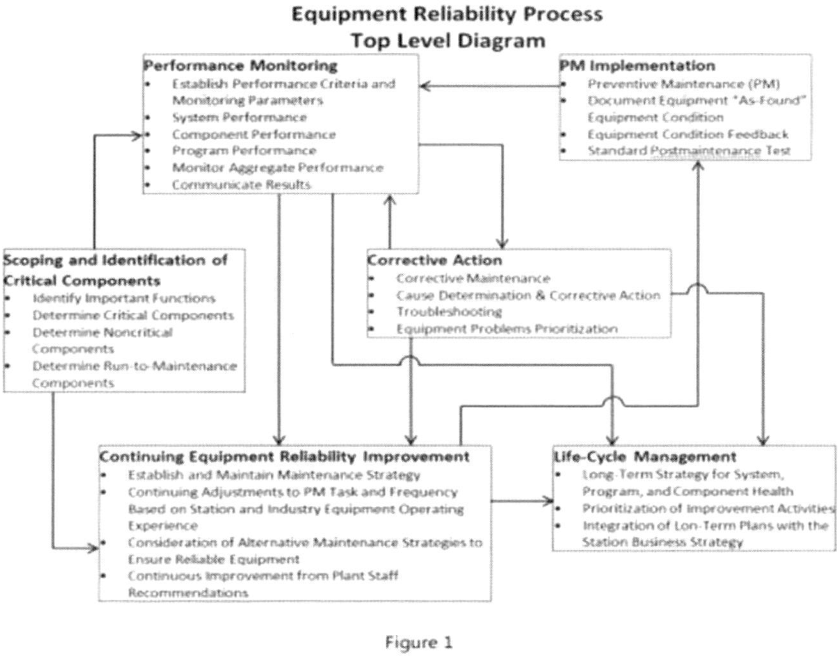

Figure 1

설비 신뢰도 프로세스(INPO AP-913)

## 신규원전 건설 초기부터 발전소 운영 준비 조직구성 운영

원자력발전소 건설단계부터 효과적인 발전설비의 유지관리 측면이 충분히 고려되고 설계 및 계약에 반영되어야 한다. 현재 대부분 설비관리 프로세스 운영을, 상업 운전 단계에서 발전소 조직의 필요에 의해 시작함으로써 많은 시간과 노력이 소요되고 효과적이지 않다. 즉, 건설 단계부터 설비관리 프로세스가 가동되어 설계, 제작, 시공, 시운전 전 과정에 걸친 설비의 전 수명주기 측면에서 관리되고, 자재 및 설비 데이터도 상업 운전 후 발전소 조직에서 인수하여 활용될 수 있어야 한다. 이를 위해 건설 프로젝트 초기 단계부터 프로젝트 조직 내 발전 운영 준비를 위한 조직이 구성되어야 한다. UAE 바라카 원전의 경우 건설 초기부터 운영 준비(Operational Readiness) 조직을 만들어 최초 핵연료 장전할 때까지 발전소 운영 준비 업무를 주관하였다.

국내의 경우 설비 신뢰도 프로세스 중 한 가지 실행 못 하는 프로세스가 있는데, 이는 설비에 대한 정비를 위해 분해 시 상태(As Found Condition)를 기록하고 그 결과를 분석해 향후 지속적으로 정비 내용이나 정비 주기를 최적화해 관련 예방정비 프로그램에 반영할 수 있도록 추진하는 노력이 필요하다. 정비 데이터에 기반한 최적의 정비를 수행해 설비고장 예방은 물론 과도한 정비로 인한 비용 낭비 등을 줄일 수 있기 때문이다. 현 관행을 개선하기 위해서는 정비 데이터를 분석, 활용하기 위한 엔지니어링 인력이 필요하다. 또한 정비를 담당하는 계약자 정비원이 정확한 정비 데이터가 기록될 수 있도록 정비 절차를 보완하고 이들에게 적정 교육이 필요할 것으로 보인다.

설비 신뢰도 최고 전문가 과정 종료 후 애틀랜타 스톤마운틴 광장에서 교육생들과 함께

## C. 작업관리(Work Management)

### ① 작업관리란 무엇이며 주로 수행하는 업무는?

원자력발전소 주요 설비에 대해서는 운영자가 반드시 준수해야 할 운영기술 지침서상 요구되는 계통, 설비의 점검 및 시험이 있고, 설비고장 또는 기기 결함 발견 시 정비해야 한다. 이러한 점검, 시험, 정비 내용에 대해 발전소 안전성과 신뢰성 및 작업종사자에 미치는 산업안전 측면에서의 영향 등을 검토하여 작업 우선순위와 작업 일정계획을 수립한다. 수립된 작업계획에 대해 발전소 정비 회의, 소장 주관 아침 회의 등을 통해 전 부서에 통지하며 정보를 공유한다. 주요 작업으로 분류된 작업에 대해서는 관리자 관찰(Management Observation) 프로그램에 의해 지정된 관찰자가 작업의 안전성과 신뢰성 확보 측면에서의 문제점이나 개선사항을 찾아 작업의 품질을 지속적으로 향상시킨다.

계획예방정비시 작업관리는 계획예방정비 공정관리센터(Outage Control Center: OCC)에서 주요 공정(Critical Path)이 지연되지 않도록 철저히 작업관리를 24시간 관리한다. 계획예방정비 준비는 약 12개월 전부터 발전소 전체 준비 회의를 시작하여 설계 변경 또는 설비 교체를 포함한 부서별 주요 수행업무, 예비품 등 자재 구매, 용역 및 공사 계약, 부서별 협조 사항 등을 협의한다.

② 조직은 어떻게 구성 운영되는가?

미국 등 유럽 원전 조직과 국내 원전 조직이 크게 다른 것 중 하나가 바로 작업관리 조직이다. 미국의 경우 가동 중 정비(On-Line Maintenance: OLM)를 수행하기 때문에 경상 운영 중에 안전설비를 포함하여 정비할 품목이 국내보다 많다. 특히, 안전설비의 정비에 대해서는 많은 검토와 준비가 필요하다.

따라서 국내에서는 5~6명의 한 파트가 경상과 계획예방정비를 모두 담당하고 있지만 미국 원전의 작업관리 조직은 규모가 큰 부서 규모이며 특히, UAE 바라카 원전의 경우 계획예방정비 부서는 하나의 실로서 존재할 정도로 그 조직과 인력이 대단히 크고 많다. 따라서 국내 원전의 경우 단위 정비 수행에 대한 작업관리는 대부분 정비부서의 정비 엔지니어가 담당하고 정비 계획 파트에서는 발전소 전체 정비계획과 계획예방정비 준비 및 이행 관련 업무에 중점을 두고 수행한다.

③ 주요한 업무 프로세스는 무엇인가?

〈정상 운전 중〉

- 중장기 계획
- 주기정비 계획
- 작업 대상 선정
- 작업 범위 결정
- 정주기 시험관리
- 작업 일정 수립

〈중요작업 관리 소개〉

발전소 가동 중에 발전소 안전과 발전정지 관련 작업이 발생하는 경우에는 작업으로 인한 리스크가 크기 때문에 중요작업 관리 절차를 만들어 표면적으로 나타난 것뿐만 아니라 잠재된 리스크까지 철저히 검토 및 확인하는 과정을 거쳐서 작업을 수행한다. 발전소 정비 주관부서에서 작업계획을 작성하며 소내 관련 부서의 검토의견을 받으며 본사와 필요시 중앙연구원의 검토의견도 취합하여 정비계획을 최종 확정하여 작업에 착수한다.

〈계획예방정비 수행〉

• 계획예방정비 관리
• 계획예방정비 공정관리센타(OCC) 운영
• 이물질 유입 방지(Foreign Material Exclusion: FME)

〈OCC 운영 개념 소개〉

원전의 계획예방정비는 특성상 단일 프로젝트와 같다. 프로젝트는 특징이 프로젝트 달성 목표가 분명하고 시작과 끝이 있다. 원전의 계획예방정비의 경우 약 1년 전부터 발전소 전 조직이 모여 준비 회의를 하면서 OH 주요 목표와 작업 항목별 정비 일정, 자재 조달과 별도공사뿐만 아니라 부서별 책임 한계, 지원과 협조 사항을 구체적으로 준비한다. 원전의 계획예방정비 목표를 성공적으로 달성하기 위해서는 발전소의 총체적 자원의 총력적인 대응이 필요하다. 왜냐하면 단기간 내에 정비를 수행해야 할 항목들이 동시다발적으로 이루어지기 때문에 효과적인 교통정리로 병목현상이나 주요 공정이 지연되지 않도록 현장 작업 전체를 아우르는 총괄적인 관리가 필요하며 이런 역할을 OCC가 수행한다. OCC 운영은 OH 목표인 발전설비 정비의 품질과 종사자의 안전을 확보하면서 주어진 공기 내 성공적인 완수를 위해 꼭 필요하다.

## ■ 국내 OCC 운영 관련 단상

미국 등 서양에서는 계획예방정비 준비 및 관리하는 조직이 국내와는 비교할 수 없을 정도로 크고 인력도 많다. 이는 계획예방정비의 성공적인 수행이 발전소 성능과 실적에 지대한 영향을 끼치고 국내보다는 비교적 짧은 정비 일정 목표를 준수할 수 있기 때문이다. 국내에서도 미국 원전에서 운영하고 있는 OCC를 벤치마킹하여 도입, 적용하고 있으나 조직과 인력 그리고 조직문화 측면에서 수용할 수 없는 부분이 있어 동일한 수준으로 OCC를 운영하기 어렵다. 즉, 미국 원전의 경우 OCC에 파견된 인력은 오직 OCC 요원으로서 새로 부여된 업무에 전념할 수 있으나 국내의 경우 대부분 OCC 요원으로서의 업무와 원소속의 업무를 병행해야 하기 때문이다. 수평적 프로세스 업무에 익숙하지 않은 국내 조직문화의 영향으로 OCC 운영의 효과도 감소할 수 있기 때문에 이런 취약점을 원전 관리자들이 충분히 고려하여 OCC를 운영해야 한다.

④ 인적오류 예방을 위한 교육훈련은 어떤 내용인가?

발전소 가동 중에 시험 및 정비 작업으로 인한 설비 조작 시 인적 실수와 산업안전 측면의 안전사고를 예방하기 위해 많은 노력을 기울인다. 대표적인 것이 주요 시험 및 작업의 경우 작업 전 회의(Pre-Job Briefing: PJB)를 철저히 시행하며 또한 관리자로 관찰자로 지정하여 전 과정을 감시하게 하며 각종 인적오류 예방 도구를 활용토록 한다. 계획예방정비 시에는 특별히 주요 설비의 분해 점검이 많기 때문에 이물질 유입 방지를 위해 주요 지역별 중요 구역으로 설정해 공기구의 반·출입부터 출입자의 관리도 철저히 통제한다. 또한 별도의 외부 전문 산업안전 감시단이 산업안전사고 예방 활동을 한다. 계획예방정비를 하는 발전소 현장에 익숙하지 않은 외부 공사 계약자 및 타 발전소에서 파견 나온 정비계약자 소속 정비원들에 대한 사전 교육도 정비 품질과 산업안전사고 예방을 위해 필수적이다.

### Tip 코너

**계획예방정비시 정비부서 인력 보강방안**

국내 원전의 경우 가동중정비를 수행하지 않기 때문에 미국 원전과 같은 규모의 작업관리 조직과 인력은 필요하지 않으나 최근 중대 재해법의 발효로 산업안전에 대한 경각심이 더욱 고조되고 있고 작업에 대한 위험 요소를 철저히 검토하고 예방하기 위해서는 작업관리 조직이 어느 정도 보강이 필요하다. 특히 계획예방정비시 안전사고 예방과 정비 품질 확보, 주어진 정비기간 지연 예방이 매우 중요한 반면 이를 감독하는 정비부서 직원뿐만 아니라 정비계획 파트 담당 인력도 적어 경험 전문 인력의 양성과 인력보강이 필요하다고 본다. 당분간 인력증원이 곤란할 경우 본사 또는 동일 노형에서 근무하는 전문 인력의 계획예방정비를 수행하는 발전소에 파견도 적극 고려해 보아야 할 것이다.

## D. 성능향상(Performance Improvement)

성능향상 업무는 대표적인 발전소 공통기능에 속한다. 이는 각 부서가 부여된 업무를 잘 수행해야 할 뿐만 아니라 발전소 내에 일하는 협력업체를 포함하여 전 부서가 하나의 팀으로 발전소 목표 달성을 위해 함께 협력해야 하기 때문이다.

① 주로 수행하는 업무는 무엇인가?

주로 수행하는 업무 중 가장 중요한 것이 발전소 운영개선 프로그램 (Corrective Action Program)이다. 운영개선프로그램은 가장 강력한 발전소 성능향상 도구이다. 어떤 문제라도 개선이 필요한 것은 누구라도 발행할 수 있으며 중요도에 따라 원인분석을 수행하여 조치하고 또 그 조치이행의 유효성을 평가하며 문제 유형별 경향분석도 할 수 있다. 또한 운전 경험(Operation Experience) 프로그램도 매우 중요하다. 타 발전소의 운전 경험을 검토 분석하여 반영함으로써 유사한 문제의 발생을 예방할 수 있기 때문이다. 그 외에 발전소 부서별 자체진단(Self-Assessment), 산업계 우수사례 벤치마킹, 동료 전문가 회의(Peer Group) 운영과 발전소 안전 평가지표(Performance Indicator) 관리 등이 있다.

② 조직은 어떻게 구성 운영되는가?

미국 원전은 2000년 초부터 "Organization Effectiveness" 또는

"Performance Improvement" 부서를 신설해 성능향상 업무를 총괄 담당하는 부서를 운영해 왔다. 국내 원전의 경우 안전부 안전 평가 파트에서 발전소 운영개선프로그램 등 성능향상 프로그램을 운영하고 있다.

③ 주요한 업무 프로세스는 무엇인가?

• 발전소 운영 개선 프로그램
• 발전소 운전 경험 반영 프로세스
• 발전소 자체 진단 프로세스
• 발전소 안전 성능 지표관리 프로세스 등

**Tip 코너**

### 원전 운영 관련 평가지표

발전소의 실적을 평가할 수 있는 많은 지표들이 사용된다. 정부로부터 회사 전체 평가에 관련된 회사 내부 평가지표, 그리고 발전소 안전 성능지표 등 실적지표 등이 있다. 원전을 운영하는 한수원 공기업의 특성상 정부에서 요구하는 많은 평가지표들이 있다. 좋은 목적을 달성하기 위한 지표들이지만 발전소 운영하고는 거리가 먼 지표들도 있다. 원전을 운영하는 조직에 요구되는 지표는 철저히 원자력 국제기구인 세계원자력사업자협회(WANO) 또는 미국원자력발전협회(INPO) 등에서 요구하는 안전 평가지표에 집중하도록 하는 것이 안전 운전을 최우선으로 하도록 요구하는 회사 차원의 일관적인 메시지를 전달할 수 있을 것이다. 평가지표가 안전 운전에 필요한 것 이외의 다른 것을 요구할 시에는 안전 운전에 대한 업무 집중도가 저해될 수도 있다는 것을 충분히 고려해야 할 것이다.


## E. 산업안전, 원자력 안전과 안전 문화(Industry Safety, Nuclear Safety & Safety Culture)


원자력발전소 건설단계에서는 '안전' 하면 대부분 산업안전을 뜻한다. 왜냐하면 핵연료가 아직 장전되지 않아 핵분열 시 나오는 엄청난 에너지와 방사선 위험이 없기 때문이다. 그러나 가동 원전의 경우 산업안전뿐만 아니라 방사선으로부터 종사자의 안전과 노심의 반응도 제어를 통한 원자력 안전이 가장 중요하고도 최우선적인 과제로 떠오른다. 일반 산업계와 특별히 차이나는 원자력 안전과 안전 문화에 대해 집중적으로 논의해 보기로 한다.


① 주로 수행하는 업무는 무엇인가?

산업안전, 원자력 안전과 안전 문화 관련 업무는 원자력발전소에서 수행하는 모든 업무에 있어서 안전 최우선의 회사 경영방침을 모든 구성원이 지속적이고 체계적으로 이행하도록 하는 모든 활동들이다. 본 안전 관련 업무들은 설비 안전뿐만 아니라 특히, 인적오류 예방을 강조한다.

원자력발전소 정상 운전 중에도 운영 기술 지침서에서 요구하는 계통 설비에 대한 정주기 시험이 있고 고장이나 결함이 발생한 설비에 대해 필요시 긴급하게 정비를 수행해야 할 때도 있으며 그 외에 수립된 예측, 예방정비 프로그램에 따라 주기적으로 정비를 수행해야 한다. 발전소 내에 설비나 시험을 위해 조작하거나 정비 시 어떤 위험 요소가 있는지를 사전 검토하여 예방 또는 영향을 최소화할 수 있는 조치를 시행해야 한다. 이를 위해 각 분야의 인적오류 예방 프로그램을 활용하며, 대표적으로 작업 전 회의가 있다.

계획예방정비 시에는 여러 가지 작업들이 동일 공간에 동시에 진행되는 예도 있어서 더욱더 다중 위험에 대한 대비와 인적오류 예방기법들을 효과적으로 사용할 수 있도록 평소에 꾸준히 실행하고 주요 관리자에 의해 솔선수범이 되어야 한다. 즉 원자력 안전 문화가 조직문화에 뿌리 깊게 내려 어떤 상황에서든지 안전 최우선 마인드와 행동이 실행되어야 한다. 이를 위해 발전소 모든 회의 시마다 안전을 강조하는 안전 메시지(Safety Message)를 먼저 발표하며 안전 의식을 고취한다.

② 조직은 어떻게 구성 운영되는가?

국내 원전의 경우 산업안전, 원자력 안전과 안전 문화를 전담하는 조직은 없다. 발전소 안전부 화재 방호 파트에서 산업안전을, 안전 파트에서 원자력 안전과 안전 문화에 대한 창구 역할을 한다. 안전 평가지표 관리는 안전 평가 파트에서 담당한다. 즉 안전부에서 관련 업무를 종합한다. 필요시 발전소장의 의지에 따라 전담팀을 만들어 산업안전 또는 원자력 안전 문화 증진을 위한 활동을 하기도 한다.

### ③ 원자력 안전과 안전 문화의 본질은 무엇인가?

안전을 최우선시한다는 의미는 무엇인가? 어떤 행위가 안전을 최우선 하는 행위인가? 이 질문에 대한 답변이 원자력 리더십의 핵심이라고 볼 수 있다. 일에는 결과가 매우 중요하다. 실적 결과가 경쟁자보다 떨어질 경우 관련 산업계에서 도태되기 때문이다. 그러나 원자력발전소 운영에 있어서는 결과보다도 과정과 절차가 더욱더 중요하게 관리되고 이를 철저히 준수하도록 리더십을 발휘해야 한다.

이러한 신념과 태도가 원자력발전소 모든 업무처리 과정에 기본 원칙으로 자리 잡아야 된다. 이것이 원자력 리더십의 본질이고 조직문화로 자리 잡을 때 우리는 원자력 안전 문화라고 부른다. 생산성과 실적향상을 위해 최대한 노력을 경쟁해야 하나 원전 운영 관련 기본 원칙과 절차를 준수하는 범위 내에서만 추진되어야만 한다.

이렇게 이야기하면 쉽게 생각되지만, 실제 필자의 경험상 이를 이행하는 것은 말처럼 쉽지 않다. 많은 경우 발전소 실적이 떨어질 줄 뻔히 알면서도 과정을 준수하기 위해 발전소 가동을 정지해야 할 때도 생기는데 이때는 많은 내외부 비난에 맞설 수 있는 용기가 필요하다. 이러한 원전 종사자들의 일관된 생각과 행동이 안전 문화를 살아 있게 한다.

## 규제환경과 발전소 성능실적과의 연관성

국내 원전의 경우 지나치게 보수적인 규제환경으로 발전소 정지 시 기동하기가 매우 어려운 상황에 처해 있다. 물론 유사 문제가 발생하지 않도록 철저히 감독하고 규제하는 것은 충분히 이해할 수 있으나 계획예방정비를 완료하고도 규제기관의 재가동 승인 프로세스가 끝날 때까지 장기간 기다리는 것이 보편화된 것은 안타까운 현실이다.

필자의 경험을 돌이켜 보면 재가동 승인을 위해서는 지역주민 동의를 받아야 해서 한 달 이상을 기다린 적도 있었다. 기다리는 것 자체가 발전소 가동률을 떨어뜨리지만, 더 큰 문제는 이로 인해 발전소 안전 문화에 부정적인 영향을 끼칠 수 있음을 규제당국은 깊이 고려해 보아야 한다. 원자력 안전의 최고 의사결정 기관인 원자력안전위원회부터 원자력 안전 규제와 안전 문화 증진에 대한 신념과 원칙이 바로 서야 한다고 본다. 합리적이고 시스템적으로 원자력 안전 규제가 이루어질 때 비로소 원전 운영자의 안전 최우선 운전과 안전 문화 지속 향상을 위한 자발적이고 효과적인 동기부여를 일으킬 수 있기 때문이다.

필자는 미국 원자력발전협회에 회사 주재원으로 3년간의 근무 경험과 최근 UAE 바라카 원전에서 2년간 근무한 경험을 통해 볼 때, 가장 부러운 것 중 하나는 그들의 합리적인 원자력 안전 규제였다. 미국 원전의 경우 원전의 안전 문화 증진 달성은 물론 90개가 넘는 원자력발전소 평균 이용률이 90%를 넘는 실적으로 세계 최고 수준을 15년이 넘는 장기간 성공적으로 성취한 것을 볼 수 있다. 참고로 2021년 한수원 원전 이용률은 74.5%였다.

■ 원전 경영과 "갑", "을" 관계

원전 운영자는 원자력산업 생태계 측면에서 볼 때, 물품과 서비스 계약 기회를 발생하는 주체이기 때문에 계약상 "갑"의 위치에 놓여 있다. 당연히 협력업체에 미치는 영향이 크다. 그러나 규제기관과 지자체 및 지역주민에 대해서는 항상 "을"의 위치에 놓인다. 그러면 국내 규제기관은 어떤가?

원전 운영 관련 지역주민과 공식으로 대면하는 회의가 세 종류가 있다. 산업부 주관하는 원전 민간환경감시위원회, 원자력안전위원회가 주관하는 안전협의회(현재 현안 소통협의회) 그리고 사업자인 한수원이 주관하는 원전 소통위원회가 있다. 위원회는 세 종류이지만 참석하는 지역주민들은 동일하신 분들이 많다. 발전소장은 세 종류의 회의에 필수 참석자로 지정되어 있어 아무리 바빠도 꼭 참석하여야 한다. 주로 원전 민간환경감시위원회(민감)에서는 지역 위원들로부터 많은 질문과 때로는 발전소 이슈 관련 질타를 받는다. 발전소 재가동 승인을 얻기 위해서는 상기 민감위원회에서 설명하고 동의를 얻어야 한다.

원안위가 주관하는 안전협의회에 참석하면 또 다른 풍경을 보게 된다. 사업자에게 늘 "갑"인 규제기관이 안전협의회에서는 "을"이 되어 지역주민 위원으로부터 질문과 때로는 추궁당하는 모습을 보게 된다. 대부분 원전 민간감시위원회 위원이기도 하기 때문에 안전협의회에서는 사업자인 발전소 소(실)장에 대한 질문을 가급적 하지 않는다. 연속해서 소(실)장을 뭐라고 책하기

2016년 말 필자가 근무하던 발전소가 원자력안전대상을 수상

에는 너무하다고 생각했을지도 모른다. 아무튼 소(실)장들이 배석하여 질문이 있을 경우에 한하여 답변하며 지역주민인 위원들이 규제기관 상대로 심할 정도로 주장하는 광경을 종종 보았다.

규제기관이 지역주민과 주기적으로 소통하는 것은 바람직 한 것으로 보일 수는 있겠으나 원자력 안전규제의 막중한 책임과 권한이 지역주민으로부터 도전받는 상황이 반복적으로 나타남에 따라 이러한 협의회 운영이 바람직한

방향인지에 대해서는 의문이 들었다. 그것도 피 규제자인 발전사업자 직원들

앞에서 공개적으로…….

협력사 안전 대상 우수상 수상을 기념하며 한전KPS 설경석 소장과 함께

# 03 _ 원전 안전성과 성능향상을 위한 표준운영모델(Standard Nuclear Performance Model) 개발 및 활용

## A. 원자력발전소 표준운영모델 개발 배경

1990년대 후반 미국에서 미국원자력발전협회(INPO)를 중심으로 장기간에 걸쳐 미국 전 원전에 대한 성능실적 데이터에 대한 경향분석을 수행한 결과 실적이 우수한 발전소는 계속 우수한 실적을 유지하고 실적이 상대적으로 저조한 발전소는 계속 저조한 실적에서 벗어나지 못하는 사유에 대해 팀을 만들어 집중적으로 검토하기 시작했다.

발전소 성능실적은 발전소장 등 주요 간부의 리더십 역량과 발전소 운영을 위한 업무 시스템 또는 업무 프로세스(절차서 포함)에 달려 있다. 미국 원전의 경우 주요 간부의 리더십 등 인적 역량의 요소보다는 업무 시스템과 업무 프로세스가 더 중요하게 영향을 미치는 것으로 표준운영모델 적용 효과를 보면 알 수 있다.

표준운영모델 개발을 위해 발전소 주요 업무 분야를 구분하고 그 업무를 수행하는데 최고의 실적을 보유한 발전소의 관련 프로세스를 벤치마킹하고 그 성공 요인을 검토하였다. 그 우수한 발전소의 프로세스를 기준으로 표준화하여 모델을 만들어 실적이 저조한 발전소에 적용하기 시작하였다. 결과는 대성공이었다. 즉 발전소마다 조금씩 차이는 있지만 최고의 프로세스를 벤치마킹하여 동일하게 적용 시 최고의 발전소와 유사한 실적을 낼 수 있다는 것을 보여 주었다.

## B. 원자력발전소 표준운영모델이란 무엇인가?

원전의 표준운영모델은 발전소 성능실적 분석을 위해 3가지 주요 영역으로 구성된다. 첫째는 프로세스 산출물과의 관계이고(X축) 둘째는 비용과 인력 데이터이고(Y축), 셋째는 성능지표(Z축)로서 아래 그림과 같다.

**Figure 1-1 Standard Nuclear Performance Model Dimensions**

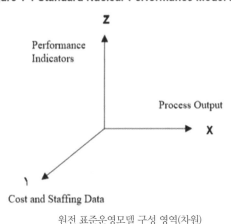

원전 표준운영모델 구성 영역(차원)

그러나 발전소 비용 관련 데이터는 기업의 비밀로서 비공개로 관리되므로 개방적인 토론이 어렵고 원전 운영회사마다 특수한 사정이 있기 때문에 객관적으로 비교분석을 하기에는 한계가 있어 결국 업무 프로세스들과의 관계가 표준운영모델의 중심이 되었다.

## C. 원전 표준운영모델 구성요소

원전 표준운영모델은 발전소 성능실적을 향상시키기 위해 가장 유력한 업

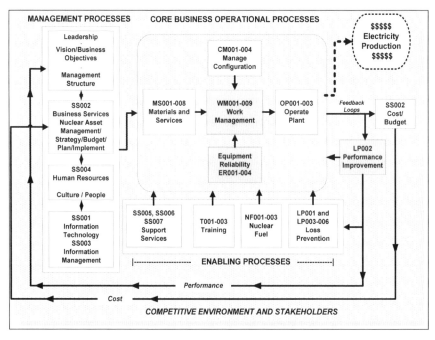

NEI/INPO 개발 원전 표준운영모델

무 프로세스 벤치마킹을 통해 1998년 미국원자력협회(NEI)와 미국원자력발전협회(INPO)에 의해 개발되었다. 표준운영모델은 크게 핵심 프로세스(Core Process)와 지원 프로세스(Enabling Process)로 구분된다. 핵심 프로세스는 원전의 안전성과 전력 생산에 직접 관련이 있는 발전, 작업 관리, 형상 관리, 설비 신뢰도, 자재구매 등이며 지원 프로세스는 핵심 프로세스를 지원하는 기능으로서 나머지 교육훈련 및 자격인증, 핵연료 등이다.

여기서 주목해야 할 점은 핵심 프로세스가 형상 관리, 설비 신뢰도, 작업관리 등 대부분 발전소 조직 전체에 영향을 미치는 공통 기능이란 점이다. 발전소 내 수직적인 조직의 업무 분장에 따라 수행하는 분야별 기능적 업무가 아닌 발전소 전체 조직이 프로세스에 의해 연결 및 통합되어 수행되는 공통 기능 업무로서 표준운영모델의 핵심 프로세스가 된다. 표준운영모델은 위 그림과 같이 도식화되었다.

## D. 표준운영모델 활용으로 미국 원전 안전성과 성능향상 경험

미국원자력협회(NEI)와 미국원자력발전협회(INPO) 중심으로 '90년대 후반부터 표준운영모델을 개발하기 시작하여 본격적으로 2000년대 초기부터 모든 원전에서 적용하기 시작하였다. 그 적용 효과는 놀라울 정도로서 아래 미국의 원전 이용률 실적을 보면 잘 알 수 있다.

미국 원전 이용률 실적 추이(1971~2017)

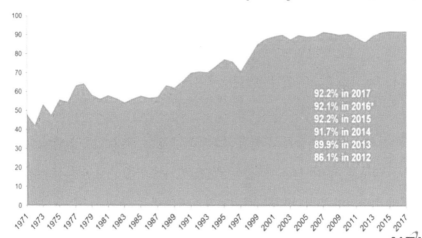

U.S. Nuclear Generation Capacity Factors (percent)

92.2% in 2017
92.1% in 2016*
92.2% in 2015
91.7% in 2014
89.9% in 2013
86.1% in 2012

* NEI's 2016 capacity factor calculation does not include Fort Calhoun Nuclear Generating Station

Source: U.S. Energy Information Administration
Updated: March 2018

© 2018 Nuclear Energy Institute, Inc.

① 미국의 원전 이용률 실적

상기 미국의 원전 이용률 추세를 보면 '90년대 후반까지 최고 70% 내외의 실적을 보이다가 표준운영모델을 전 원전에 적용한 2000년대 초부터 이용률 실적이 급격히 상승한 것을 볼 수 있다. 물론 이용률 향상에 다른 요인들도 있다. 미국원자력협회(NEI)를 통한 원전 사업자의 권익을 정부에 적극적으로 대변함으로써 합리적인 안전 규제 환경을 조성하고 미국원자력발전협회 (INPO)를 통한 운전 경험 적극 반영으로 사고의 철저한 예방과 원전 산업계 모범사례(Best Practice)를 전파하여 적용케 함으로써 놀랄만한 실적을 장기간 보여 주고 있으나 약 100기 원전의 평균 이용률의 92% 이상 달성의 가장 큰 견인은 표준운영모델을 적용한 결과이다.

### 최근 5년간 미국과 국내 원전 전체 평균 이용률 비교

| 년도 | 한국 (%) | 미국 (%) | 비고 (차이) |
|---|---|---|---|
| 2021 | 74.5 | 92.7 | −18.2 |
| 2020 | 75.3 | 92.5 | −17.2 |
| 2019 | 70.6 | 93.4 | −22.8 |
| 2018 | 65.9 | 92.5 | −26.6 |
| 2017 | 71.2 | 92.2 | −21.0 |

② 엑셀론사* 원전관리모델 개발 및 활용을 통한 세계 최고 수준의 안전 성과 실적 향상

---

* 엑셀론사(Exelon Corporation)는 미국 시카고에 본사를 둔 포춘지가 선정한 세계 100대 기업에 속한 주요 전력회사로 발전, 송배전, 가스를 공급한다. 발전 분야만 보면 '20년 말 통계로 미국 내 3번째인 31,271MW를 생산 공급했다. 자회사인 Exelon Generation은 미국 최대 원자력 발전사로 현재 14기의 원전을 운영, 18,880MW 설비용량을 갖고 있고 '20년도 전력 생산량은 156,637GWH로 이용률은 94.7%를 기록했다.

미국 엑셀론사는 미국 원전 운영사 중 최고의 안전성과 운영실적을 지속적으로 성취하는 회사로서 오래전부터 전 세계 원전 운영사 벤치마킹의 대상이 되어 왔다. 미국원자력발전협회(INPO)에서 평가하는 안전 성능지표에서도

항상 최우수 평가를 받고 원전 평균 이용률도 약 95% 수준으로서 항상 최고의 자리를 놓치지 않는다. 이러한 세계 최고 수준의 안전성과 운영실적을 나타내는 것은 여러 가지 성공 요인이 있겠지만 필자의 견해로는 원전 표준운영모델(SNPM)을 토대로 사업전략과 계획을 연계한 엑셀론사의 고유의 원전 관리모델(Nuclear Management Model)을 개발, 효과적으로 활용한 결과로 판단된다.

엑셀론사의 원전관리모델은 다만 원전 운영 관련 프로세스를 산업계 Best Practice를 반영하여 표준화한 것에 그치지 않고 분야별 업무에 대한 비전과 원칙, 법적으로 요구되는 프로그램과 이행 프로세스, 분명한 책임과 지원, 산출물 명시, 관련 업무 수행을 위한 교육훈련 요건 등을 간결하면서도 통합적으로 연결하여 누구든지 쉽게 업무를 파악하고 절차에 따라 업무를 수행할 수 있게 하였다. 또한 모델 개선사항을 지속적으로 수집, 검토하여 매년 개정하며, 원전 관리자들은 본 모델의 효과적인 활용을 위한 리더십 교육을 이수해야 한다.

아래 표는 엑셀론사 Nuclear Management Model 내 프로세스를 보여 준다. 총 1,870개의 절차서가 있으며 문서 계층 체계에 따라 정책(Policy), 프로그램(Program), 프로세스(Process), 절차서(Procedure) 순으로 문서 우선순위(Document Hierarchy)가 분명하면서도 합리적으로 구성되어 있어 업무 수행을 위한 정책부터 이행을 위한 과정과 절차까지 체계적으로 기술되어 있다.

# Overview of NPP O&M Management
## (Process/Procedure: Exelon Nuclear)

| | Functional Area | Policies | Programs | Processes | Procedures | Total |
|---|---|---|---|---|---|---|
| AD | Administration | 2 | 2 | 3 | 16 | 23 |
| AR | Advanced Reactors | 0 | 1 | 3 | 4 | 8 |
| BO | Business Operations | 2 | 1 | 9 | 10 | 22 |
| CC | Configuration Control | 3 | 12 | 15 | 97 | 127 |
| CY | Chemistry | 2 | 1 | 0 | 150 | 153 |
| DC | Decommissioning | 1 | 0 | 0 | 0 | 1 |
| DD | Department Description | 14 | 0 | 0 | 0 | 14 |
| EI | Employee Issues | 1 | 1 | 1 | 1 | 4 |
| EN | Environmental | 1 | 10 | 3 | 44 | 58 |
| EP | Emergency Preparedness | 1 | 2 | 3 | 31 | 37 |
| ER | Equipment Reliability | 2 | 23 | 11 | 154 | 190 |
| HR | Human Resources | 3 | 5 | 2 | 20 | 30 |
| HU | Human Performance | 3 | 1 | 2 | 9 | 15 |
| IT | Information Technology | 1 | 5 | 8 | 19 | 33 |
| LR | License Renewal | 0 | 1 | 1 | 3 | 5 |
| LS | Licensing | 3 | 11 | 8 | 75 | 97 |
| MA | Maintenance | 1 | 14 | 9 | 211 | 235 |
| NF | Fuel Management | 4 | 11 | 6 | 170 | 191 |
| NO | Nuclear Oversight | 4 | 4 | 3 | 34 | 45 |
| OP | Operations | 2 | 6 | 3 | 79 | 90 |
| OU | Outage Management | 3 | 4 | 3 | 28 | 38 |
| PC | Project Management | 1 | 2 | 1 | 7 | 11 |
| PI | Performance Improvement | 1 | 1 | 1 | 8 | 11 |
| RM | Records Management | 1 | 2 | 3 | 13 | 19 |
| RP | Radiation Protection | 1 | 23 | 16 | 87 | 127 |
| RW | Radwaste | 1 | 2 | 2 | 5 | 10 |
| SA | Industrial Safety | 0 | 2 | 0 | 42 | 44 |
| SM | Supply | 0 | 2 | 1 | 9 | 12 |
| SY | Security | 3 | 6 | 4 | 144 | 157 |
| TQ | Training | 1 | 22 | 6 | 20 | 49 |
| WC | Work Control | 1 | 2 | 6 | 5 | 14 |
| **Totals** | | **63** | **179** | **133** | **1495** | **1870** |

E. 표준운영모델을 원전 성능향상에 효과적으로 적용하기 위해서는 무엇이 필요한가?

표준운영모델을 개발하는 것은 어느 원전 운영회사든지 가능하다. 그러나 그 모델을 활용해서 실제 원전의 안전성과 성능향상을 달성하도록 견고히 기능별 프로세스와 사업계획을 효과적으로 연계하고 통합하여 항시적이며 시스템적으로 운영되는가가 성공의 관건이 된다. 세계 각국의 원전 운영회사가 엑셀론사의 원전관리모델을 벤치마킹하였지만 엑셀론사와 같이 효과적 활용을 통한 최고 수준의 운영실적에 도달하지 못하는 이유는 그들이 개발한 모델이 시스템적으로 작동되지 않았기 때문이다.

시스템적으로 잘 작동되지 않는 이유는 업무를 수행하는 조직과 인력, 업무를 수행하는 방식과 관행, 조직문화 차이 등 여러 가지가 있겠으나 보다 근본적인 문제는 업무에 대한 책임 한계, 즉 GOSP 개념이 불분명하고 문서의 우선순위 계층 체계가 잘 구축되지 않았기 때문이다. 즉, 원전 성능향상을 위한 표준운영모델을 만들려면 업무에 대한 책임과 지원 등 역할이 분명해야 하고(GOSP 개념), 업무 추진 방향을 결정하는 정책과 법적으로 요구되는 프로그램 성격의 사항과 이를 실제 이행하는 프로세스와 절차서가 명확히 구분되어 있어야 한다(문서 계층체계 개념).

## ① GOSP 개념

### 거버넌스(Governance)

담당하는 기능의 업무를 성공적으로 수행하기 위해 업무 한계, 수행 방법의 개발, 절차서 작성 등에 대한 정책, 프로그램, 프로세스를 수립하는 책임을 갖는 것을 말한다. 이는 또한 주어진 기능의 지속적인 성능향상 책임을 포함한다.

### 감독(Oversight)

원자력발전소 현장에서 수행하는 관련 업무에 대해 신중하게 감시, 분석, 평가하는 책임을 말한다. 이것은 기능적 업무의 목표나 결과가 달성 가능하고 정책 경계 조건들이 존중되고 있다는 것을 나타내는 데이터와 성능정보의 분석과 현재의 성능과 요구되는 표준과의 차이(Gap)를 좁히는 실행계획의 검토를 포함한다.

### 지원(Support)

조직의 업무 수행을 위해 필요한 정도에 따라 자원(Resources)을 제공하는 책임을 말한다. 이것은 조직의 기능수행이나 실제 업무 산출물을 완결하기 위해 지원부서에 요구되는 지침, 전문기술 등을 포함한다.

### 수행(Perform)

기능에 부여된 업무 산출물을 제출하기 위해 계획, 일정, 업무 범위 등 상세 이행 절차서 등을 개발하고 그 계획을 이행하는 책임을 말한다. 이것은 또한 산업계 활동 참여와 현재의 산업계 Best Practice를 활용하는 책임을 포함한다.

② 문서 계층체계 개념

정책(Policies)

우리가 어디로 가야 하는지 방향성을 말한다. 이를 위해 경영철학과 목적, 전략 등을 수립한다. 정책은 광범위한 요건들과 좀 더 구체적인 기대사항들이 조직에 의해 달성되도록 소통함으로써 회사 경영진에 의해 운전되는 차량과 같다.

프로그램(Programs)

필수적으로 요구되는 요건이 무엇인지를 말한다. 프로그램은 종종 규제기관에서 요구되며 기능적 분야에서 요구되는 것을 준수한다는 것을 입증하기 위해 구체적이며 측정 가능해야 한다.

프로세스(Processes)

기능적 분야의 일을 어떻게 처리하는가를 말한다. 프로세스는 일의 결과를 산출하기 위해 구조화된 일련의 행위들로서 구성된다. 지속적인 원전 성능향상을 위해 프로세스의 표준화가 요구된다.

절차서, 교육훈련 및 참조자료(Procedures, Training and Reference Materials)

업무를 수행하기 위해 활용하는 절차서, 교육훈련 및 참조자료를 말하며 지침서, 계통정보, 데이터베이스를 포함한다. 이런 도구들의 표준화는 많은 이득이 있으며 긴급 활용 시에도 유용하다.

# 04 _ 국내 원전의 표준운영모델 개발 및 적용 경험

## A. 미국 표준운영모델을 활용한 원전 운영혁신 경험

　　　　　한수원은 한전에서 분사 이후 엔지니어링 기능의 보강을 위해 2005년도에 엑셀론사 소속 직원 2명을 포함하여 외국 전문가 4명과 미국 등 해외 원전에서 1년 이상 장기 교육을 받은 경험 인력 8명 등 총 12명으로 구성된 "엔지니어링제도정착 TF팀"(영어로는 KHNP Special Engineering TFT: K-SET, 이후 원전운영혁신부로 개명됨)을 운영하였다. 그 당시 필자는 이 팀의 리더였다.

　　미국 NEI와 INPO에서 개발된 표준운영모델(SNPM)을 활용하여 국내 원전과 차이 분석(Gap Analysis)을 수행하였고 그 결과 형상 관리, 설비 신뢰도 등 긴급하면서도 중요한 사항이 도출되어 우선순위를 정해 관련 프로그램과 프로세스 등 총 52개 절차서를 신규 개발하였다. 대표적인 것이 지금 모든 원전에서 사용 중인 운영개선프로그램(CAP)인데 이것도 그 당시 처음 개발된 것이다.

당시에 TF팀에서 개발된 프로그램과 프로세스를 전 발전소에 효과적으로 이행하기 위해서 발전본부장(현 발전부사장)이 후원자(Sponsor) 및 변화관리위원장이 되어 본사 관련 처(실)장으로 구성된 변화관리위원회를 통해 프로세스 이행과 정착을 위한 변화관리를 수행하였다.

2007년 사장과 발전본부장 등 경영진이 새로운 경영진으로 모두 바뀌면서 전임 경영진이 심혈을 기울이던 관련 운영혁신업무도 혁신동력을 상실해 중단되었고 2년간 그야말로 혼신을 다하던 TF팀도 보고서 하나 없이 해산되는 아픔을 겪었다.

그 후 TF에서 개발한 일부 프로그램과 프로세스만 선별적으로 발전소 현장에 적용되었다. 그러나 그때 개발된 프로그램과 프로세스가 2009년 UAE 바라카 원전건설 입찰 설명회 때에 유용하게 사용되었다. 왜냐하면 TF팀에 의해 개발된 모든 프로그램과 프로세스를 국내 원전에 완전히 적용은 못 하고 있었으나 용어와 내용은 이미 익숙해 있었기 때문이었다.

제대로 된 변화와 혁신은 최고 경영자의 비전과 혁신 의지가 있어야 가능하다. 비전과 혁신 의지는 새의 양 날개와 같다. 당시에 새로 임명된 경영진들은 한수원이 세계 최고의 원전 건설 및 운영회사라는 자신감을 갖고 있었고 미국 등 선진 엔지니어링 제도 도입에 대해 부정적인 의견을 보이는 등 회사 경영자로서의 비전과 혁신 의지가 부족했다고 생각한다. 그리고 무엇보다도 전임 경영진에 의해 추진된 것에 대한 거부감이 있었던 것으로 보인다. 미완으로 끝난 "원전운영혁신"은 필자의 인생에 많은 영향을 주었으며 실제적인 변화와 혁신이 왜 어려운지를 깨닫게 하는 귀중한 경험이 되었다.

■원자력에 근무하는 사람들의 이야기: 한 송이 국화꽃을 피우기 위하여~

전임 경영진에 의해 추진되던 원전 운영혁신 활동이 2007년 새로운 경영진에 의해 중단되고 TF팀이 해체되었을 때 그 소용돌이 가운데 있던 필자는 사람들이 얼마나 자기 이익을 위해 쉽게 변하는 약한 존재인지 쓰라린 체험을 통해 알게 되었다. 새로운 경영진과 가까운 어떤 분은 필자에게 "당신이 조직에서 살 수 있는 방법은 TF팀이 지금까지 추진해온 일들이 잘못되었다고 앞장서서 이야기하는 것이다."라고 충고 비슷한 유도를 하였다. 전임 경영진이 추진할 때는 그렇게 필요성을 주장하던 분이……

그래도 나는 끝까지 운영혁신 활동의 지속적인 추진을 주장하여 참 눈치 없는 사람으로 낙인찍혀 있었다. 그해 가을 어느 날, 운영혁신을 함께 추진하다가 중간에 승격하여 현장 소장으로 가신 선배가 본사에 출장 와서 홀로 분투하는 필자에게 한 마디 던지셨다. "한 송이 국화꽃을 피우려 그렇게 애쓰지 마라. 직장에서는 국화꽃보다도 아니 어느 꽃보다도 해바라기꽃이 제일이야. 새겨들어."

2006년도 어느 여름날, 고리원자력 2발전소 옥상에서 K-SET 팀 전체 사진

## B. 통합경영관리모델 개발 경험

필자의 기억에 의하면 2012년도 시행된 한수원에 대한 세계 원자력사업자협회(WANO) 본사 안전 점검(Corporate Peer Review) 결과 미국 엑셀론사와 같이 한수원도 경영관리모델의 개발, 구축이 필요하다는 점검단의 요구를 받았다. 이에 한수원은 그 후에 통합경영관리모델을 개발하였는데 이를 엑셀론사와 같이 효과적으로 활용하고 있지는 못하다.

경영관리모델을 활용하기 위해서는 모든 기능 업무에 대한 책임 관계 즉,

GOSP 개념이 명확하여야 하며 문서 계층체계 개념이 분명해야 하는데 한수원의 경우 이 두 개념에 있어서 일반적이고 분명치 않기 때문에 통합경영관리모델을 개발은 했으나 실제 업무에 효과적 활용은 처음부터 기대하기가 어려웠다. 우리의 조직문화는 모든 일의 책임 관계를 구체적으로 나타내기 보다는 포괄적으로 되어 있고, 사규와 지침, 절차서 등의 문서가 명확한 계층체계가 있는 구조로 나누기가 어렵다. 또한 업무 관행상 회사 전체 속에서 자기 업무를 바라보기보다는 맡은 분야 소관 업무에 대해 사규와 지침을 우선적으로 활용하면 되기 때문이다. 주요 관리자를 포함한 직원들이 통합경영관리모델을 적극적으로 사용하도록 하는 동기부여도 미약한 것도 활용도를 떨어뜨리는 요인으로 보인다.

## C. 설비관리모델 개발 경험

미국의 표준운영모델이나 특히, 엑셀론사의 원전관리모델은 모든 기능의 업무와 회사의 비전, 사업계획 등을 통합적으로 연계된 모델이지만 국내의 경우 앞에서 설명한 이유들로 통합적으로 모든 기능들을 연계하기가 어렵고 통합경영관리모델을 개발했어도 활용도가 낮기 때문에 설비관리에 연관된 설계(형상) 관리, 설비 신뢰도, 자재구매 기능들을 연계한 설비관리 모델을 2015년도에 개발하여 유용하게 사용되고 있다.

## D. 표준운영모델 개발 및 적용 경험이 주는 교훈과 제언

### ① 엑셀론사 등 미국 원전

엑셀론사의 원전관리모델 등 미국 원전의 표준운영모델은 원전 안전성과 성능향상을 위한 강력한 관리시스템으로 뛰어난 효과가 입증되었으며 이는 모든 업무 기능에 대한 정책, 프로그램과 프로세스, 절차서 등이 가장 체계적으로 통합되고 연결되어 업무에 대한 분명한 책임과 지원 그리고 회사 전체 업무와 연계성을 명확히 보여준다.

또한 이 모델은 산업계 모범사례(Best Practice)를 주기적으로 벤치마킹하여 지속적으로 반영, 개선하고 이를 관리자를 비롯해 종사자들의 교육에 적극 활용함으로써 살아 있는 모델이 되게 한 것이 표준운영모델을 통한 세계 최고 수준의 운영실적 향상을 이루는 성공적 요인이라고 생각된다.

### ② 국내 원전

미국 원전이 표준운영모델을 개발, 적용하여 성공했다고 해서 국내에서도 반드시 성공적일 수는 없다. 왜냐하면 국가마다 원전 사업환경이 다르고 원전 운영회사의 조직문화와 업무 관행 등 모두가 다르기 때문이다.

특히, 표준운영모델 개발, 활용에 강조되는 기능 분야별 책임과 지원 (GOSP), 문서의 계층체계(Document Hierarchy)를 명확히 할 것이 요구되나 한수원의 경우 이를 만족시키는 데 한계가 있으므로 무리하게 모든 것을 통합하여 경영관리모델을 개발, 활용하는 것 보다는 실제적인 발전소 성능향상과 모델의 활용도 제고 측면에서 설비관리모델과 같이 연관성이 높은 분야를 연계하여 원전 운영관리모델을 개발, 구축하는 것을 제안한다. 또한 원전운영관리모델을 개발할 경우 엑셀론사와 같이 프로그램, 프로세스, 절차서뿐만 아니라 교육훈련과 참조자료까지 표준화한다면 더욱 효과적일 것이다.

# 05 _ 원자력발전소 경영관리 향상을 위한 제언

              원자력발전소 경영 관련 수직적 업무 기능 분야 (Functional Area)인 운전, 정비(기계, 전기, 계측), 엔지니어링, 방사선관리, 화학, 방재, 자재구매, 품질보증 및 검사 등에 대해 각각 무슨 업무를 수행하고, 조직 운영은 어떻게 구성되며 일하는 원칙과 주요 프로세스 등을 살펴보았다. 또한 발전소 전체 조직과 관련된 수평적 공통기능 분야(Cross-functional Area) 인 형상 관리, 설비 신뢰도 향상, 작업관리, 성능향상, 안전 및 안전 문화에 대해서도 정의(의미)가 무엇이며 무슨 업무인지, 주요 프로세스는 무엇이 있는지 등을 살펴보았다. 마지막으로 원전의 안전성과 성능향상을 위하여 2000년 초부터 미국에서 개발되어 활용 중인 원전 표준운영모델 개발 배경, 세계 최고의 운영실적을 보이고 있는 엑셀론사의 원전관리모델(Nuclear Management Model)도 소개하였고 국내 원전에서 미국 표준운영모델을 활용한 개발 경험과 무엇이 문제인지도 소개하였다. 국내 원전의 경우 열악한 사업환경 아래에서 원전 경영관리를 어떻게 해야 원전의 안전성과 높은 운영실적을 달성할 수 있는지에 대하여 발전소, 원전 본부, 본사 차원으로 구분하여 아래와 같이 제시해 본다.

〈원자력발전소 차원 경영관리 향상을 위한 제언〉

A. 발전소 발전부 운전원들과 정비부서 정비 엔지니어들이 현 소속 부서에 계속 근무하고 싶은 근무 환경 조성과 다양한 형태의 동기부여를 통해 우수한 경험 인력의 상시 보유가 원전의 안전 운영을 위해 절대적으로 필요한 것으로 보인다.

B. 발전소장 경험을 뒤돌아보면 각 부서에 국한한 업무는 책임 한계가 분명하여 주인의식이 투철한 반면에 여러 부서에 걸쳐 있는 수평적 업무는 항상 일의 진행이 잘 안되는 곤란을 겪는다. 그러므로 소(실)장 등 관리자들은 다수의 조직이 관련되는 공통기능 분야(형상 관리, 설비 신뢰도 향상 등) 프로세스 이행 관련 사전에 부서별 책임과 지원에 대한 상세한 업무 분장과 관련 직원들의 명확한 이해를 위한 교육이 필요하며 이와 동시에 소(실)장은 부서 간 협조를 원활하게 하도록 발전소 전체 차원의 팀워크를 끌어내도록 리더십을 발휘해야 한다.

C. 발전소 안전 운영을 위해서는 근간이 되는 발전부와 정비부서뿐만 아니라 여러 지원 부서가 있어야 하고 그 역할도 매우 중요하다. 또한 발전소 내에는 많은 협력업체들이 함께 업무를 하고 있다. 발전소 내에서 근무하는 운영사인 한수원과 협력업체들이 하나의 팀으로서 일체감을 갖도록 그들의 역무와 역할을 존중해야 한다. 특히, 방사선관리와 화학 부서에 근무하는 직

원들과 다수의 협력업체까지도 소외감이 들지 않도록 관심과 격려, 노력에 대한 인정은 물론 공정한 평가와 보상 등이 필요하다.

　D. 산업안전, 방사선 안전과 원자력 안전 문화가 발전소 내에서 건전한 조직문화로 정착될 수 있도록 소(실)장과 관리자들이 윤리규정과 핵심 가치의 준수, 원칙과 프로세스 등 규정된 절차를 준수하는 데 있어 솔선수범해야 한다.

〈원전 본부 차원 경영관리 향상을 위한 제언〉

　A. 국내 각 원전의 조직 운영 측면에서만 본다면 마치 군대의 독립부대 형식으로 운영되고 있는 것과 유사하다. 하나의 발전소는 말 그대로 하나의 성(城)과 같다. 대부분의 일들은 발전소 내의 조직과 인력에 의해 자체적으로 수행되기 때문이다. 발전소 내에서도 일하는 방식도 유사하다. 어느 한 부서에 업무가 폭주해도 그 부서가 죽으나 사나 해결해야 한다. 이러한 현상은 어느 특정부서에 업무가 폭주하는 설비고장으로 발전 정지 시 또는 계획예방정비 시에 두드러지게 나타난다. 이런 경우 소(실)장이라고 해도 상대적으로 여유가 있는 지원 부서의 인력을 차출해서 지원하기도 쉽지 않다. 노사 관련 이슈로 확대될 가능성이 있어 탄력적인 인력 운영이 매우 어렵기 때문이다.

　원전 본부에는 2~4개 발전소들이 있다. 각 발전소가 안고 있는 문제가 다를 수 있고 어려움이 많은 발전소도 있으므로 원전 본부 차원에서 지원하고 발전소 간 상호협력 할 수 있는 체계와 시스템 구축을 제안한다. 원전 본부 내에 있는 발전소들의 안전 운전과 성능향상을 위해 상호 벤치마킹, 피어그룹(Peer Group) 운영과 고장 정지 또는 계획예방정비 시 발전소 간 상호 인력과 기술을 지원할 수 있는 방안도 포함하여 원전 본부 내 발전소 간 협력 증진 시스템 구축이 필요하다.

B. 원전 본부장은 지방자치단체와 지역주민 관련 업무 등 대외 업무를 중점적으로 수행하나 원전 본부 차원에서 원전 종사자들의 교육훈련과 훈련설비 등에도 관심을 가져야 한다고 본다. 현재 원전 본부에 있는 교육훈련센터가 본사 관리본부 산하 인재개발원 소속으로 되어 있으나 원전 종사자들의 교육훈련이 원전의 안전 운전과 신뢰성 확보에 필수적이므로 우수한 교수요원과 교육훈련 설비가 갖추어질 수 있도록 발전소 소(실)장은 물론 원전 본부장도 높은 관심을 가지고 최대한 지원해야 한다. 인재개발원에서 교육훈련센터를 주관함으로써 얻는 장점도 있겠지만 실제 조직 운영을 지휘하는 발전소 및 원전 본부 소속장의 관심과 참여가 없다면 교육훈련의 효과를 크게 기대하기가 어렵기 때문이다.

⟨본사 차원 경영관리 향상을 위한 제언⟩

A. 미국 원전이 2000년대 이후 원전 이용률이 90% 이상 상승하고 현재까

지 최고의 성능실적을 유지하고 있는 이유는 미국원자력규제위원회(NRC)의 매우 합리적인 안전 규제와 미국원자력협회(NEI)와 미국원자력발전협회(INPO) 주관 원전 표준운영모델(SNPM)을 개발하고 전 발전소들이 이를 발전소 실정에 맞게 적용한 결과임을 앞 장에서 설명하였다. 표준운영모델 개발 시에 가장 중점을 둔 기능 분야는 공통기능 분야(Cross-functional Area)로서 형상 관리, 설비 신뢰도 향상, 작업관리, 성능향상 등이다. 2002년도 필자가 INPO 근무 시 INPO 조직도 상기 공통기능 분야 담당 조직을 신설하여 관련 지침, 주요 프로세스 개발을 주도하고 관련 내용에 대한 관리자 리더십 교육도 병행하였다.

국내 원전의 조직 운영의 어려움 중의 하나는 여러 부서에 걸쳐 프로세스 중심으로 수행되는 공통기능 업무를 어떻게 효과적으로 수행하는가이다. 따라서 본사에서 이 공통기능 업무에 대한 본사 주관 부서장(엑셀론사의 경우 Corporate Functional Area Manager: CFAM)을 명시하고 원전 현장의 담당 부서장(Site Functional Area Manager: SFAM)들을 이끌어 원전의 성능향상을 견인할 것을 제안한다. 즉, 공통기능 분야별 본사 담당 주관부서장의 책임을 명시한 회사 차원의 운영 절차서 개발, 활용할 것을 제안하는 것이다.

B. 한수원의 통합경영관리모델이 개발되어 있으나 원전 현장 간부들이 활용하기 어려우므로 본사 발전본부에서 발전소 업무를 중점으로 한 가동 원전 표준운영모델을 개발, 활용할 것을 제안한다. 이 모델은 개발 단계에서

부터 실제 발전소 현장에서 지속적으로 활용하여 발전소 안전운영과 운영 실적 향상으로 연계되도록 관련 프로그램과 프로세스, 절차서와 교육훈련 참고자료까지 Best Practice를 벤치마킹을 통해 표준화해야 한다. 또한 주기적으로 모델을 업그레이드하며 모델 내용을 이해하고 어떻게 효과적으로 활용할 수 있는지에 대해 발전소 관리자들은 물론 직원들의 교육도 병행해야 할 것이다.

Chapte **IV**

# 원자력발전소
# 경영과
# 리더십
# 역량개발

Coaching
Leadership

# 01 _ 원자력발전소 경영에 있어서 리더십은 왜 중요한가?

어느 산업 분야에서나 최고 경영자를 비롯하여 주요 관리자들의 리더십은 조직의 미래를 좌우하는 가장 중요한 항목이라고 본다. 주식시장에서도 최고 경영자가 누군가에 따라 기업가치의 인정도 달라지며 특히, 전문 경영인뿐만 아니라 기업 소유주 리스크가 큰 경우 관련 주식이 폭락하는 경우도 종종 목격된다. 과학기술이 발달할수록 소프트웨어 기능의 차별화가 기업과 조직의 주된 경쟁력이 되기 때문에 리더십 역량이 훌륭한 경영자의 가치는 점점 더 높아질 것이다. 오늘날 삼성전자가 일본 전기 전자업체를 다 합친 것보다 규모가 커지고 세계 일류기업이 된 것은 창업주의 인재 양성 경영철학 때문이라는 일본 관련 업계 어느 인사의 인터뷰를 보았다.

원자력발전소 경영도 지속적인 원자력 안전성 확보와 발전 설비의 높은 신뢰도 및 건전성을 유지하기 위해서는 소(실)장 등 주요 간부의 리더십 역량이 무엇보다도 중요하다. 특히 원자력 안전을 최고의 가치로 여기는 신념과 경영철학을 실현하기 위해서는 원자력 안전 문화를 발전소 조직문화에 뿌리를 내리고 안전 문화가 종사자들에게 숨 쉬는 공기와 같이 살아 움직이도록 해야 하기 때문이다.

또한 원자력발전소에서 발생한 크고 작은 원전 사건·사고들이 인적 오류와 연관이 되어 있는 경우가 상당하다. 국제원자력기구(IAEA) 자료에 따르면 원전 사건·사고의 약 80%가 인적 오류에 기인하고 약 20%만 설비 고장에 의해 발생한다. 인적 오류 중 대부분인 약 70%가 잠재적 조직의 취약성이며 30%만 개인의 인적 실수로 발생한다. 원전 운영에서 인적 실수는 자칫 큰 사고로 발전될 수 있으므로 인적 실수를 예방하기 위한 많은 예방기법이 개발되어 활용 중이다. 그러나 인간은 언제든 실수할 수 있는 불완전한 존재이므로 눈에 잘 보이지 않는 조직의 잠재적인 취약성을 지속적으로 발굴해 개선하고 종사자 인적 행위 향상을 위한 원전 관리자의 리더십 역량이 필수적이다.

원전 사건, 사고에 대한 원인분석

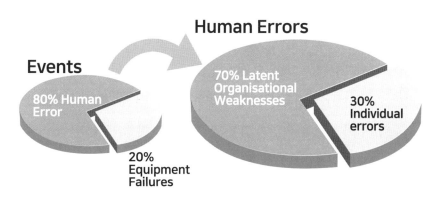

*출처: IAEA Nuclear Energy Series No. NG-G-2.1 "Managing Human Resources in the Field of Nuclear Energy"

## A. 원전 중대 사고와 리더십의 영향

원자력발전소를 도입하여 운영해 온 지금까지 역사를 보면 세계적으로 커다란 영향을 미친 중대 사고들이 있었다. 미국의 TMI 원전, 소련의 체르노빌 원전, 그리고 2011년 가까운 일본에서 발생한 후쿠시마 원전 사고 등이다. 이러한 중대 사고들은 설계결함, 설비고장과 다양한 형태의 인적 실수 등이 혼합된 복합적 형태 원인으로 발생하였다. 인적 실수에는 관리 책임자의 의사 결정 오류도 물론 포함되어 있다. 본 책에서는 관리 책임자의 리더십이 원전 중대사고 발생에 뚜렷하게 영향을 끼쳤던 2002년 발생한 미국 Davis-Besse 원전 원자로 헤드 결함 사고의 사례를 살펴본다.

## B. 미국 Davis-Besse 원전 원자로 헤드 결함 사고 개요

2002년 계획예방정비 기간 중 원자로 헤드 검사 수행 결과 원자로 헤드 관통부 노즐 3을 포함하여 다수의 관통부에서 결함을 발견하였고 보수 용접 과정 중 원자로 압력용기 보온재 제거해 보니 노즐 3 주위에 럭비공이 들어갈 만한 20~30제곱인치의 구멍을 발견하였고 오직 원자로 헤드의 외피(Cladding)만 남아 있음을 확인하였다. 만일 조금만 더 늦게 발견되었더라면 원자로 냉각재가 엄청난 속도로 빨리 분출, 고갈되어 대형 원자로 냉각재 상실 사고로 인한 핵연료 용융으로 TMI 원전 사고보다 더 심각한 중대 사고로 진전되었을 것이다.

## C. 미국 Davis-Besse 원전 원자로 헤드 결함 사고와 리더십 관계

원자로 냉각재 누설징후가 오래전부터 있었으나 누설량이 적다고 무시하거나 관련 플랜지 부위 일부의 Gasket만을 교체하였고 격납건물 방사선 감시 필터에 철산화물이 누적된 것이 계속 확인되었으나 임시 필터만 설치하였다. 이는 Davis-Besse 원전의 조직문화가 발전소 비정상적인 문제 발생 시

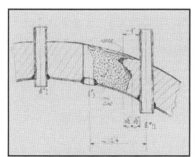

Figure 2-4
DBNPS VHP NOZZLE NO.3 DEGRADATION CAVITY

Degradation Between Nozzle#3 and Nozzle#11.
The Sketch Provided by the Licensee

Nozzle #3 Area Cut Away From Reactor Head

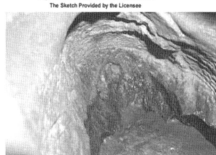

Close-Up View of Cavity           17

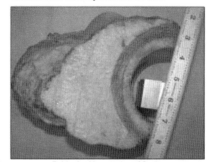

Rubberized Impression of Cavity

미국 Davis-Besse 원전 원자로 헤드 결함 발견 당시 사진

이에 대해 적극적으로 문제를 제기하거나 의문을 품는 태도가 현저히 결여된 것을 보여준다. 또한 상기 발견된 문제들은 원자력 안전과 성능향상의 가장 중요한 역할을 하는 원전 업무 프로세스인 운영개선프로그램에 등재하여 근본 원인을 분석함으로써 근본적인 대책을 세울 수 있었겠으나 Davis-Besse 원전은 이를 제대로 수행하지 않았다. 이는 소(실)장 등 발전소 주요 간부들이 상기 업무 프로세스를 통해 원자력 안전성의 저하를 예방하는 데 철저하지 않았음을 나타낸다.

1996년부터 원자로 헤드 육안 검사로 붕산 부식 흔적을 확인했으나 별다른 조치를 취하지 않았고, 2000년 육안 검사 시에도 직전 계획예방정비 시 검사했을 때보다 심각해짐을 확인했으나 세정만 하고 원인 조사 등 추가 확인 조치를 하지 않았다. 이는 Davis-Besse 원전의 소실장 업무 실적을 평가하는 성능지표(PI: Performance Indicator)가 원전의 안전성보다는 생산성에 초점을 맞춘 결과이다. 결과적으로 발전소를 계속 가동함으로써 발전 생산량을 높게 유지하여 전력 생산량과 연동된 업무평가와 보상을 잘 받기 위해 무리하게 운전을 고수하였다. 발전량과 소(실)장의 보상(보너스)을 연동시키는 것이 원자력 안전 문화에 얼마나 악영향을 끼치는지 이 사건을 보면 알 수 있다. 원전 소(실)장은 의사결정에 있어서 원자력 안전을 무엇보다도 최우선으로 고려해야 하는데 이를 실천하는 것은 어느 것과도 타협하지 않는 강한 신념과 의지가 필요하다는 것을 보여준다.

# 02 _ 원자력 리더십은 일반 산업계 리더십과
## 무엇이 어떻게 다른가?

〈공통점〉

아래 사항은 원전 건설 및 운영회사인 한국수력원자력㈜ 리더십 역량 개발항목으로서 원자력 종사자뿐만 아니라 전 직종의 직원들에게 적용하고 있는 일반적인 리더십 역량개발 항목이다.

- 비전 제시: 회사 및 조직이 나아가야 할 비전 및 전략 방향을 설정하고 이를 조직 구성원과 적극적으로 공유하여 실행함.
- 신뢰 형성: 주요 의사결정 시 그 과정과 결과를 조직 구성원들에게 공유 및 설득하고, 이를 일관되게 이행함. 각 부서가 주도적으로 업무를 수행할 수 있도록 주어진 권한 및 책임을 적절히 위임함.
- 직원 육성: 부하직원들의 장/단점과 역량을 명확히 파악하고, 적절한 지도, 조언 및 피드백을 통해 성과 향상을 위해 필요한 지식/기술을 습득할 수 있는 기회를 제공함.
- 합리적 의사결정: 주어진 상황 혹은 문제점 등에 대해 관련 자료 및 정보를 근거로 다양한 대응 방안을 도출하고, 각 방안의 장단점을 평가하여 시

의적절하고 합리적인 의사결정을 수행함.

상기 외에도 조직의 목표를 달성하기 위해 팀워크 향상, 갈등관리, 의사소통, 공정한 평가 및 보상/인정, 코칭 및 피드백, 윤리 및 가치 등 리더십 역량 개발항목이 있다.

〈차이점〉

원자력 에너지와 원자력 기술의 특수성을 충분히 이해해야 한다. 즉 원자핵 분열 시 엄청난 에너지를 산출하고, 눈에 보이지 않는 방사선이 나오며 발전을 정지하더라도 붕괴열이 생성되므로 지속적인 냉각이 필요하다. 즉 원자로의 안전을 위한 다중의 안전설비, 방사선 안전관리와 이를 관리하는 종사자에 대한 인적 오류 예방이 매우 중요한 관리 요소이다.

미국의 TMI, 구소련의 체르노빌, 일본의 후쿠시마 원전 사고에서 보듯이 사고 확률은 매우 낮으나 사고가 발생할 경우 해당 국가뿐만 아니라 주변국에도 큰 피해를 주므로 이를 예방하기 위한 원자력 안전 확보와 이를 지속적으로 유지 발전시킬 수 있는 조직의 안전 문화 향상이 모든 관리 목표보다 최우선적 목표가 되어야 한다. 이외에도 인적 오류에 의한 원전 사고를 예방하기 위해 의문을 품는 태도와 불확실한 경우는 언제든지 문제를 제기할 수 있는 조직문화를 육성해야 한다. 원전 사고 등 스트레스가 매우 높은 위기 상황에서의 의사결정 능력도 크게 강조되고 있다. 원자력 리더는 또한 원자력 기술의 전문성이 필수적으로 요구되며 높은 수준의 윤리와 진실성이 있는 도덕적 가치를 소유한 리더여야만 한다. 일반적인 리더십 역량개발 항목에 더하여 원전의 상기 특수성을 반영한 리더십 역량 개발항목은 다음과 같다.

- 원자력 안전 및 안전 문화 증진(Nuclear Safety & Safety Culture)
- 문제 제기, 의문 품는 태도(Fostering Questionable Attitude & Challenging)
- 위기 대응: 스트레스가 과도하게 높은 상태인 위기 상황에서의 신속 정확한 의사결정 능력(Cope with Risk)
- 원자력 기술의 전문성(Shape Nuclear Professionals)
- 윤리 및 진실성 등 도덕적 가치(Ethics & Values: Integrity)

〈시사점〉

일반 국민에게 크게 피해를 줄 수 있는 원전 사고는 원전 설비 고장에 더하여 조직의 취약성과 리더가 경제성 관련 성능 목표를 지나치게 강조할 때 발생할 수 있다. 즉 일반적인 산업에서는 필연적으로 강조되는 경제성 향상 성능목표가 원전 안전성 확보 측면에서 부정적인 영향을 미치는 것을 발전소 경영자(리더)는 분명히 인식해야 한다. 또한 사고에 대한 철저한 원인분석과 국내외 원전의 운전 경험을 반영, 유사 문제점이 발생하지 않도록 하는 것이 중요하며 설비뿐만 아니라 운영체계 및 조직문화에 대해 철저한 감시·감독, 경향분석 검토 및 지속적인 개선이 중요하다.

정확한 원인분석을 위해 원전 종사자가 고의로 실수하지 않은 이상 처벌하지 않도록 하고 있다. 이것은 종사자의 실수를 문제 삼아 지나치게 추궁할 경우 원인 유발 행위에 대해 은폐할 가능성이 크고 정확한 원인이 감추어져 유사 문제를 예방할 기회를 상실하게 되는 것을 예방키 위함이다. 이를 위해 원전 운영에 있어 리더는 종사자가 어떤 실수도 숨김없이 정확히 보고 할 수 있는 조직문화를 육성해야 한다. 즉, 원전 운영 관리자에게 필요한 원자력 리더십 역량개발 항목은 원전의 안전성 확보와 이를 지속적으로 유지, 발전할 수 있도록 조직의 안전 문화를 증진시키기 위해 필요한 역량 항목들이다.

# 03 _ 국내와 해외 원전 종사자 리더십 교육 차이는 무엇인가?

〈차이점〉

국내 최초 원전인 고리1호기부터 미국을 비롯한 선진국으로부터 도입했기 때문에 원전 운영 관련 국내 원전 종사자 교육훈련 내용은 해외와 유사하다. 미국 원전 종사자의 경우 미국원자력발전협회(INPO)가 수립한 각 업무 분야별 원칙(Principle, Fundamental), 업무지침서(Guidelines), 성능 목표 및 기준(Performance Objective & Criteria), 표준 프로세스 등을 기준으로 교육훈련에 활용하고 있으며 특히, 모든 문서에 보직별 리더의 역할과 책임을 구체적으로 명문화해서 실제적인 활용을 촉진하고 있으나 국내의 경우 포괄적인 리더의 역할과 책임을 사규 등에 명시하고 있다. 또한 2년 주기로 INPO 발전소 평가(Plant Evaluation) 시 리더의 역할과 책임 분야에 대해서도 성능 목표 및 기준문서에 따라 평가를 시행하고 있다. 즉 발전소 주요 리더에 대한 평가를 INPO가 객관적으로 시행한다고 보면 된다.

국내 원전 종사자에 대한 리더십 교육은 업무 특성에 맞는 보직별 교육보다는 회사 전체적인 측면의 공통적 목표와 이를 성취하기 위한 보편적인 리더십 교육인 반면, 해외는 원전의 특수성을 충분히 고려한 분야별, 보직별로 구체적이고 실제적인 교육에 중점을 두고 시행하고 있는 것이 큰 차이점이다. 이와 같은 차이점은 국내 원전건설과 운영이 한국전력공사로부터 출발하였으며 한전에는 원자력, 화력, 수력, 양수, 송배전, 영업 및 판매 등 다양한 분야에 많은 종사자가 있어서 리더십 교육을 분야별로 시행하기보다는 회사 전체의 목표와 연계한 공통적인 리더십 교육이 더 효율적이었기 때문이다.

따라서 일반적이며 공통적인 리더십 교육의 리더십 개발항목은 비전제시, 신뢰 형성, 직원 육성, 합리적 의사결정 등으로 원자력 안전 및 안전 문화, 위기 대응 등 원전 운영종사자에게 꼭 필요한 리더십 역량개발 항목들이 충분히 고려되지 않았다. 또한 한수원㈜ 원자력 본부 교육훈련 센터는 주로 운전원 양성 및 재교육, 전문 기술과 기능 측면의 교육을 담당하고 있고 원전 종사자의 리더십 교육훈련은 INPO와 같은 원자력 국제기구의 리더십 교육훈련 프로그램을 활용, 한정된 대상자에게만 리더십 교육을 시행하여 왔다.

〈시사점〉

미국의 경우 원전 운영 관련 리더의 중요성을 강조하여 많은 문서에 리더의 역할과 책임에 대해 구체적으로 명문화 되어 있다. 또한 INPO에 의해 주기적으로 객관적 평가를 받고 있어 이에 대한 최고경영자가 리더십 교육에 많은 관심을 기울이고 있다(미국 원전의 경우 INPO 평가에 의해 발전소 경영진이 변경

되는 사례가 종종 발생함). 국내 원전 도입기에 한전의 조직 내에는 다양한 분야, 업무, 직군들로 인해 공통적이며 보편적인 리더십 교육이 효율적이었으나 2001년도 한전으로부터 분사한 이후에는 원자력에너지의 특수성을 충분히 고려해 원전 종사자에게 필요한 리더십 역량개발 항목을 정의하고 요구되는 리더십 역량개발을 위해 리더십 교육훈련을 강화시켜야 나가야 되었으나 개선되지 못한 것은 원전 운영 리더의 중요성과 원자력 리더십 교육의 필요성을 간과한 결과로 보인다.

2009년은 한국이 최초로 강력한 경쟁상대인 프랑스, 일본을 제치고 원자력발전소를 아랍에미리트(UAE)에 수출한 해로, 원전 도입 40년 만에 원전 수출국으로 등장하게 되었다. 원전 건설 프로젝트 기술은 세계적 수준이나 운영 측면에서는 나라마다 규제환경이나 운영시스템이 다르기 때문에 평가 기준이 다를 수 있으나 대체로 다국적 종사자가 많은 근무 환경인 UAE에서는 국내 출신의 원전 관리자들의 리더십 발휘 및 영향력이 미국 및 영국 등 서양 출신의 리더들보다 상대적으로 훨씬 미약한 것을 볼 수 있다.

이는 물론 영어 구사 능력이 부족한 것도 있으나 국내에 분야별, 보직별, 체계적인 원자력 리더십 역량개발 프로그램이 없는 교육 환경도 크게 영향을 미친 것도 부인할 수 없다. 최근에 원전 본부 발전소장, 실장들에 대한 원자력 리더십 역량 강화 교육을 자체적으로 시행하고 있어 늦었지만 다행이며 소장, 실장뿐만 아니라 팀장급에 이르기까지 원자력 리더십 교육을 확대해야 하며 이를 효과적으로 수행할 원자력발전소 근무 경험이 풍부하며 역량이 훌륭한 원자력 리더십 강사 육성도 시급한 실정이다.

# 04 _ 원자력 국제기구에서 시행 또는 요구하는 원자력 리더십 교육은?

## A. 미국원자력발전협회(INPO)

1979년 미국 TMI 원전 사고 이후 INPO가 설립되었으며 설립 목표 중 하나가 원전 종사자 교육훈련이다. 따라서 원전 운영자가 원전 종사자에 교육훈련을 시행키 위해서는 INPO의 주기적인 인증(Accreditation)을 필수적으로 받아야 한다. 미국 모든 원전 운영자는 행정업무 종사자를 제외한 신규 주요 보직자에 대한 리더십 교육을 필수적으로 이수해야 하며 직급별 원자력 리더십 교육훈련 프로그램을 운영하고 있으며 이를 차 상위 보직 자격요건으로 관리하고 있다.

INPO의 대표적인 리더십 교육은 아래와 같다. 이중 가장 대표적이고 교육수요가 높은 과정은 원전 발전소장 요원을 대상으로 5주 과정의 Senior Nuclear Plant Management(SNPM)로 최고의 리더십 과정으로 평가받고 있어 매우 인기가 높다. 리더십 역량개발 항목으로는 팀 역량개발, 윤리, 스트레스가 높은 상황에서의 의사결정, 기술적 양심, Life Balance 등

Leadership and Team Effectiveness Attributes Implementation(INPO 16-008) 문서에 기술된 대부분의 리더십 영향 항목을 과정 내용에 포함한다. 특기할 사항은 SNPM 과정의 경우 두 차례에 걸쳐 각각 한 주씩 원자력발전소를 방문하여 현장 관찰은 물론 관찰 결과를 가지고 해당 발전소 경영진과 토의를 통해 발전소 현장과 밀착된 리더십 개발을 적극적으로 꾀하고 있다.

INPO 리더십 교육훈련 과정

| 과정명 | 교육 대상 | 기간 | 리더십 역량개발 항목 |
|---|---|---|---|
| Senior Nuclear Plant Management Course | 발전소장, 실장으로 발전소장 보임 예정자 | 5주 (발전소 현장 방문/토론) | Team Development, Ethics, Decision Making under Stress, Employee Development, Technical Conscience, Life Balance, etc. |
| New Manager Seminar | 일근 신임 부서장 | 4일 | Leader's Role, Decision Making, Safety Culture 등 일근 신임부장의 필수 교육과정 |
| New Shift Manager Seminar | 신임 발전 팀장 | 4일 | Decision Making, Achieving Sustainable Results. 신임 발전팀장의 필수 교육과정 |
| First-Line Leader Essentials | 초급 관리자 (차장) | 1주 | Coaching, Communications Decision Making, Safety Culture |

*출처: 2018년도 INPO Leadership Training Introduction

■ 원자력에 근무하는 사람들의 이야기: 상사 눈치 보느라 날아간 교육 기회

한전, 한수원 원자력 분야에서 40년간 근무하고 퇴직한 후에 가장 후회되

는 것이 상사 눈치 보느라 휴가 등을 제대로 못 챙긴 것이다. 그 당시에는 어쩔 수 없다고 생각했지만 지나고 보면 그래도 자신을 위해 챙길 것은 챙겼어야 했다는 것이다. 바로 INPO에서 최고의 리더십 교육인 5주 기간의 발전소장 리더십 교육(Senior Nuclear Plant Management Course: SNPM)을 신청해 놓고 못 간 것이다. 필자가 INPO에 근무하던 때부터 SNPM 교육과정은 발전소장으로서 갖추어야 할 리더십 이론뿐만 아니라 발전소 현장 리더들과 토론을 통해 실제 적용 사례를 직접 경험해 볼 수 있는 교육 프로그램으로서 미국의 원전 소장들이 꼭 받아 보고 싶은 교육으로 인기가 높았다.

그 당시 본사에서 전 발전소 설비 운영을 담당하고 있던 필자는 상사에게 눈치가 보여 교육 참가대상자로 선정이 되었으니 꼭 참석해 보고 싶다는 이야기도 꺼내 보지 못하고 조용히 신청한 교육을 취소하였다. 다음에 기회가 있겠거니 나름대로 위로했지만 다시는 그런 기회가 오지 않았다. 누군가 기회는 앞머리에만 있는 머리카락 한 올과 같다고 했다. 뒤에는 머리가 없는……

자신의 발전과 성장을 위한 기회를 상사의 눈치 보느라 놓치는 실수를 범했던 자신에 대해 오랫동안 후회가 되었다.


## B. 세계원전사업자협회(WANO)

WANO는 1986년 구소련 체르노빌 원전 사고 이후 창설된 국제기구로서 원전 안전 문화를 특히 강조하며 전 세계 원전 운영자들을 4개의 지역(미주,

서유럽, 동유럽/소련, 아시아) 센터를 두고 본부는 영국에 있다. 본부에 원전 운영 종사자들에 대한 리더십 역량개발 책임자를 중심으로 파리센터에 리더십 개발/훈련 조직이 있어 유럽은 물론 타지역 센터에도 리더십 교육훈련을 제공하고 있다. WANO의 원전 운영 관리자 리더십 역량개발 항목은 INPO와 거의 동일한데 이는 INPO의 문서를 대부분 준용하기 때문이다.

그러나 원전 운영 중견 관리자를 대상으로 하는 WANO 파리센터의 Nuclear Leadership Program(NLP)은 다음과 같은 특색이 있다. 원자력 안전 문화 증진을 위한 리더의 역할을 기본적으로 철저히 강조하고 파리센터의 심리학 박사 출신의 전문가를 활용, 인적 행위에 크게 영향을 미치는 Neuroscience of Behavior를 리더가 충분히 이해할 수 있도록 하며 원전 종사자에 대한 폭넓은 이해를 위해 Personal Styles 파악 실습과 조직 팀워크와 직원의 능력 개발을 위해 긍정적 강화(Positive Reinforcement)와 코칭(Coaching)의 중요성을 강조한다. 리더십 교육 기간뿐만 아니라 교육 전후 학습과 상사의 피드백 수렴 등 리더십 역량개발에 장기적 관점으로 접근하고 있는 것이 특색이다. 또한 다양한 실습과 토론을 통해 실전과 같은 훈련과 적극적인 참여를 유도하고 있으며 원전 종사자에 대한 철저한 이해를 기반으로 리더십을 효과적으로 개발되도록 인간 심리학 등을 리더십 교육에 적절히 접목해 활용하고 있다.

| 과정명 | 교육 대상 | 기간 | 리더십 역량개발 항목 |
|---|---|---|---|
| WANO-PC Nuclear Leadership Program(NLP) | 발전소 중견간부 또는 고위 간부 | 1주 (사전 학습/ 사후 지속적 피드백) | Nuclear Safety & Leader's Role, Positive Reinforcement, Coaching and Exercise, Neuroscience of Behavior, Human Performance Case Study |

2017년 중국 심천에서 WANO-PC 주관으로 개최된 중국 원전 간부 리더십 교육

## C. 국제원자력기구(IAEA)

IAEA는 1957년 원자력 에너지의 평화적 이용을 목적으로 UN 산하 조직으로 창설되었으며 핵무기 확산금지를 위한 사찰, 기술개발과 원전 신규 도

입국에 대한 기술지원 등의 업무를 수행하고 있다. 운영 중인 원전 종사자들에 대한 별도의 리더십 교육훈련 프로그램은 없으나 중간 관리자들의 리더십 역량개발을 목적으로 2013년도에 International Nuclear Management Academy(INMA)를 설립하여 차세대 원전 리더에게 필요한 필수 및 선택 교육내용 요건을 개발하고 2015년부터 그 요건에 따라 자격을 갖춘 대학 또는 교육기관을 인증해 교육 기간 1년 과정의 석사과정을 해당 대학 교육기관과 IAEA 이름으로 석사학위를 수여하고 있다. 참고로 한국전력 원자력대학원대학교(KINGS)도 IAEA로부터 INMA 석사과정 교육기관으로 인증받기 위해 신청을 준비하고 있다.

INMA 과정은 크게 Environment, Technology, Management와 Leadership 등 4가지 영역으로 구분하고 있으며 특히, Management와 Leadership 분야는 원자력 관리자의 관리 능력 향상과 리더십 역량개발을 목적으로 하고 있으며 원자력 관련 전략적 리더십, 소통전략, 높은 수준의 윤리 및 가치, 조직 및 변화관리 역량개발에 중점을 두고 있다. IAEA의 INMA 과정은 원자력발전소 운영자에 초점을 맞춘 INPO나 WANO의 리더십 교육과는 달리 원자력발전소 운영, 건설 등 원자력 사업 전체 영역에 대해 교육하기 때문에 원전 운영 관리자만을 위한 리더십 교육훈련 프로그램보다 리더십 역량개발 항목 수가 적고 내용도 보편적이다.

IAEA International Nuclear Management Academy (INMA) 교육 과정

| Area | Contents | Remarks |
|---|---|---|
| Environment | Energy Productions, Distributions & Market Nuclear Law, Nuclear Standards, Nuclear Security & Safeguard | |
| Technology | Nuclear Power Plant/Facilities −Design, Operation, Maintenance, Life Management Nuclear Safety Principles & Analysis, Nuclear Fuel Cycle, Nuclear Physics Waste Management, Decommissioning, etc. | |
| Management | Management of Employees, Organizational Behaviors Nuclear Safety Management, Nuclear Safety Culture Risk−informed Decision Making, Nuclear Events, etc. | 관리시스템에 초점을 둠 |
| Leadership | Strategic Leadership, Ethics & Values Communication Strategies, Leading Changes | 리더십 역량 항목 수 제한적 |

2018년 IAEA
기술전문가로
스리랑카 방문 시
미국 전문가와 함께
코끼리 농장 방문

스리랑카
코끼리 농장

## D. 중수로원전사업자그룹(CANDU Owners Group: COG)

중수로형 원전 운영자들의 공동 연구 프로젝트 수행, 기술정보 교류 등을 위해 만들었으며 원전 종사자들을 위한 리더십 프로그램을 개발, 운영 중에 있다. COG 원자력 리더십 교육의 특징은 원자력 기술의 특수성과 원자력 안전 문화의 중요성을 체계적으로 교육하며 원자력 안전 문화와 리더십과의 관계 등 원전 안전성 확보와 안전 문화 증진을 위해 원전 종사자, 특히 관리자의 리더십 중요성을 확실히 인식하게 한다. 또한 매 교육 시 원전 안전 메시지 교육을 시행하여 원자력 안전이 모든 일과 및 회의 시 우선적으로 고려되고 지켜지도록 실습을 통해 체험되도록 한다. 즉, 철저히 원자력 안전성 확보 및 안전 문화 증진에 중점을 둔 리더십 교육이라고 볼 수 있다.

2017년 COG 주관 원자력 안전과 리더십 교육 수료 기념사진

### E. World Nuclear University (WNU)

2003년 40세 이하의 차세대 원자력 리더를 양성하기 위해 설립되어 현재까지 약 5,000명 이상이 교육에 참가하였다. 6주간의 교육 프로그램으로써 원자력 에너지 산업 전체를 망라하므로 원전 운영자 측면에서는 리더십 역량 개발 교육내용이 극히 제한적인 단점이 있다.

# 05 _ 원자력 국제기구가 연구 제시한 원전 종사자 리더십 역량개발 항목

## A. 미국원자력발전협회(INPO)

INPO는 원전 성능 목표를 달성하기 위해 필요한 결과물을 아래 다섯 단계로 정하고(세부 추진항목으로는 여섯) 그 목표를 성취하기에 필요한 관리자의 리더십 항목과 팀의 유효성 항목 두 가지 모두를 명시하고 있다. 아래 산출물을 얻기 위해서는 개인의 리더십이 팀의 유효성을 높일 수 있는 방향으로 발휘되었을 때만이 조직 전체의 성능 목표를 달성할 수 있음을 보여준다.

INPO 리더십과 팀워크 주요 인자

| 1 | ① 목표설정 (Set Direction) | |
|---|---|---|
| 2 | 역량 극대화 (Maximize competence) | ② 능력 개발 (Talent Development) |
| | | ③ 학습조직 조성 (Fostering Learning Org.) |

| 3 | ④ 업무에 적극 동참 (Engage the Workforce) |
|---|---|
| 4 | ⑤ 위기 대응 (Cope With Risk) |
| 5 | ⑥ 지속적인 성능 목표 달성 (Achieve Sustainable Results) |

＊자료출처: INPO 16-008 (Leadership and Teamwork Effectiveness Attributes Implementation)

## 〈세부 추진항목별 영향 인자들〉

### ① 목표설정(Set Direction)

| 목표설정(Set Direction) | | |
|---|---|---|
| 전략(Strategy) | 정렬(Alignment) | 소통(Communication) |
| −사명(Mission)<br>−비전(Vision)<br>−장기계획<br>−사업계획<br>−관리모델 | −관리 측면 정렬<br>−계획예방정비 정렬<br>−팀워크 준비 회의<br>−일일 현황 회의<br>−정보의 원활한 흐름 | −경영관리자와의 소통<br>−본사의 소통전략<br>−일관된 메시지 전달<br>−다양한 소통 채널 활용 |

### ② 능력개발(Talent Development)

| 능력 개발(Talent Development) | | |
|---|---|---|
| 리더십 개발 | 직원 능력 개발 | 조직의 건전성 확보 |
| −멘토링(Mentorship)<br>−산업계 리더십 세미나<br>−리더십 교육(최초)<br>−리더십 교육(계속) | −업무(보직) 순환<br>−개인별 개발계획(IDP)<br>−교차 학습 기회 부여<br>−산업계 전문가 협업 | −지식 전수/확보<br>−조직/팀 공정한 평가<br>−파이프라인 프로그램<br>−직원 신념/가치관 공유<br>−고용전략<br>−채용 프로세스 |

＊IDP: Individual Development Plan

### ③ 학습조직 조성(Fostering Learning Org.)

| 학습조직 조성(Fostering Learning Org.) | | | |
|---|---|---|---|
| 교육 훈련 | 성능/실적 감시 | 운전 경험 | 성능/실적 평가 |
| −유효성 평가<br>−훈련 시행 및 평가<br>−기초/기본 훈련<br>−숙련도 | −경향/추이<br>−안전 문화 감시<br>−성능측정항목<br>−설비 추이<br>−공통원인분석<br>−동참/코칭 프로그램 | −원자력 산업에<br> 영향을 끼친 사건들<br>−반드시 알아야 할<br> 운전 경험들 | −프로세스 단순화<br>−평가<br>−관리/실행<br>−사전평가 운영<br>−작업관리 통합<br>−네트워킹/벤치마킹 |

### ④ 업무에 적극 동참(Engage the Workforce)

| 업무에 적극 동참(Engage the Workforce) | | | |
|---|---|---|---|
| 소통 | 직원 적극 동참 | 코칭과 책임감 고취 | 공정한 평가/보상 |
| −의사결정 근거/결과<br>−계획예방정비 내용<br>−회사/발전소 현안<br>−지역협력 프로그램<br>−시설 견학/교육<br>−규제 방향 | −원자력 여성 리더십<br>−직원 고충 처리<br>−사내 그룹 활동<br>−청년 세대 활동 | −표준/기대사항 명시<br>−관리자 현장 방문<br>−성능평가시스템<br>−책임 모델 정립<br>−관리자관찰프로그램 | −계획예방정비 보상<br>−인센티브 프로그램<br>−팀빌딩 활동<br>−개인별 보상/인정<br>−교육과정 수료식 |

### ⑤ 위기 대응(Cope With Risk)

| 위기 대응(Cope With Risk) | |
|---|---|
| 집체적 위험(Integrated Risk) | 의사결정과 갈등 해결 |
| −회사 차원 위험<br>−발전소 운전 위험<br>−프로젝트 위험 | −대안 제시 프로세스<br>−위험검토/챌린징(Challenging) 프로세스<br>−직원 관심 프로그램<br>−운전(Operational) 의사결정 프로세스<br>−의도된 반대 설정<br>−기술적 경계/의식(Technical Conscious) |

## ⑥ 지속적인 성능 목표 달성(Achieve Sustainable Results)

| 지속적인 성능 목표 달성(Achieve Sustainable Results) | | |
|---|---|---|
| 산업계 표준성능지표 | 균형성과표(BSC) | 규제 대응 |
| -발전소 성능색인표<br>-설비 신뢰도 지표<br>-발전소 정보센터<br>-INPO 데이터 입력 | -회사 목표<br>-발전량 목표<br>-비용관리 목표<br>-안전 목표<br>-장기 관리 항목 | -산업계 범 분야 이슈들<br>-검사 결과<br>-안전 문화<br>-발전소 평가 결과 |

## B. 세계원자력사업자협회(WANO)

세계원자력사업자협회(WANO)는 원전 성능 목표 및 기준(Performance Objective & Criteria)을 명시해 전 세계 원전 운영자들에게 최고 표준의 성능 목표 및 기준을 제시하고 Plant Peer Review를 통해 점검할 뿐만 아니라 개선점에 대한 기술지원을 하고 있다. 다음 사항은 WANO 성능 목표 및 기준에서 제시한 리더십에 대한 평가 요소이다.

- 비전과 가치(Vision and Values)

- 팀워크(Teamwork)

- 책임감(Accountability)

- 직원 동참(Employee Engagement)

- 원자력 기술전문성(Nuclear Professionals: Knowledge, Skills and Behaviors)

## C. 국제원자력기구(IAEA*)

국제원자력기구(IAEA)는 원자력 안전성(Nuclear Safety) 확보의 시각에서 모든 것을 바라보기 때문에 이 목표를 달성하기 위해 원전 운영 관리자의 리더십을 매우 강조하고 있으며 위기 대응 관리, 변화관리, 원전 최초 운영 시 등 상황별로 리더십 요소를 어떻게 개발해야 하는지를 안전 시리즈 책자로 발간하고 있다. 아래 사항은 원전 위기 대응 관리에 필요한 리더십 요소이다.

- 상황인식
- 전략적 사고를 포함한 의사결정
- 비상 대응팀의 팀 관리
- 코디네이션
- 원자력 전문성
- 성실성과 정직성
- 스트레스 관리

---

*IAEA 문서에 참조문서로 기술된 CHANDLER, R.C., The Marks of a Leader(2001) 는 위기관리 대응 및 극복에 필요한 리더십 요소를 14가지로 기술함.

- Coordinated
- Decisive
- Experienced
- Goal-Oriented

- Able to Communicate
- Able to Facilitate
- Able to Handle Stress
- Able to Listen
- Open-Minded
- Responsible
- Able to Prioritize
- Able to Think Critically
- Adaptive
- Trained and Prepared

## CHANDLER, R.C. Competency wheel

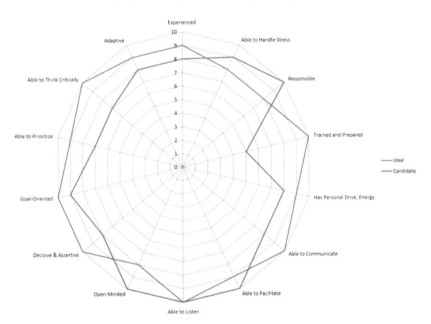

【Competency wheel – example of a leader profile】

## 06_국내 원전 종사자 리더십에 영향을 주는 주요 인자(Attributes)?

원자력 국제기구 제시 대비 국내 원전 운영관리를 위해서는 어떠한 리더십이 강조되고 있는지 살펴보려면 국내 원전 종사자 리더십 영향인자를 살펴볼 필요가 있다.

〈원자력 정책〉

국가의 에너지 수급 정책, 특히 전력 수급 기본계획은 원자력발전을 지속 유지 개발할 것인가를 판가름하는 주요 정책 방향으로서 원전을 건설 운영하는 회사에 큰 영향을 미친다. 이는 국가마다 큰 차이가 있으며 2011년 일본 후쿠시마 원전 사고 이후 원전 개발 및 운영을 계속 추진하는 국가와 그렇지 않은 국가의 원자력 정책 방향에 따라 친원전 환경과 탈원전 환경으로 극명하게 나타난다. 탈원전 환경에서의 원전 운영 리더들은 자연스럽게 중장기 설비투자에 소극적이고 최종 의사결정도 탈원전 정책에 대해 생존을 위한 방어적인 방향으로 기울어질 수밖에 없다. 큰 틀에서 국가의 원자력 정책은 원전 운영회사의 생존을 결정하는 요인이며 리더십에도 가장 크게 영향을 미치는 요소 중 하나이다.

〈원자력 규제환경〉

원전 운영자들에게 가장 크게 영향을 미치는 요소 중의 하나는 규제 정책과 환경이다. 특히, 일본 후쿠시마 원전 사고 이후 규제환경은 지진 등 외부 천재지변에 대해서도 원전 안전성을 확보토록 요구하였고 이에 따라 신규 원전에 대한 운영 허가 및 가동 원전의 재기동 허가 등 인허가 소요 시간이 장기화되었다. 국내의 경우 규제환경이 원전을 축소하고 신재생에너지 확대를 골격으로 한 지난 5년간 정부의 에너지 전환정책에 의해 신규 원전 운영 허가 및 가동 원전 재기동 인허가가 극도로 까다로워 계획된 기간보다 지연되는 경우가 다반사였다. 분명한 것은 규제환경이 양호한 국가의 원전 성능이 그렇지 못한 국가와 비교 시 월등히 높은 운영실적을 보인다. 예를 들면 미국은 2000년 이후 지금까지 약 90% 이상의 우수한 실적을 지속적으로 달성하고 있다. 규제환경이 매우 어려운 경우 원전 소(실)장 등 리더는 자신의 시간과 노력을 규제기관으로부터 인허가 취득에 상당히 장기간 사용해야 하므로 집중력이 요구되는 설비 건전성 감시 및 신뢰도 향상 등 본연의 핵심 업무 추진 관련 리더십 발휘에 부정적인 영향을 미칠 수 있다.


〈원전의 사회적 수용성〉

일본 후쿠시마 원전 사고 이후 국내 원전 건설 및 운영에 대한 사회적 수용성은 크게 추락하였다. 사회적 수용성이 높을 경우 발전소 정보 공개가 크게 문제가 되지 않는 경우가 대부분이나 수용성이 낮을 경우 발전소에서 일어나는 조그만 문제도 TV 방송, 신문 등 메스 미디어에 크게 발표되는 등 대중의 관심과 우려가 크게 증폭되는 경우가 종종 발생한다. 이때 발전소 리더 역시 언론에 제기된 문제에 대해 해명서 작성 및 보고 등에 집중력이 분산되므로 정상적인 업무에 대한 리더십 발휘에 부정적인 역할을 미친다.

〈지역주민 소통과 협력〉

원전에 대한 사회적 수용성은 원전 건설 및 운영 관련 회사 전체에 영향을 미치나 지역별 원전 본부에 직접 영향을 주는 것은 민간환경감시기구 등 지역단체와 주민들이다. 원전의 지속적인 생존과 발전을 위해 지역주민과의 협력 및 소통은 매우 중요한 일이 되었다. 국내의 경우 일본 후쿠시마 원전 사고 이후 지역주민의 불안이 증폭되어 정부 규제기관의 발표보다는 자신들이 신뢰하는 기관이나 전문가의 말을 더 신뢰하므로 가동 원전의 재기동 또는 증기발생기 등 주요 기기 교체 시 주민의 동의 또는 협력이 필수적인 요건으로 자리 잡게 되었다. 최근에는 규제기관의 요구사항뿐만 아니라 지역단체 및 주민의 요구사항도 중요하게 취급하고 있다. 지역단체 및 주민들의 요구사항이 과도할 경우 발전소 소(실)장 등 리더들의 시간과 노력이 더욱 많이 요구되므로 원전 안전 운영 관련 핵심 업무에 보다 집중할 수 있는 집중력을 감소시키는 부정적인 요소로 작용하기도 한다.

〈최고 경영자를 포함한 경영진의 리더십 스타일〉

최고 경영자를 포함한 경영진의 리더십 스타일과 소통 방법이 현장 원전 본부 소(실)장들의 발전소 경영관리 및 리더십에도 큰 영향을 미친다. 특히,

상하 위계질서가 명확한 동양의 경우가 더욱 그렇다. 리더십 스타일은 주로 소통 방법에서 분명히 나타나는데 Directive style의 경우 일방적인 지시 위주로 소통이 되므로 의사결정이 신속하게 이루어져 위기관리 시에는 도움이 되나 충분한 토의 및 검토 부족에 의한 의사결정의 오류를 증가시킬 수 있어 원전 안전 문화 증진 측면에는 부정적인 영향을 줄 경우가 발생할 수 있다.

〈조직문화〉

국가 및 회사 조직문화는 종사자들의 리더십에 강한 영향을 지속적으로 주는 요소이며 리더십이 자라는 토양으로 묘사할 수 있다. 관리자의 리더십과 조직문화는 긴밀히 연결되어 있고 항상 상호 영향을 준다. 리더는 긍정적이며 건강한 조직문화를 육성할 책임이 있고 어떤 조직문화는 상사와 동료에게도 적극적으로 의견 개진과 Challenging 할 수 있어 리더의 역할과 기능을 개발시킬 수 있는가 하면, 이와 반대로 질문과 Challenging을 허용하지 않는 권위주의적 측면이 강한 조직문화의 경우는 리더가 성장 발전할 수 있는 기회를 제한 할 수도 있기 때문이다.

〈인적 자원관리: 평가 및 보상체계 등〉

조직 내 팀 또는 개인의 사고와 행동에 크게 영향을 미치는 것 중 하나는 인적 자원관리이며, 특히 승진, 급여 및 보너스에 영향을 미치는 업무 실적 평가에 피평가 대상자는 민감할 수밖에 없다. 원전의 주요 간부의 업무 실적 평가의 경우 원전 안전성에 부정적인 영향을 미치는 평가 요소는 철저히 배제해야 한다. 또는 발전소 전체 성능향상 등 핵심적인 업무에 집중을 방해하는 평가 요소가 없는지 면밀한 검토가 요구된다.

## 07 _ 원자력 국제기구 제시 대비 국내 원전 종사자에게 추가 요구되는 리더십은?

국내 원전 산업의 경우 미국 등 선진국과 신규 원전을 도입, 건설하는 국가와 비교 시 상대적으로 원자력발전 정책 및 규제 정책이 경직화됨에 따라 원전 운영 관리자는 필수적으로 규제당국과 일반 국민에 대한 원전 수용성 확보와 지역주민과의 상생협력 할 수 있는 리더십을 함양해야 한다. 또한 서양에 비해 상하 위계질서가 분명하고 수평적 토의 및 협력이 취약한 조직문화가 원전 안전 문화에 부정적인 영향이 크므로 이를 극복하기 위해서는 언제나 누구에게나 문제를 제기할 수 있고 질문할 수 있는 리더십을 길러야 한다. 또한 원자력 기술은 특수하므로 전문성을 갖추지 않으면 원전에서 발생하는 다양하고 중요한 기술적 문제 발생 시 리더로서 역할을 충분히 할 수 없다. 따라서 아래 여섯 가지를 국내 원전 종사자 리더십 주요항목으로 추가해야 할 것이다. 이 여섯 가지 리더십 추가 항목들은 2018년과 2019년도에 시행된 원전 소실장 리더십 교육기간 중 설문조사를 통해 현직의 소(실)장들도 동일한 부담이 있는 것을 확인했다.

• 규제기관 대응(Regulatory Measures)

- 언론 대응(Mess Media Measures)
- 사회적 수용성 및 지역사회 협력(Public and Resident Relationship)
- 의문을 품는 태도와 문제 제기를 장려하는 조직문화(Fostering Attitude & Challenging)
- 공정한 보상평가와 인정(Rewards and Recognition)
- 원자력 기술 전문성(Shape Nuclear Professionals)

# 08 _ 원전 소(실)장들이 선정한 원자력 리더십 역량 항목 중요도 순위

　　　　　　　　　　3차에 걸친 원자력발전소 소(실)장 대상 설문조사 결과 원자력 리더십 항목에 대한 획득한 점수를 기준으로 높은 점수부터 순위로 나타내면 아래와 같다.

- 의사결정(Decision Making)

- 소통(Communications)

- 팀워크(Teamwork)

- 사회적 수용성 및 지역사회 상생협력(Public & Resident Relationship)

- 문제 제기 및 의문을 갖는 태도(Fostering Questionable Attitude &

- 코칭 및 피드백(Coaching & Feedback)

- 공정한 보상 및 인정(Rewards and Recognition)

- 갈등관리(Conflict Resolution)

- 규제기관 대응(Regulatory Measures)

- 신뢰 구축(Build and Sustain Trust)

- 원자력 기술전문성(Shape Nuclear Professionals)

- 비전 및 장기 전략 수립(Establish a Clear Vision and Strategy)

- 진실성 등 도덕적 가치(Values: Integrity)

- 열정과 동기부여(Inspire and Motivate)

- 상황인식 및 보고(Situational Awareness)

- 안전 문화 및 보안(Safety Culture & Security)

- 위험 관리(Manage Risk)

- 언론 대응(Mess Media Measures)

- 직원 능력 개발(Employee Talent Development)

- 정렬 및 업무에 적극 동참(Align and Engage Workforce)

- 학습조직 운영(Foster a Learning Organization)

- 지속적인 목표 달성(Achieve Sustainable Results)

- 코디네이션(Coordination)

원자력발전소 운영 관련 원자력 리더십 항목에 대한 중요도 설문조사 결과 도출된 결론은 아래와 같다.

첫째, 원전의 운영 관리자들에게 가장 중요한 리더십 항목으로 평가된 것은 의사결정(Decision Making), 소통(Communications), 팀워크(Teamwork)와 사회적 수용성 및 지역사회 상생협력(Public & Resident Relationship)이다. 그 중에 첫째로 꼽힌 것은 '의사결정 능력육성'이다. 의사결정 능력육성을 위해 실전 사례 연구(Case Study) 같은 리더십 훈련에 대한 요구가 설문조사 시마다 추가 의견으로 표출되곤 하였다. 이는 원전 운영 관련 발생했거나 발생이 가능한 다양한 사건 및 위기 상황에 대한 리더의 신속, 정확한 의사결정이 매우 중요할 뿐만 아니라 원전 운영 리더들에게 필수적으로 요구되고 있으나 현재는 이러한 리더십 훈련 수요를 충분하게 충족시키지 못하고 있다. 향후 원전 운영 리더의 의사결정 능력을 효과적으로 육성할 수 있도록 국내 원전 종사자용 원자력 리더십 훈련 프로그램의 개발과 전문 강사를 확보하여 이 분야에 대한 집중적인 관심과 훈련이 필요하다.

둘째, 원자력 리더십 중요 항목 도출과 교육 프로그램 개발 시에는 국가가 처한 원전 운영 관련 외부 환경적 요소와 회사 내부 조직문화 요소를 충분히 고려해야 한다. 이는 국제기구의 리더십 교육훈련 프로그램을 국내에 그대로 도입 활용하는 것이 효과적이지 않고 미흡하다는 것 보여준다. 국내 원전의 경우 일본 후쿠시마 원전 사고 이후 정부 규제기관과 지역사회의 수용성 확보가 원전 운영 리더가 갖추어야 할 리더십 상위항목으로 랭크되어 있다. 또한 국내 원전 운영 조직 문화적 취약점을 보완할 수 있는 의문을 품는 태도와 상사에게도 문제를 제기할 수 있는 조직문화 조성 관련 리더십 항목도 충분히 육성되어야 한다.

셋째, 원전의 안전 운영을 위해서는 잘 훈련된 발전소 전 직원의 팀워크가 절대적으로 필요하므로 팀워크 유지 및 육성과 관련이 있는 공정한 조직 및 개인의 실적 평가, 인정, 보상과 그에 따른 적합한 인사 관리가 요구되며 리더 또한 조직의 성능(Performance) 향상을 위해 코칭과 피드백, 조직간 갈등 해결 등 팀워크 육성 및 증진 리더십 스킬 및 역량이 중요한 것으로 나타났다. 특히, 코칭의 경우 위계질서가 강한 조직의 상명하달에 익숙한 국내 원전 리더가 습득하기 어려운 항목으로 지속적인 리더십 교육훈련이 필요할 것으로 판단된다.

# 09 _ 코칭을 통한 원자력 리더십 역량개발 필요성

## A. 세계원자력사업자협회(WANO) 원자력 리더십 개발 프로그램과 코칭

　　　　　　　　　　필자가 2017년 WANO 파리센타 주관 원자력 리더십 개발 프로그램(Nuclear Leadership Program)에 직접 참여했을 때 프로그램 내용 중에서 '긍정적 강화와 코칭' 강의와 실습이 가장 인상적이었다. 코칭이란 지적하고 가르치고 뭔가 잘못된 것을 교정해 주는 것인 줄 막연하게 생각했던 필자의 이해와는 크게 달랐다. 그간 부하직원 평가 시 건설적인 피드백을 준다고 코칭이라는 이름으로 부하직원의 잘못을 교정했던 행위를 기록했는데 그것은 코칭이 아니었다. 코칭은 상대방의 잘못을 지적하거나 가르치는 것이 아닌 상호 신뢰와 존중을 기반으로 열린 질문을 통해 자기 인식(Awareness)과 책임감(Responsibility)을 높임으로서 직원 개인의 자발적인 동기부여는 물론 팀워크를 극대화함으로써 부서의 목표를 달성하는데 있어 최상의 방법임을 WANO 원자력 리더십 과정 참여를 통해 알게 되었다. 이제 WANO 등 원자력 국제기구에서도 코칭을 원자력 리더십 개발에 있어 중요한 역량으로 인식하고 코칭 실습 등을 통해 현장에서 코칭을 어떻게 활용할 수 있는지를 보여주고 있다.

## B. 원자력 안전문화 증진과 코칭

위계질서가 강한 권위적인 조직일수록 소통이 일방적이고 부하직원이 상사에게 문제 제기를 자유롭게 할 수 없어 문제를 능동적으로 도출하여 해결하기보다는 문제를 노출하지 않거나 축소하는 것을 자주 보게 된다. 이것이 원전 조직문화 측면에서 볼 때, 원자력 안전문화를 위협하는 큰 위해 요소임을 지적한 바 있다. 필자가 코칭을 공부하다 보니 원자력 안전문화가 건전한 조직문화로 견고히 뿌리를 내리기 위해서는 원전에 근무하는 리더들이 코칭을 통해 부하직원들을 진심으로 존중하고 적극적인 경청으로 소통하며 그들을 핵심 업무에 몰입할 수 있도록 동기부여를 해야 함을 깨닫게 되었다. 필자는 코칭이 상호 신뢰와 열린 소통을 전제로 시작되어야 하므로 경직된 조직문화를 개선하는 데 효과가 있고 궁극적으로 원자력 안전문화 증진에 크게 기여할 것으로 본다.

## C. 리더십 스타일의 시대적 변화 요구와 코칭

최근 원전 소(실)장 리더십 교육에서 케이스 스타디(Case Study) 발표주제로 가장 많이 등장하는 것이 젊은 MZ세대와의 소통 문제이다. 필자는 이러한 현상에 대해 원전 경영 리더들이 MZ세대가 특이하다고 생각해서는 안 되며 자연스러운 현상으로 받아들여야 한다고 본다. 왜냐하면 원전 소(실)장들이 지금까지 본인이 알고 있거나 회사에서 선배들로부터 배워온 대로 이들과 소통할 때 전혀 통하지 않기 때문이다. 현재 원전 소(실)장, 부장들이 직원 시절에는 대체로 상사가 지시하면 무리하다고 생각하는 것조차도 별로 토를 달지 않고 충실하게 그 지시를 수행해 왔으나 이것을 완전히 다른 환경하에서 자란 젊은 MZ세대에게는 더 이상 요구할 수 없게 되었다. 리더들이 이들에 대해 충분한 이해가 부족하여 슬기롭게 대처하지 못하고 자기 방식대로 이끌려고 할 때는 더 큰 어려움에 직면하게 된다. 결국 현재 원전 리더들이 자신의 리더십 스타일을 반성해보고 필요하다면 바꾸어야 한다.

필자는 코칭 리더십이 이에 대한 최상의 해결책이라고 본다. 왜냐하면 코칭은 상대방을 특별한 개인으로 인정하고 상호 평등한 입장에서 열린 소통을 전제로 하며 상대방 존재 자체를 존중하는 자세를 갖기 때문이다. 코칭이 추구하는 소통방식이 현재 젊은 MZ세대가 직장 상사와 선배들에게 강렬히 원하는 소통 방식과 같은 방향과 노선이므로 원전 주요 리더들에게 본인과 조직 구성원의 코칭 리더십 역량개발을 적극적으로 추천한다. 실제 국내 대표적인 기업인 삼성전자, LG전자, SK이노베이션 등에는 사내에 코칭 전담 조직과 인증된 사내 코치를 양성하여 활용함으로써 개인과 조직의 성장은 물론 건전한 조직문화 조성에 크게 기여하고 있다.

리더는 원전 운영을 둘러싼 환경 중에서 가장 영향력이 큰 규제환경에 대한 정확한 이해가
우선 필요하다. 그러기 위해 원전 규제 내용이 무엇인지를 명확하게 이해하고 업무수행 과
정에서 이를 자연스레 고려할 줄 아는 지혜가 필요하다.

Chapte V

# 원전 조직문화의
# 변화와
# 리더의 고충

原子力
發電所
Coaching
Leadership

# 01 _ 원전 조직문화 변화 추이

## 1. 원전 조직문화 변화 추이

| 과 거 | 현 재 | 미 래 |
|:---:|:---:|:---:|
| 위계질서 분명 | 위계질서 흔들림 | 팀플레이 |
| 수평적 협력 보통 | 수평적 협력 취약 | 수평적 협력 강화 |
| 결과 중심 | 결과 중심 | 과정 중심 |

### A. 과거에는?

외국으로부터 원자력을 배우면서 건설과 운영하는 초기 단계에서는 외국의 업무 프로세스를 중심으로 사용하다 보니 업무 프로세스 중에 문제가 있으면 관련 외국 회사에 자문, 조치 받을 수 있었다. 정부나 규제기관도 외국의 의견과 설명을 인정하고 공감할 수밖에 없는 시기이다. 수평적 협력도 어느 정도 조정할 수 있는 이유는 위계질서가 분명하기 때문에 모두 따랐다. 이때 위계질서는 인정받은 외국 회사의 전문성과 보다 많은 지적 수준에 따라 형성되었다.

리더의 경험이 구성원의 경험보다 많았기 때문에 구성원은 자연스레 리더에게 배운다는 입장을 취하게 되었다. 과정을 인정받기보다는 결과 중심으로 갈 수밖에 없었고 결과가 좋으면 과정상 모든 것이 이해되고 용서되는 시기였다. 원자력 건설이나 운영 부분에서 좋은 결과를 기대하는 것이 쉽지 않은 상황이었기 때문에 준공되거나 무고장 운전을 성취하면 국가나 사회적으로 인정받고 칭송받았다.

거시적으로도 원전 건설과 운영에 대한 국산화를 위해 법 제정까지 하면서 국가적으로 관심과 지원을 아끼지 않아 관련 조직이 서로 배우는 입장에서 수평적 협력이 어느 정도 이루어진 시기로 볼 수 있다.

B. 현재는?

한국형 원자력발전소가 성공적으로 건설되고 가동하면서 UAE 수출까지 하게 됨에 따라 원전에 대한 이해도와 기술력은 안정화되었으나 체르노빌 및 후쿠시마 사고 이후 에너지 안보 측면에서의 원자력의 역할이 축소되거나 저평가되기 시작했고 원전 안정성 부분이 사회적으로 부각됨에 따라 기술적 측면에서의 안정성보다는 심리적 측면에서의 안정성에 초점을 맞추기 시작하였다. 이에 따라 규제기관의 역할도 사회적 영향뿐만 아니라 정치적 영향까지 가미됨에 따라 편향성을 갖기도 하였다.

원자력운영과 관련하여 중요한 의사결정을 하는 원자력안전위원회의 위원 구성을 살펴보면 짐작할 수 있다. 지식과 전문성에 기반을 둔 위계질서가 흔들리기 시작하고 고장과 사고를 구분하지 않고 누가 잘못했는지에 더 비중을 두고 따지는 규제환경에 영향을 받다 보니 수평적 협력이 취약해지고 조직 간의 벽은 더 높아지면서 보신주의로 조직문화의 색깔이 바뀌어 버렸다. 그러다 보니 결과 중심의 시각에서 과정을 해석하고 판단하는 문화가 형성되어 버린 상황이라고 생각한다.

## C. 미래는?

UAE 원전 수출을 통해 세계로부터 인정받은 원전 건설이 답보상태로 갈 가능성이 많은 시점에 원전 운영도 세계로부터 인정받아야 하는 숙제가 생겼다고 생각한다. 원전 운영은 한수원의 운영시스템뿐만 아니라 규제환경도 매우 중요한 축으로 연동되므로 함께 고려되어야 한다.

우리나라의 모델로 건설한 UAE에서 우리나라의 원전 운영시스템을 선택하지 않은 것에 대한 객관적 성찰이 있어야 한다. 수출을 목적으로 하지 않더라도 현재의 원전 운영시스템을 얼마나 지속시킬 수 있는가에 대한 자문자답 형식의 고민을 시작해야 한다고 생각한다. 위계질서의 흔들림을 바로잡고 국가와 사회로부터 인정과 신뢰를 재구축하기 위해서는 팀플레이 문화를 재정립해야 한다.

목표를 향해 정렬(Alignment)이 자연스럽게 이루어지고, 과거 원전 운영을 위한 구성원으로서 기본적인 자격을 갖추기 위해 실무경험 10년 정도는 되어야 한다는 생각에서 벗어나 2~3년 만에 톱니바퀴 역할을 할 수 있는 직무교육 및 리더십 교육을 심화할 필요가 있다. 원전 운영 구성원 모두가 리더가 되고 누가 리더 역할을 하더라도 구성원 각자가 리더의 역할을 이해하고 공감하면서 각자 자신에게 주어진 일에 대한 전문성을 스스로 강화하는 조직문화를 기반으로 해야 성공할 수 있다고 생각한다.

특히 MZ세대가 원전 운영의 핵심 인력으로 전환되는 지금, 시기적으로 늦은 감이 없지 않지만, 늘 빠른 시간 안에 리스크를 극복하는 저력이 있는 한수원의 전통문화를 고려할 때 충분히 업그레이드시킬 수 있다고 생각한다. 만약 이에 대한 대응을 주저하거나 미룬다면 다시 한번 외부로부터 수술을 강요당하는 현상이 올 수도 있음을 염두에 두어야 한다.

따라서 MZ세대를 중심으로 원전 운영의 현 위치를 자각하고 나아가야 할 방향을 공유하며 그 과정에서 어떻게 실천할 것인지를 같이 고민한다면 자연스레 팀플레이가 이루어지고 수평적 협력 강화도 저절로 구현될 것이다. 결과 중심보다는 과정 중심의 업무 시스템이 구축되어 성공사례, 실패 사례 등을 통해 점차 성장하고 발전해가는 원전 운영시스템을 조속한 시일 내 완성도 높게 재구축하여 국제적으로 인정받는 시스템을 후대에 물려주어야 한다고 생각한다. 왜냐하면 실천의 중심에는 MZ세대가 다수 연계되어 있고 시간이 갈수록 그들의 입지가 높아지므로 그들의 공감을 얻지 않고는 피상적인 구호에 그칠 가능성이 크기 때문이다.

## 02 _ 원전 환경에 대처하는 리더의 고민

리더는 원전 운영을 둘러싼 환경 중에서 가장 영향력이 큰 규제환경에 대한 정확한 이해가 우선 필요하다. 그러기 위해 원전 규제 내용이 무엇인지를 명확하게 이해하고 업무수행 과정에서 이를 자연스레 고려할 줄 아는 지혜가 필요하다. 규제조항 문구마다 그 나름의 가슴아픈 의미와 슬픈 역사가 있다. 발생한 문제에 대한 대책 중 하나로 그러한 문제가 재발하지 않도록 사전에 통제하기 위해 만들어져 누적되어온 규제의 역사적 배경을 이해하면서 규제가 원하는 방향을 준수하되 업무 진행에 걸림 없는 방안을 찾고 실행한다는 자세가 필요하다고 생각한다.

나아가 각 규제가 만들어진 시대적 상황과 여건을 고려할 때 현재 상황에서는 무의미한 규제요건들은 과감히 없애고 새로운 환경에서 필요하다고 생각되는 규제는 이해 당사자들의 입장을 고려한 충분한 협의를 바탕으로 개선해야 한다고 생각한다.

또한 규제 적용과정에서 발생할 수 있는 문제는 규제 담당자의 자의적 해석이 가미되어 합리적이거나 객관적이지 않은 규제로 변질되어 통제될 때,

원전 종사자는 큰 벽에 부딪힌 느낌을 갖는다. 규제 담당자의 해석상 문제이지만 쉽게 극복되지 않는 경우가 종종 있다. 이 경우 원전 종사자는 인내심을 갖고 규제 담당자와 합리적 결론에 도달할 때까지 소통하는 환경을 조성할 필요가 있다. 리더의 역할이 필요하다. 때로는 원전 종사자의 대표로 때로는 조정자로서 합리적 규제가 이루어질 수 있도록 다각적으로 노력해야 한다. 이때 중요한 것은 문제 자체에 집중해야지 상대자의 인성, 역량, 성격, 스타일, 학력, 경력 등을 끌고 와 문제를 해석하고 해결하려 하면 더 큰 장애요인을 만들고 부담해야 하는 상황으로 가는 우를 범하기 쉽다.

리더는 원전 종사자의 입장을 설명하려고 노력하기보다는 규제 담당자가 무엇을 걱정하는지, 무엇을 원하는지에 초점을 맞추어 소통하며 그 왜곡된 통제 요구가 현실에서 사회적으로 어떤 부담을 갖게 되는지, 그런 부담을 져야 할 가치가 있는 것인지 등을 솔직하고 담담하게 전달할 줄 아는 역량도 가진다면 의외로 서로 성장하는 계기가 될 수도 있다.

원전에 대한 의사결정은 사회적으로 이해하기 어렵고 사실과 다르게 해석되거나 오류를 범하기 쉬운 프레임을 갖고 있다. 예를 들어 원전 건설은 부지 정지까지 포함하면 약 10년이 걸린다. 이는 원전 건설을 위해 사회적 공감대 및 인프라를 구축하는 데 많은 시간이 걸리는 구조이다. 10년 후의 사회적 상황을 고려하여 지금 의사결정을 해야 한다.

옛날 전력산업구조개편으로 발전사업이 한전에서 물적 분할되기 전 이야기이다. 매년 국정감사를 받는데 한 국회의원이 전력 예비율이 높은 점을 지적하며 과도한 발전소 건설로 예산을 낭비하고 있고, 특히 대용량의 원전을 2~3년에 하나씩 건설하는 장기 전력 수급 계획을 변경하여 발전소 건설을 축소하라고 질타했다. 다음 해 국정감사에서 동일한 국회의원이 역시 동일한 한전 사장에게 이상 기후로 전력피크가 올라가 전력 예비율에 여유가 없다면서 왜 발전소를 좀 더 많이 짓지 않고 있는지 질타하는 장면을 보고 허탈한 심정이 된 적이 있다. 이러한 모순에 대해 당사자들은 어떻게 인식하고 있는지, 사회에서는 어떻게 바라보고 있는지, 국민들은 어떤 식으로 이 상황을 받아들이고 있는지 아무 생각도 나지 않았다. 이는 그냥 흘러 지나가 버린 것이다. 불합리하고 황당한 주변 환경을 체험한 발전소 관련 직원들에게 마음의 상처만 남긴 채…

이 상황에서 리더는 직원들에게 당신들은 위험하고 중요한 설비를 운용하고 있으니 정신 차리고 매사에 만전을 기하라고, 그러면 인정받을 수 있다고 이야기할 수 있을까?


리더가 우려해야 하는 것은 원전 종사자들이 이러한 불합리하고 불편한 규제환경을 예로 들면서 그들의 의견이나 통제에 부정적 입장을 취하고 흘려들으며 자신만의 우물 안 사고를 고착시킬 위험에 빠질 수 있다는 점이다. 규제기관이나 주변 환경과의 거리감이 크면 클수록 원전 종사자들은 힘들어지고 존재 자체도 부정되는 상황이 도래할 우려가 있다는 점을 명시해야 한다.

규제가 원전 종사자를 대변하거나 보호하는 것은 아니지만 – 크게 보면 그럴 수도 있다. – 멀리하는 것은 더 위험하다. 같은 수레바퀴로 생각하고 함께 가야 하는 점을 부인해서는 안 될 것이다.

# 03 _ 카리스마와 변혁적 리더십

　　　　　　　　원전 조직에 일반화되어 있는 카리스마 리더십은
조직의 목표를 달성하기 위해 일사불란한 지시와 통제가 축을 이루며 업무의
효율성과 완성도를 높이고자 불가피하게 생성되었다. 리더는 비전보다는 목
표를 제시하고 달성 여부에 신경을 쓰며 과정에 대한 성찰이나 데이터 축적,
경험에 대한 평가 등에는 덜 신경 쓴다. 결과가 좋으면 과정에 대한 성찰 없
이 다음 목표를 제시한다. 직원들도 자신에게 부여된 임무에 대해 집중하며
연계성이나 관계성에 대해서는 자기방어적 무관심을 보이기도 한다. 무사안
일과 무탈이 최고의 가치인 양 주변을 오염시키기도 한다. 반대로 주어진 일
에 대해서는 직원을 격려하고 고무시키며 집중하도록 리더는 노력을 많이 한
다. 직원들과의 인간적인 관계를 맺으려고 노력하는 리더도 많은데 직원의
성장보다는 리더 자신에게 도움이 되는 범위 내에서 이루어지므로 조직문화
에 긍정적으로 미치는 영향은 크지 않다.

　카리스마 리더십에 익숙한 리더는 조직원들이 일사불란하게 지시에 잘 따
르고 문제 되는 부분은 알아서 잘 처리하기를 기대한다. 리더가 모든 일에 정

통하며 늘 문제에 대한 해답을 가지고 있다면 카리스마 리더십은 효율적으로 잘 작동한다. 조직원들도 리더에 대한 신뢰와 충성심을 갖고 리스크를 잘 대처해 나간다. 필요할 때마다 리더가 답을 주므로 충실히 따르기만 하면 된다. 그러나 만약 리더가 잘못 판단하거나 실수를 하게 되면 리더 자신뿐만 아니라 조직 전체가 그 대가를 치를 위험성이 있다. 리더의 오류를 바로잡거나 리더가 간과한 사항을 보완해 가지 못한다는 단점도 있다.

리스크가 예상되고 단순 반복적으로 이루어지는 업무라면 카리스마 리더십은 보다 효과적일 수 있다. 그러나 원전 운영은 후쿠시마 사태 이후 예상치 못한 리스크(unexpected risk)에 대해서도 대처해야 한다는 요구가 있는 현실을 감안한다면 리더뿐만 아니라 조직 구성원 개개인의 역할이 능동적으로 바뀌어야 하고, 리스크 예방뿐만 아니라 초동 조치에 대한 중요성도 커지고 있다. 예상하지 못한 사고에 대해 어떤 조치를 취하느냐는 사실 정답이 없다. 정답에 가까운 조치가 무엇인지를 상상해보고 피해를 최소화할 수 있는 예비적 준비를 다각적으로 할 수 있다. 안정성 측면에서 매뉴얼에 구체적으로 언급되지 않는 부분에 대해 설비가 아닌 사람이 어떻게 대응하느냐에 따라 그 결과는 많이 달라질 것으로 생각한다.

리더는 구성원 개개인이 각자 맡은 분야에 대한 전문성을 향상시켜 리스크에 대한 관리 능력을 높여야 함은 물론, 담당이 아니더라도 연계된 상황에 대해 유기적으로 대응할 수 있는 역량을 가져야 하는 상황으로 바뀌고 있다.

그래야 원전 안정성에 대한 사회적 신뢰를 높일 수 있다. 그런 점에서 MZ세대가 원전 운영의 하부구조를 담당하고 있는 현시점에서 카리스마 리더십보다는 변혁적 리더십이 요구되는 것은 당연하다고 생각한다.

# 04 _ 리더의 취약성

완벽한 사람은 없다. 누구나 취약성을 갖고 있다. 가능한 한 드러내지 않으려 하고 특이한 상황이 아니면 알아차리기 힘든 경우가 많다. 그러나 함께 지내다 보면 자연히 상대의 취약성을 알아차리게 되지만 본인에게 피드백을 주는 경우가 드물기 때문에 정작 당사자는 다른 사람들이 자신의 취약성을 잘 모를 것으로 생각하는 경우가 많다.

리더의 입장에서 자신의 취약성을 팀원들에게 의도적으로 인정하기 쉽지 않다. 왜냐하면 리더는 팀원들보다 우월적 위치에 있고 그에 걸맞게 행동해야 한다고 생각하므로 자신의 취약점을 드러내려 하지 않는다. 팀원들로부터 존중받아야 하는 위치인데 취약성 때문에 평가절하되거나 존중받지 못하면 리더십에 문제가 생긴다고 착각하는 경우가 종종 있다.

그러나 제대로 된 팀플레이를 끌어내려면 리더는 자신의 취약성을 활용하는 것이 오히려 득이 될 때가 더 많다. 리더의 취약성은 인간적인 접근을 가능하게 하고 리더의 부족한 부분을 팀원들이 자발적으로 보완하면서 리더와의 관계를 수직적 관계로 한정 짓지 않고 때론 수평적 관계로 바라볼 수 있기에 팀에 주어진 성과를 내는 데 긍정적으로 작용하는 경우가 적지 않다.

그럼에도 리더가 자신을 완벽한 사람으로 우월적인 위상을 견지하고자 하는 욕구 때문에 취약성이 많은 리더일수록 대인관계의 장벽을 두껍고 높게 세워 카리스마적 자세를 취함으로써 팀원과의 유대관계가 매끄럽지 않게 된다.

리더의 취약성이 조직의 약점이 되지 않으려면 리더는 우선 자신의 취약성이 무엇인지 정확히 알아야 한다. 스스로 인지하지 못하는 취약성이 조직 내에서 업무를 추진하는 과정에서나 팀플레이 하는 과정에 영향을 주어 경직성을 높이지만 정작 리더는 그것이 자신의 취약성 때문인지 인식하지 못할 때도 있기 때문이다. 코칭을 통해 자신의 취약성이 무엇인지 스스로 인식하고, 주변으로부터 의도하지 않지만 노출되는 취약성이 어떤 것들이 있는지 성찰할 필요가 있다.

다음 단계로 리더는 의도하든 의도하지 않든 자신의 취약성이 노출되었다고 느꼈을 때, 바로 인정하는 모습이 요구된다. 그러기 위해서는 용기가 필요하고 연습이 필요하다. 자신의 취약성을 인정하는 것이 마치 자신이 별 볼 일 없는 사람이라고 고백하는 느낌이 들게 한다. 마치 실수나 잘못을 하고 용서를 비는 정도의 마음속 갈등을 갖게 한다. 그러나 리더가 생각하는 만큼 리더의 취약성에 대해 주변에서 심각하게 생각하거나 평가절하하지 않는다. 자신의 취약성을 인정하는 리더에 대한 평가는 오히려 쿨한 리더, 용기 있는 리더, 인간다운 모습의 리더로 인식하는 경우가 더 많다.

스스로 부족함이 없고 우월하다는 기준을 리더 스스로 정하고 있는 한 리더는 취약성을 드러내지도 않고, 간혹 어쩔 수 없이 드러난 취약성은 교묘히 왜곡시켜 희석하려는 모습은 리더에 대한 신뢰를 떨어뜨릴 뿐만 아니라 믿고 따르기 힘든 리더로 각인될 우려도 있다는 사실을 생각해 보아야 한다.

드러난 리더의 취약성을 인정한다고 해서 끝난 것은 아니다. 조직 내에서 그것이 어떻게 작용하고, 팀원들이 어떻게 인식하는지 점검하고 확인해보아야 한다. 그 취약성으로 인하여 발생할 것으로 예상되거나 발생한 리스크는 적극적이고 적절하게 대처하여야 하고, 그 과정에서 누군가의 도움을 받았으면 이에 대한 감사와 칭찬이라는 보상까지 염두에 두어야 한다.

리더의 취약성을 보완하는 능력이 있는 팀원과 함께 한다는 것은 리더에게 복이다. 그 팀원은 그 능력을 공식적으로 인정받고 보상받는 다면 팀플레이에 더 적극적으로 참여할 뿐만 아니라 리더가 간과한 사항들을 알아서 챙기는 것에 보람을 느끼고 진정성 있게 팀플레이를 할 것이다. 그러면 리더의 취약성이 설사 노출되더라도 조직문화에 리스크로 작용하지 않을뿐더러 목표 달성에 장애 요소로 작용하지 않기 때문에 리더는 좀 더 적극적인 리더십을 발휘할 수 있게 된다. 현재 함께 일하고 있는 리더의 취약성에 대한 그룹 코칭을 시도해 보는 것도 좋은 솔루션이라 생각한다.

# 05 _ 심리적 안전감(Psychological Safety)

　　　　　　　리더는 조직 구성원들이 심리적으로 안전하다는 분위기를 조성할 책임이 있다. 특히 업무 수행과정에서 구성원들이 자유롭게 자신의 의사를 표방하고 함께 미션을 놓고 고민하면서 각자의 역할뿐만 아니라 다른 직원의 상황을 이해하고 지원하거나 격려하는 모습을 보인다면 그 조직은 성과도 높고 성취감도 함께 공유할 수 있다.

　하버드대 교수이며 『두려움 없는 조직』의 저자인 에이미 에드먼슨은 병원 간호팀에서 발생하는 의료과실에 대한 발생 원인을 연구한 적이 있다. 결과는 의외였다. 업무성과가 높고 리더십과 팀워크가 좋은 간호팀에서 그렇지 않은 팀보다 더 많은 업무 실수가 발생한 것으로 나타났다.

　그 이유는 심리적 안전감 때문이다. 리더가 기꺼이 위험을 감수하고 실패를 용인할 때 심리적 안전감이 높고 팀원들도 위험과 실패에 대담하게 대응하도록 해준다. 심리적 안전감이 높은 조직은 업무 실수가 발생하더라도 바로 투명하게 보고하고 같은 실수가 되풀이되는 것을 예방하기 위한 논의를 했다고 한다. (p234, 리더를 위한 멘탈수업, 윤대현, 장은지)

반면 리더십과 팀워크가 좋지 않은 팀이 업무 실수가 낮게 나온 것은 업무 실수가 적었던 것이 아니라 리더의 비난과 질책이 두려워 업무 실수를 숨기고 보고하는 것을 꺼렸기 때문이다. 조직의 심리적 안전감이 낮아 리더나 조직이 자신을 보호해주지 않는다는 생각에 사소한 업무 실수도 재발 우려가 큰, 혹은 더 큰 문제로 발생할 가능성을 알면서도 모른 채 은폐하여 자신이 노출되고 비난과 질책의 대상이 되는 것을 회피한다.

원전 운영에 있어 운영조직이 심리적 안전감을 찾으려면 리더는 어떤 역할을 해야 하는가? 원전 운영을 둘러싼 외부 환경은 리더 자신도 심리적 안전감을 찾기 힘들게 조성되어 있다. 규제기관뿐만 아니라 언론, 지역주민, 각종 환경단체로부터 집중 관심과 감시를 받고 있는 상황에서 안전감을 느끼면서 일을 하라는 것이 모순일 수도 있다. 리더 자신부터 심리적 안전감을 찾기 위한 방안을 갖고 있어야 한다. 우선 자신이 추구하는 가치가 무엇인지, 어떤 마음으로 일을 하는지, 자신과 조직의 성장을 위해 어떤 도덕적 기준을 갖고 있어야 하는지 분명한 리더십이 정립되어야 한다. 그래야 리더로서 위험을 감수할 힘이 생기고 조직에서 발생하는 실수나 실패에 대해 객관적으로 인정하고 재발하지 않도록 대책을 강구하는 듬직한 모습을 보여야 한다.

다음으로 구성원들이 심리적 안전감을 갖도록 많은 소통과 신뢰 관계를 구축해야 한다. 감당할 만한 실수가 있었을 때 리더가 어떤 태도를 취하느냐는 구성원들에게 많은 암시를 준다. 예를 들어 별로 중요하지 않은 문서의 오탈자를 발견했을 때 리더는 그 직원이 더 큰 실수를 할 수 있다고 예단을 하고 이를 바로잡아 주는 것이 리더의 역할이라 생각하며 크게 질책하는 경우가 있다. 혹은 작은 실수에 크게 반응함으로써 다른 조직 구성원들에게도 리더는 작은 실수도 용납하지 않으니 더 큰 실수를 해서는 안 되겠다는 마음을 조직 구성원들에게 전달하고 싶은 마음도 있을 수 있다.

그러나 이것은 리더의 착각이다. 구성원은 그 경우 '이 정도 실수 가지고 왜 리더가 저렇게 질책을 하지? 무엇인가 다른 이유가 있을 거야. 아니면 리더가 너무 보수적이거나 마음이 좁쌀이거나…' 등등 리더의 짐작과는 다른 조직 분위기로 바뀌기 쉽다.

리더는 이런 분위기를 원하는 것은 아닐 것이다. 내가 실수하거나 잘못하더라도 리더가 나를 보호해 줄 거야, 내 능력 혹은 역량을 의심하거나 평가절하하지 않을 거야 등의 심리적 안전감을 갖게 해 준다면 그 조직의 건전성은 높아지고 장기적으로 실수나 실패를 줄이고 성과를 높이며 더 난이도가 높은 목표도 달성할 수 있는 역량을 갖게 될 것이다.

실수나 문제가 발생했을 때 리더가 코칭 리더십을 발휘한다면 한결 쉽게 원하는 방향으로 조직을 이끌고 나갈 수가 있다. 실수를 한 직원에 대한 판단과 평가, 질책을 우선하지 않고 리더가 그 실수가 왜 발생했는지 어떻게 수습할 수 있는지 그 영향을 어떻게 최소화할 수 있는지, 다시 그런 실수를 하지 않으려면 어떻게 해야 하는지와 같은 코칭 질문을 통해 직원에게 다가간다면 직원도 사람에 대한 비난이 아니라 행동에 대한 교정 차원에서 바라보기 때문에 숨김없이 실수했던 그 상황을 떠올릴 것이고 이에 대한 적절한 대응 방안도 스스로 강구할 것으로 믿는다. 이를 통해 리더가 직원의 존재가 아닌 직원의 잘못된 행동의 결과에 대해 분석하고 판단하므로 직원 자신을 믿는다는 느낌을 줄 수 있고 심리적 안전감을 가질 수 있다고 생각한다.

# 06 _ 무능하다고 생각되는 상사와 일하고 있다면?

무능한 상사는 없다. 부분적으로 부족한 상사는 많다. 이때 필요한 것이 팔로워십이다. 리더십만 강조하다 보니 팔로워십에 대한 이해가 부족한 것이 현실이다. 일반적 의미에서 본다면 팔로워는 리더와 함께 일하는 사람 또는 리더를 따르는 사람이다. 팔로워십은 돕다, 후원하다는 뜻을 가진 독일어 follaziohan에서 유래하였다. 유능한 팔로워의 자질은 헌신, 전문성과 집중력, 용기, 정직성과 올바른 평가라 할 수 있는데 자기가 하고 있는 일에 프로의식을 갖고 있으며 조직발전을 위해 헌신하는 사람이 유능한 팔로워이다.

| 구분 | 켈리(1992) | 샬레(1995) | 켈러만(2007) |
|---|---|---|---|
| 높음<br>↑<br>조직<br>필요도<br>↓<br>낮음 | 모범형(exemplary) | 파트너(partner) | 활동형(activity) |
| | 실무형(pragmatist) | 실행자(implement)<br>개인주의자(individual) | 참여형(participant) |
| | 순응형(comformist)<br>소외형(alienated)<br>수동형(passive) | 의지자(recourse) | 방관자형(bystander)<br>저항형(diehard)<br>고립형(isolate) |

(송영수, 『리더가 답이다』, 크레듀하우, 2014, p.155)

회사는 선택할 수 있어도 상사를 선택하는 경우는 그리 많지 않다. 늘 마음에 맞는 상사와 일하는 것이 복이지만 돌이켜보면 그런 상황은 드물다. 설사 내가 선택한 상사와 함께 일하게 되더라도 상황에 따라 내가 예상했던 만큼 즐겁지 않은 경우도 있었다. 하지만 어떤 상사든 상사와 함께 어떻게 조화를 이루어 원하는 성과를 거두느냐는 스스로 선택할 수 있다.

카네기멜론대학의 로버트 켈리 교수는 자기 주도성과 조직 헌신도의 정도에 따라 다섯 가지 팔로워 유형을 제시하였다. 수동형(5~10%)은 시키는 일만 하는 복지부동형이다. 소외형(15~20%)은 전문성은 있지만 매사 비판적이고 업무는 소극적이다. 이 유형은 상사와 갈등을 많이 일으키는데 보통 리더의 관심 부족으로 생긴다. 인정에 대한 욕구가 높은 경우가 많다.

순응형(20~30%)은 한마디로 '예스맨' 이다. 지나칠 만큼 리더의 판단에 의존하며 복종적이나 맡기면 독립적으로 일을 잘 못 하는 경향이 있다. 팔로워 중 가장 큰 비중을 차지하는 실무형(25~35%)은 욕먹지 않을 만큼만 일한다. 고과에 특히 신경을 쓰며 상사와 대립하지 않는 선에서 지시받은 일을 적당히 끝내는 유형이다.

모범형은 리더나 조직으로부터 독립성이 강하다. 본인 일에 대한 프로의식을 갖고 있으며 혁신적이고 독창적이다. 건설적 비판과 대안을 제시할 줄 알며 리더의 파트너나 동지가 될 수도 있어 리더가 가장 선호하는 팔로워이다. 리더는 함께하는 구성원들이 모범형으로 일하고 파트너로서 활동적이기를 원한다.

그러나 현실에서는 리더가 팔로워들을 순응형이나 소외형, 의지자 또는 개인주의자, 고립형이나 저항형, 특히 방관자형으로 만드는 분위기를 조성하는 경우가 많다. 권한과 책임을 함께 위임해야 하는데 책임만 지우는 경우도 있고 어느 수준에 이르기 전까지 기다려주거나 적정한 지원을 해야 하는데 직원의 부족함을 질타하거나 무관심하면서 성과 내기만 바라는 경우도 많다. 팔로워 스스로도 수동형이나 소외형 혹은 순응형에 머무르지 말고 모범형이 되어 조직 내 인정받고 리더로서의 자질을 갈고 닦는 연습을 해야 한다. 왜냐하면 리더의 역할을 해야 할 시기가 멀지 않기 때문이다.

팀플레이는 누가 부족하고 누가 유능한가를 따지면서 운영되는 것이 아니라 서로 부족한 부분을 언제, 어떤 방식으로 메우면서 조직 전체의 수준을 높이고 서로 존중하고 신뢰하는 조직문화를 만드느냐가 중요한 관건이다. 그런 점에서 일견 상사가 무능해 보이더라도 그 부분을 누가 어떻게 보완할 수 있는지 함께 고민해야 한다. 상사의 장점을 인지하여 부각할 수 있도록 팔로워로서 파트너십을 갖고 상사를 대한다면 팔로워나 상사 모두 함께 일하는 것이 즐거울 수 있을 것이다.

그런 점에서 그룹 코칭을 통해 팀 목표를 명확히 하고 상사를 포함한 구성원들의 장단점을 도출하여 목표를 향해가는 과정에서 각자의 역할과 감당해야 하는 리스크를 공유한다면 수동형이나 소외형이 줄어들고 모범형 역할을 하는 팔로워 비중이 높아질 것으로 생각된다.

# 07 _ 당신의 롤(Role)모델은 누구인가?

이 질문에 쉽게 대답하는 사람은 자기 존재감과 회복 탄력성이 좋은 사람이다. 표상이 있어서 따라 하려고 스스로 노력하기 때문에 성취감도 높고 리스크에도 강하다. 어떤 문제에 봉착하면 롤 모델을 떠올리고 '그 분이라면 어떻게 할까?' 라는 자문과 함께 대응책을 찾기 시작하기 때문이다. 롤 모델이 없는 사람은 어찌할 바를 모르며 갈팡질팡하면서 시간을 헛되이 보내는 경우가 많아 골든 타임을 놓치기 쉽다. 당신의 롤 모델은 누구인가? 꼭 한 사람일 필요는 없다. 상황에 맞는 여러 명의 롤 모델이 있어도 나쁘지 않다고 생각한다. 만약 이 질문에 주저하거나 없다고 대답한다면 자신을 다시 한 번 고찰해보기를 권고한다.

미국에서 실시한 조사에 따르면 롤 모델이 가족 구성원이라고 답한 사람이 가장 많았으며 그 다음은 직장 상사(business leader)였다고 한다.

〈제임스M.쿠제스, 베리Z.포스너〉

| 과 거 | 18~30세 | 30세 이상 |
|---|---|---|
| 가족 구성원 | 40 | 46 |
| 교사 또는 코치 | 26 | 14 |
| 지역사회 지도자 | 11 | 8 |
| 직장 상사 | 7 | 23 |
| 전문 운동선수 | 3 | 0 |
| 엔터테이너 | 2 | 0 |

(송영수, 『리더가 답이다』, 크레듀하우, 2014, p.103)

위 조사에 따르면 나이와 관계없이 가족 구성원을 롤 모델로 삼고 있는 경우가 가장 많다. 30세 이하는 교수나 코치, 지역사회 지도자 등 순으로 직장 상사가 뒤처져 있지만 30세 이상에서는 가족 구성원 다음으로 직장 상사를 롤 모델로 삼고 있다. 즉 부모님을 제외하면 나이가 들수록 직장 상사가 개인의 성장에 가장 영향을 많이 끼친다고 볼 수 있다. 30세 이상에는 롤 모델로서 전문 운동선수나 엔터테이너를 선택한 경우는 없다는 것도 재미있는 시사점이다.

나이가 들고 회사 생활에 익숙해질수록 직장 상사의 영향력이 알게 모르게 커진다. 관리자 8만 명을 대상으로 한 최근 조사에 따르면 직원들은 회사보다는 실제 근무하는 팀이나 현장으로부터 더 큰 영향력을 받으며 회사의 정책이나 방침보다는 직속 상사의 말이나 행동에 더 큰 영향을 받는다. 예를 들어 팀장이 회의를 다녀온 후 팀 회의를 소집하여 경영혁신에 회사의 사활이 달려있다고 이야기하면 팀원들은 경영혁신을 중요하게 생각하고 고민한다. 반면에 팀장이 회사가 경영혁신을 추진한다는 것을 3자적 입장에서 남의 이야기하듯이 전달하면 팀원들도 경영혁신을 중요하게 생각하지 않고 흘려 듣는다. 공연히 현장 일도 바쁜데 피곤하게 한다고 오히려 부정적 인식을 갖게 되는 경우도 있다. 이는 팀원의 잘못이 아니라 팀장의 잘못이고 책임이다.

직원 입장에서 어떤 상사가 함께 일하기 어려운 유형이라고 생각하는가?
• 독단적이거나 권위적인 상사
• 업무능력이 떨어지는 상사
• 완벽주의 상사

약 32%가 독단적이거나 권위적인 상사를 함께 하기 어려운 상사로 뽑았으며 26%가 업무능력이 떨어지는 상사를 꼽았다. (송영수, 『리더가 답이다』, 크레듀하우, 2014, p.104)

독단적이고 권위적이라는 것은 소통이 안 되고 있으며 팀플레이가 이루어지지 않고 있다는 것을 의미한다. 업무능력이 떨어지는 상사에 대한 비중이 의외로 높은 것도 관심을 가질 필요가 있다. 즉 팀원 입장에서 상사가 업무능력이 떨어지면 팀에 부과된 목표를 달성하는 데 어려움이 크다는 것도 의미하지만 대화가 정상적으로 이루어지지 않는 다는 점도 내포하고 있다고 봐야한다. 기본적인 업무에 대한 지식과 역량이 없으면 업무 목적의 대화가 원활하지 않으며 오해나 편견이 생기고, 장황한 설명이 부가되면 서로 힘들어진다. 리더는 자신이 맡은 업무에 대한 전문성과 통찰력을 빠른 시간 내 최소한 팀원들과 소통할 수 있는 수준까지 올려야 한다는 것도 유념해야 한다.

# 08 _ 존경받는 리더가 되고 싶다면?

10년간 사회적으로 영향력 있는 유명 인사 200명을 인터뷰한 결과 존경할만한 인생 선배들의 공통점을 발견한 야마다 레이지는 『어른의 의무』라는 책에서 3가지 의무를 제시했다.

- 불평하지 않기
- 잘난 척하지 않기
- 기분 좋은 상태 유지하기

리더는 의외로 팀원들에게 공식 혹은 비공식 자리에서 불평을 많이 한다. 본인은 잘해보고 싶은데 이러저러한 조직 내적 또는 외적 부분에 대한 여건이 여의치 않음을 불평하며 자신을 방어하려는 기제가 작동된다.

이는 사실 여부를 떠나 조직 구성원에게 부정적 영향을 준다. 리더에 대한 신뢰감이나 든든함에도 좋지 않은 인식을 갖게 한다. 리더가 방어기제 화법을 쓰다 보면 구성원의 부족한 부분이나 선택의 기로에서 고민하는 팀원에게, 적극적 조언이나 충고를 요청받지 않았는데도, 과도하게 하는 경우가 있다. 리더의 마음속에는 상대를 위해서라는 배려심의 발로라고 자평하겠지만 듣는 사람 입장에서는 조언이나 충고에 대한 감사보다는 지루함과 짜증을 유발하고 리더와 함께 고민하는 시간을 갖지 않으려 한다. 배고프다고 먹고 싶은 대로 다 먹어버리면 비만이 되듯이, 본능에 충실해 지나친 잔소리를 하게 되면 후배들은 물론 자기 자신에게도 부정적인 영향을 줄 수 있어 스스로 경계할 필요가 있다. (윤대현/장은지, 『리더를 위한 멘탈수업』, p327)

"잘난 척하지 않기"는 상대적이다. 리더는 스스로 잘난 척하려고 의도하지 않았지만 결과적으로 잘난 척이 되는 경우도 흔하다. '나 때는 말이야' 라는 시작이 듣는 사람에게는 잘난 척으로 비치기 십상이므로 주의해야 한다. 잘난 척하는 이유는 마음에 열등감이 존재하고 열등감을 위로받기 위해서라는 관점도 있다. 잘난 것과 잘난 척하는 것의 차이는 리더의 주관적 판단이 아닌 듣는 사람의 기준에서 판단해야 하므로 겸손한 자세를 유지하는 것이 중요하다.

"기분 좋은 상태 유지하기"가 위의 두 가지 보다 가장 어려운 일인 것 같다. 주변 사람들에게 늘 기분 좋은 상태를 보이는 것은 리더가 긍정적 마인드를 가져야 가능한데 기복이 심한 삶의 궤적 속에서 일정 수준 긍정 마인드를 유지하는 것이 현실적으로 가능한가라는 의문이 생긴다.

만약 늘 기분 좋은 인상으로 나를 대하는 사람이 내 옆에 있다면 기분이 어떻겠는가? 그런 사람과 항상 함께하고 싶지 않을까? 리더는 조직을 이끄는 사람으로 조직의 분위기를 긍정적으로 조성할 책임이 있으므로 자신부터 긍정 마인드를 가지려고 노력해야 하고, 기분 좋은 상태를 유지하여 주변에 선한 영향력을 행사하여야 할 책임이 있다고 본다. 의식하지 않지만 상대에게 미소를 머금은 표정으로 편안함을 주는 모습을 상상해보라. 주변에 그런 느낌을 주는 사람이 분명 있을 것이다. 어쩌면 본인도 그 모습을 갖기 위해 거울을 보고 연습해 본 경험이 있지 않은가? 과거에 실패한 경험이 있더라도 다시 한번 시도해 보자. 거울에 비친 당신의 모습에서 떠오르는 색깔은 무엇인가? 지속적인 코칭을 통해 자신을 돌아보고 마음가짐을 다진다면 지금보다는 좀 더 나은 미래의 리더가 될 수 있지 않을까?

# 09 _ 발전설비(Plant)보다 사람(People)에 관심을 가져야 할 때

원전 운영 리더들은 설비에 초점을 두고 자신의 역량을 집중시켜왔다. 설비가 잘못되면 어쩌나 하며 마음졸이며 지낸다. 특히 발전소 정지에 대한 트라우마를 늘 가슴 한 쪽에 담고 지낸다. 과거 어느 분이 발전소장이 된 지 얼마 되지 않은 시점에 새벽 2시에 전화벨이 울렸다. 깨는 순간 가슴이 덜컹 내려앉으면서 걱정과 초조감으로 선뜻 전화를 받지 못했다고 한다. 발전소에 얼마나 큰 문제가 생겼기에 이 야심한 시간에 발전소장에게 전화를 한 것인지 불안함을 애써 누르며 수화기를 들었다. "주차된 차 좀 빼주세요."라는 신경질적인 목소리에도 불구하고 자기도 모르게 "감사합니다. 감사합니다."라고 답하며 옷을 걸쳐 입고 씩씩하게 대문을 열고 나서는 자신을 보며 웃음이 나왔다고 했다.

늘 발전소 설비가 무탈하게 잘 작동되는 것이 근무 중 최고의 가치였다고 회고하는 선배의 이야기에 크게 공감한 적이 있다. 그만큼 발전소 운영을 책임지고 있는 리더의 관심은 온통 설비에 있는데 그것은 당연하다고 생각한다. 그러다 보니 발전소 근무 직원도 설비의 한 부분으로 취급하는 리더가 가끔 있는 것도 현실이다.

　기능적인 차원의 발전소 운영에서 경영적 차원의 발전소 운영으로 전환하기 위해서는 리더가 사람에 초점을 맞추는 재정렬이 필요하다고 생각한다. 설비가 중심이 되고 사람이 수단이 되는 리더십에서는 직원을 기능적 부품 취급하므로 낮은 차원의 조직문화가 형성되어 리더는 최선을 다해 노력함에도 결과적으로는 리더의 책임만 커지는 현상으로 나타난다.

　소(실)장뿐만 아니라 부장들도 설비보다는 사람에 관심을 두어야 하고, 조직에 맞는 분위기를 창출하고 지속적으로 유지하는 리더십이 필요할 때이다. 그러나 설비 및 운용에 대한 전문교육은 법정 교육 등으로 체계화하여 의무적으로 회사에서 시키고 있으나 사람 자체에 대한 교육, 리더십에 대한 교육, 팀플레이에 대한 교육은 상대적으로 미흡한 실정이다. 더 큰 문제는 원전 운영자들은 간부나 직원 모두 스스로 기술자라 부르며 사람이나 리더십에 대해 관심을 갖고 학습하라는 권고 혹은 요구에 거부반응을 보이는 경우가 적지 않다는 점이다. 현재 일도 바쁜데 그런 쓸데없는 것들을 하라고 한다고 불평하는 마음을 갖고 있다.

　INPO, IAEA의 발전소 종사자에 대한 교육내용에 리더십에 대한 교육 비중이 높다는 사실을 환기시키고 싶다. 그러한 교육을 채택하고 있는 외국 발전소들의 운영실적이 세계 최고 수준을 나타내고 있다는 점은, 설비도 중요하지만 사람에 대한 이해를 바탕으로 리더십을 발휘해야 이룰 수 있다는 점을 암시한다고 생각한다. 리더가 착각하기 쉬운 것 중 하나가 나를 중심으로 다른 사람들이 알아서 따라와야 하는데 그러지 않아 자신의 역량을 잘 발휘하지 못한다고 자기를 합리화하는 것이다. 특히 원전과 같은 특수상황에서 리더의 위상은 겸손해지기 쉽지 않다.

설비에 대한 불안감, 리스크에 대한 민감성, 규제기관 등이 늘 주변의 감시하는 눈길 등을 부담감으로 안고 시작하는 원자력발전소 간부는 일반직에 있는 다른 간부들처럼 하다 안되면 돌아가거나 쉬어가지 하는 마음을 갖기 힘들다. 그런 점에서 원자력발전소 간부들의 리더십은 조직 구성원을 위해서도, 리더 자신을 위해서도 꼭 업그레이드시켜야 할 중요한 이슈다.

어떻게 사람에 대한 교육을 시작해야 할까? 모든 기술교육에 원전 관련 리더십 교육을 추가하여 자기 자신을 돌아보고 다른 사람과 어떤 관계를 설정하는 것이 자신에게 조직에게 좋은지 성찰하는 시간을 갖도록 하는 것이 필요하다고 생각한다. 특히 차장교육부터는 원전 근무환경에 특화된 리더십 교육을 지속적이고 집중적으로 시켜야 리더가 되었을 때 사람에 대한 이해도가 높아지고 자신만의 리더십을 갖게 되어 활력 있고 성과 있는 조직문화를 구현할 수 있다고 생각한다.

# 10 _ 정상 사고(Normal Accidents) 의미

Normal Accidents(정상 사고)라는 용어가 있다. 이 말은 1984년 찰스 페로가 사용한 말로 기술은 입증되었더라도 운용하는 사람과 조직이 입증되지 않으면 사고 가능성이 상존한다는 의미이다. 기술적으로 입증되는 것이 충분조건이 아니라는 이야기이다.

사람과 조직이 입증되지 않으며 사고가 발생할 개연성은 늘 존재한다는 것에 대해 어떤 생각이 드는가? 사고가 발생하면 기술적으로 안전한 조치를 하였으니 문제가 해결되었다고 결론을 내리는 것은 위험하다. 이를 운용하는 사람과 조직에 대한 부분도 함께 검토하여 조치를 해야 한다고 이해할 수도 있다. 그러나 사람과 조직에 초점을 두면 책임 문제와 처벌 문제로 비하되기 때문에 설비 문제로 한정하여 마무리하는 것이 아닐까 하는 생각도 해본다.

사람과 조직에 초점을 두자는 의미는 원전 설비 안전 운영에 걸맞는 인원과 조직이 투입되어야 한다는 것이고 설비만큼 인원과 조직에 투자를 해야 한다는 뜻이다. 원전이 에너지 분야에서 갖는 사회적 위상만큼 원전 운영 인원과 조직도 같은 레벨의 위상을 인정해주어야 한다는 것을 강력히 주장하고 싶다. 단순히 원전 기술이 안전하니 원전을 계속 운영하여도 문제없고 더욱 확대하여야 한다는 주장에는 공감하지 않는다. 원전 기술이 안전하다는 것은 절대적인 사항이 아니기 때문이다.

예를 들어 상대적으로 안전한 비행기는 있을 수 있으나 절대적으로 안전한 비행기는 없다. 단지 비행기를 타는 데 느끼는 불안감을 충분히 감수하거나 인식하지 못하는 것은 비행기 자체가 상대적으로 안전하다는 것도 있지만 항공사나 조종사가 충분한 전문성을 갖고 안전하게 비행기를 운영하여 목적지까지 무사히 도착할 것이라는 인식이 있기 때문에 비행기를 탄다. 만약 조종사가 초보이거나 신뢰할 수 없는 요소들을 갖고 있다고 인식한다면 쉽게 그 비행기에 탑승하지 않을 것이다. 원전도 비슷한 개념으로 볼 수 있다. 아무리 설비가 완전에 가깝더라도 이를 운영하는 조직과 사람에 대해 신뢰를 보내지 않는다면 원전에 대한 불안감은 찰스 페로의 정상 사고처럼 해결되지 않을지 모른다. 기술 전문성은 필요조건이지 충분조건이 아니라는 점을 다시 한번 강조하고 싶다.


원자력발전소의 안전에 관해 이야기할 때 원전 운영에 직간접적으로 관계된 사람들은 기술적으로 안전하다는 것을 각종 기술적 데이터나 연구논문 등을 통해 설명하려는 경향이 있다. 일반 사람들이 기술적인 내용을 잘 이해하기 위해서는 전문용어나 개념, 시스템에 대한 공부가 선행되어야 한다고 생각한다. 그래야 왜 원전이 안전한지에 대한 기술적 주장을 이해하고 공감할 수 있기 때문이다. 일반인들이 원전 안전성에 대한 기술적 주장을 이해하는 수준이 되려면 많은 시간과 노력을 투자해야 하는데 이는 현실적으로 불가능하다. 그럼에도 기회만 생기면 조금이라도 더 많이 기술적 사항을 설명하는 데 치중하면서 가르치는 사람과 배우는 사람의 관계로 설정되어 버린다.

원전 안전 운영에 대한 공감대를 이루기 위해서는 수평적 대화가 이루어져야 하는데 한쪽은 기술적 사항을 이해하기 위한 기초에 대해 가르치려 하고, 다른 쪽은 기술적 사항에 대해 배우려는 의사가 전혀 없는 상태에서 결론적으로 원전이 얼마나 안전하게 운영되는지에 대한 불안감 해소 또는 확신에 대해 논쟁을 한다. 이런 비대칭적 대화가 수십 년 동안 지속되어 왔다. 원전에 대한 기술적 안전성 이슈는 전문성을 가진 분들 - 규제기관, 연구단체, 학계 등 - 이 평가하고 판단할 문제고 그 전문가들의 평가나 판단이 사회적 신뢰를 얼마나 갖고 있느냐는 것은 또 다른 이슈라 생각한다. 즉, 원전 운영 관계자들이 고민하고 해결해야 할 문제가 아니라는 점이다.

그런 점에서 원전 관계자들은 원전 설비가 얼마나 안전한지에 대해 기술적 접근만 할 것이 아니라 그 설비를 운영하는 조직이나 사람들이 어떤 능력과 역량을 갖고 전문성을 발휘하느냐에도 상당한 비중을 두어야 한다고 생각한다. 원전 설비가 품질 측면에서 설계부터 제작되어 설치할 때까지 시스템적으로 엄중히 통제되고 관리되고 있으며 작동하는 단계부터 폐기될 때까지 실시간으로 점검 체크되고 있어 안전하다는 이야기는 매우 중요하지만, 충분조건은 아니다.

그 설비를 운영하는 관계자들이 충분한 역량과 능력을 갖추고 전문성을 높이기 위해 교육, 훈련 등 시스템적으로 많은 노력을 하고 있으며 그에 따라 원전운영 구성원들이 이 분야의 전문가로서 사회적 위상을 인정받고 대우를 받아야 한다고 생각한다. 그런 점에서 원전 운영 관계자들의 사회적 대우나 전문성에 대한 위상이 낮은 현실을 많이 안타까워하지 않을 수 없다. 설비에 대한 신뢰와 관련 인원에 대한 인정과 믿음이 함께 어우러져야 원전 안전성을 제대로 구축할 수 있다고 기대한다.

본 장에서는 원자력발전소의 안전 운전을 책임을 지는 소(실)장들을 위한 바람직한 리더십과 흔히 볼 수 있는 실패를 예방할 수 있는 리더십 클리닉을 필자의 실제 체험과 근무 경험을 바탕으로 소개하고자 한다.

Chapte **VI**

# 원자력발전소
# 경영 리더를 위한
# 리더십
# 클리닉(Clinic)

原子力
發電所
Coaching
Leadership

# 01 _ 신임 원자력발전소 소(실)장들이 체험하는 바람직하지 않은 사례들

A. 새로운 보직에 대한 인식의 전환이 필요한 사례들

• 발전소 전체 경영에 대한 관심보다도 자기 전문 분야의 현안을 본인이 직접 해결하려고 시도함. 현재 담당하는 라인의 주요 보직자들을 건너 뜀(패싱)으로 발전소 전체 팀워크에 부정적인 영향을 미침(패싱 보직자들의 업무 의욕 상실에 따른 무관심으로 소장에게 업무가 집중되는 현상을 초래.)

• 발전소 경영에 있어 단기 현안 위주의 업무에 매몰되어 가까운 미래에 발생할 문제에 대해 선제적 예측, 예방 업무를 소홀히 함으로써 계속 현안에 매달리는 악순환이 반복됨. 발전소 경영을 단기 현안과 중장기적 업무를 구분하여 추진하는 지혜가 필요.

• 신임 소장들이 의욕이 넘쳐 자신만의 경영방침을 세우고 새로운 일들을 무리하게 추진하여 종사자들이 새로 부여된 업무를 기존 업무에 더하여 부가된 업무로 느끼며 핵심 업무에 대한 집중력을 떨어뜨리는 역효과를 가져옴. 결국 발전소 성능뿐만 아니라 경영 리더에 대한 신뢰에도 부정적인 영향을 가져옴.

## B. 사람에 대한 깊은 이해가 부족한 사례들

원자력발전소의 특성상 소실장의 자격요건은 원자로조종감독자면허(SRO)나 원자력발전기술사의 자격이 요구되는바, 원전 운전 및 정비 등에 많은 경험과 지식이 필요하다. 주로 원전 설비의 문제점을 취급하던 전문 기술자들이 원전 경영 리더가 되면 사람에 대한 깊은 이해가 부족하여 생기는 문제도 종종 발생한다. 예를 들면 직원들과의 소통이 부족한 것이 대표적이다. 일부 소(실)장들은 회의에서 혼자만 이야기하고 한 번 소통하면 기계설비처럼 작동하여 종사자들이 리더가 말한 대로 바로 움직일 것으로 생각한다. 직원 능력 개발 측면에서도 잠재 능력은 있으나 주도성이 약한 직원들에 대한 동기부여를 효과적으로 하는 방법에 약하다. 이러한 현상들은 원전 경영 리더들에 대한 인문학적인 교육이 리더십 교육에 포함되어야 함을 보여준다.

## 02 _ 바람직하지 않은 사례들의 공통점과 배경

우리나라의 원자력발전소 종사자들에 대한 인사 제도는 공기업 특성상 모든 직원에게 기술적인 자격요건만 충족되면 발전소 경영 리더인 소(실)장이 될 수 있는 기회를 주고 있다. 다른 측면에서 본다면 소(실)장이 되기 위한 별도의 커리어 경로와 리더십 교육훈련 과정 없이 소(실)장이 되기 때문에 경영 리더로서 준비가 부족한 것이 바람직하지 않은 사례들의 공통원인으로 생각된다.

현장에서 흔히 발생하는 경우가 한 분야에서만 근무하다가 소(실)장이 될 경우 다른 분야의 업무를 경시하는 경향이 크고 주로 자기가 근무한 분야의 사람들과 대화하고 인사평가에도 치우치는 경우가 생기기도 한다. 옆에서 보는 것과 실제 그 안에서 근무하는 것은 분명히 차이가 있다. 그렇기 때문에 소(실)장이 되기 위해서는 최소 두 개 이상의 주요 업무 분야 보직을 거치도록 해서 부서 편향에서 벗어나 전체를 볼 수 있는 시야를 갖도록 해야 한다. 또 다른 공통원인으로서는 경영 리더를 위한 리더십 교육이 너무 부족한 것이다. 리더십 교육 기회도 부족하지만 교육내용도 원자력발전소 경영관리 전체에 대한 이해를 바탕으로 원전 경영 리더들의 취약한 부분을 개선할 수 있는 맞춤형 (Customized) 교육 대신에 들으면 좋으나 현장 실제 업무에 적용할 수 없는 일반적인 교육이 대부분이다. 왜냐하면 우리나라의 경우 다른 선진국과 달리 원전 경영 리더 양성을 위한 특화된 리더십 교육 프로그램이 개발되지 않았고 원자력발전소 경영에 전문화된 리더십 강사도 양성되지 않았기 때문이다.

한수원에서는 2018년부터 원전 소(실)장을 대상으로 1년에 1회 교육에 참석할 수 있도록 "원전 고급관리자 리더십 교육" 과정을 시행하고 있다. 작년부터 1박 2일에서 2박 3일로 교육 기간을 늘린 것은 그나마 다행이나 아직도 갈 길이 멀어 보인다.

2021년도 원전 리더십 개발교육 조별 활동 중인 소(실)장들과 함께

# 03 _ 실제 체험을 통한 원자력 리더십 요소별 문제점 클리닉

## A. 비전과 목표설정 및 공유

가동 중인 원자력발전소의 운영관리는 플랜트 설비관리 특성상 정상 가동 시 안전한 발전소 운영과 18개월 주기로 연소된 핵연료를 교체해야 하는 시점에 맞추어 시행되는 계획예방정비를 계획대로 잘 수행하는 것으로 크게 두 범주의 업무로 나눌 수 있다. 원전 소(실)장은 발전소 현안을 관리하기 위하여 소장경영방침과 10대 발전소 중점 관리 현안 등을 수립하여 발전소 연간 업무계획 또는 중장기 설비투자 관리계획에 포함하여 관리한다. 그러나 발전소 관련 직원의 의견 수렴을 통한 목표 설정과 수립된 목표의 내용을 전 직원들에게 설명하고 전 직원들과 공유하려는 소통 노력은 발전설비 유지관리 노력에 비해 크게 강조되고 있지 않은 편이다.

### ① 비전과 목표가 공유가 안 되는 이유
원전의 경영(운영관리)이 어느 정도 시스템화되고 업무 자체가 일정 패턴으로 프로세스화 되어 발전소마다 세우는 비전과 목표가 대동소이하여 새로울 것이 없다는 점에서 종사자들의 관심을 끌기가 어렵다. 그럼에도 불구하고 소(실)장이 새로 부임하여 남다른 각오로 안전하고 성능이 우수한 발전소와 종사자들 누구나 근무하고 싶어 하는 최고의 근무 장소(Great Work Place)로 만들고 싶어 발전소 비전과 경영방침을 수립하지만, 실제 업무가 시작되면 현안들 속에 갇혀 지내기가 일쑤이다. 그러다 보면 자기가 세운 비전과 목표에 대해 지속적으로 소속 직원들과 공유하고 함께 발전소 목표 달성을 위해 동기부여 하고 싶은 욕구도 점차 줄어들게 된다. 때로는 원전 본부장의 비전, 경영방침과도 일정 부분 중복되는 부분도 있기 때문에 발전소별 비전과 목표는 발전소 전 직원의 생각과 뜻을 모을 수 있는 방향으로 수립되고 실제 업무와 연관되어 이행되도록 공유되고 독려해야 할 것이다.

② 비전과 목표를 공유함에 있어 리더십 클리닉

발전소별 비전과 경영방침 등 목표는 메시지가 명확히 전달되도록 간결할수록 좋다. 직원들이 부르기 쉽고 기억하기 쉬워야 한다. 이를 위해 발전소에서 달성하려는 주제의 명칭 또는 제목을 공모하여 직원들이 선정하도록 하는 것도 좋은 방법이다. 필자의 경험상 발전소 주요 일정에 따라 발전소 전 직원의 생각을 집중시킬 수 있는 캐치프레이즈와 표어 등이 효과적이었다. 반드시 공모를 통해 직원들 스스로가 정한 것이어야 효과가 있다. 물론 캐치프레이즈 내용보다도 발전소 경영 리더들의 진정성과 솔선수범하는 마음가짐과 열린 소통 노력으로 상호 신뢰 구축 노력이 우선해야 이런 노력도 효과를 볼수 있다.

## B. 효과적인 소통(Effective Communication)

어느 조직 집단이나 소통의 문제는 있으나 약 40년간 공기업에 근무한 경험을 돌이켜 보면 연공서열이 비교적 강한 공기업 특성상 조직 내 수직적인 상하 관계는 물론 수평적 타 부서 직원들과의 소통은 매우 부족했던 것으로 기억된다. 문제는 발전소 소(실)장들이 본인은 소통을 매우 잘한다고 생각하는 데 있다. 그래서 효과적인 소통이 무엇인지부터 인식의 전환이 필요하다고 본다. 효과적인 소통이란 경청이며 또한 경청을 통해 직원들이 마음을 열고 적극적으로 대화에 참여하게 함으로써 상호 전달하려는 내용을 충분히 확인할 수 있어야 된다. 아래 사례들은 대표적인 소통에 대한 인식 부족에서 오는 사례이다.

① 소통이 안 되는 사례들과 이유
- 아침 회의 시간에 발전소장이 대부분 이야기하며 다른 간부와 직원들은 듣고 메모만 함. (상위 직급의 일방적인 지시에만 익숙한 조직문화)
- 소(실)장들이 회의 시 한번 말하면, 직원들은 자기가 아는 것만큼 들었음에도 불구하고, 이해한다고 생각하여 다양한 방법의 소통 채널을 활용해서 거듭 강조하거나 직원들의 이해 정도를 확인하는 노력을 하지 않음.
- 소장이 주관하는 간부회의에서 타 부서장 업무 보고 시 자기와 관련이 없다고 생각되어 눈을 감고 쉬고 있는 경우를 자주 볼 수 있음. (타 부서에 무관심한 수직적인 조직문화에서 흔히 발생함.)

- 업무 지시할 경우 충분한 배경과 사유에 대해 설명하지 않아 상황 변동 시 적절하게 대처하지 못해 엉뚱한 결과가 발생하는 사례가 종종 있다.
- 업무 보고를 받을 때도 사안의 경중과 시급성을 고려치 않고 결론부터 이야기하라고 보고자를 다그친다. 이럴 경우 원활한 소통이 어렵게 되어 과정상 발생한 주요 사항이 누락될 가능성이 커진다.

② 효과적인 소통을 위한 리더십 클리닉

- 경영 리더는 우선 자기 말을 줄여야 하고 조직 구성원이 말하는 것을 잘 들어야 한다. 경영 리더가 준비할 것은 경청과 간결한 핵심 질문이다.
- 경영 리더는 조직 구성원이 자유롭게 소통할 수 있는 조직문화를 구축해야 하며 발전소 종사들이 알아야 할 주요 업무와 관심 사항에 대해 최소 두 가지 이상의 다양한 소통 채널을 통해 지속적으로 전파, 공유 및 필요시 이해 정도를 확인해야 한다.

## C. 직원 능력개발 및 학습조직 운영

① 직원 능력개발이 잘 안되는 사유

공기업 특성상 잘 안되는 분야 중 하나가 직원 능력개발이다. 사유는 발전소 소(실)장들의 임기가 대체로 짧아 소속 직원들과 오랫동안 함께 일하지 못하고 거쳐 가는 경우가 많다. 이로 인해 발전설비 문제 등 단기 기술 현안을 우선적으로 처리하다 보면 비교적 장기간이 필요한 직원 능력개발은 자연스럽게 우선순위가 뒤로 미루어지게 된다.

현재 원자력발전소 현장에서 경영 리더들이 당면한 가장 큰 문제 중 하나는 비교적 타 부서 대비 근무가 힘든 발전 교대부서와 정비부서에 직원들의 근무 기피 현상이다. 직원 인사의 공평성을 높이기 위해 만든 직원 이동 마일리지 제도가 있고 이로 인해 개선된 사항도 있으나 부작용은 발전 교대부서와 정비부서에는 신입직원과 경력이 낮은 직원들만 근무하게 되며 어느 정도 경력이 차면 비교적 업무 강도가 낮은 다른 일근 부서로 이동하기 때문에 계속 신입직원들의 비율이 높아지는 악순환이 계속된다. 이로 인해 주 제어실 운전원을 포함한 현장 운전원과 정비원에 대한 자격인증과 실무지식 배양을 위한 교육훈련이 지속적으로 필요하게 되어 발전소 경영 리더에게 큰 부담이 되고 있다.

또한 직원들도 선호 사업소로의 이동과 근무 강도가 낮은 일근 부서로의 이동을 본인의 능력개발보다 더 중요시하는 경향이 강한데, 이것도 발전소 소(실)장들의 직원 능력개발에 관한 관심을 떨어뜨리는 요인이 되기도 한다. 아울러 직원 능력개발을 관리자 평가 항목에서 충분히 고려하지 않는 인사평가 시스템도 원인으로 작용하는 것으로 보인다.

② 직원 능력개발과 리더십 클리닉
• 운전원, 정비원과의 대화 등 정기적인 소통을 통하여 소(실)장들이 지속적인 관심을 보여야 하며 신입직원들의 자격인증과 실무능력 배양을 위한 부서장의 노력을 인정하고 필요시 인사평가 반영 등으로 동기를 부여해야 한다.

• 특히, 주 제어실 운전원들의 면허 취득을 위해 물심양면의 지원이 필요
하며 인사이동으로 발전부에서 인력 변동에 대비할 수 있도록 항상 준비
태세를 갖추도록 노력을 기울여야 한다.

## ■ 권한위임과 리더의 타이밍

종사자의 리더십 능력을 개발하는 데 권한위임만큼 실제적인 방법이 없는
것 같다. 필자도 발전소장으로 근무 시 두 사람의 실장에게 가능한 권한위임
을 하였다. 대부분 일들이 잘 처리되지만 여러 부서가 관련된 사항은 신속,
정확히 처리되지 않았다. 그 이유는 실장은 발전소장처럼 발전소 내 모든 인
적자원을 효과적으로 움직이는 데 있어 한계가 있기 때문이다.

어느 해 계획예방정비가 마무리되고 있었는데 이차측 주증기 안전밸브의
개폐시간이 규정된 시간 내에 들어 오지 않아 시험에 계속 실패하고 있었다.
실장이 책임지고 문제를 해결하라고 지시를 하였으나 시간만 가고 해결이 되
지 않았다. 관련 부서가 기계, 전기, 계측 정비부서와 운영실의 정기 검사와
발전부 등이 함께 모여 회의는 하고 있었지만 계속 원인은 파악되지 않았다.
이제 기동할 시간이 촉박하여 더 이상 이대로 지켜볼 수 없는 순간에 이르러
소장이 개입하여 문제를 해결하였다.

원인은 모두 자기 정비 분야의 귀책이 아닌 타 부서의 문제로만 보는 편향

적인 시각으로 접근했기 때문이다. 소장으로서 회의 참석자들에게 직설적으로 질문하였다. "당신이 소장이라면 무엇부터 해 보겠는가?" 가장 의심이 되는 부분이 있었음에도 불구하고 가능하면 타 부서의 문제부터 해결해 보기를 각각 원하고 있었다. 가장 의심이 되는 부분을 분해하여 손상된 부품을 교체한 후 시험에 성공하였다.

상급자는 부하직원들에게 권한을 위임함으로써 그들의 문제해결 능력과 리더십 능력이 육성된다. 권한위임 없이 처음부터 끝까지 본인이 간섭하려고 하면 일도 힘들고 부하직원들의 리더십 능력개발은 요원하게 된다. 부하직원에게 권한을 위임한다고 해서 상사가 완전히 손을 놓거나 신경을 쓰지 않는 것은 절대 아니다. 이때 리더는 그 일의 진행 정도를 잘 파악하고 있어야 한다. 그리고 발전소 차원의 문제로 확대되기 전에 개입하는 시점을 정확히 해야 한다. 즉 리더는 타이밍을 잘 알고 적절한 타이밍에 개입할 줄 알아야 한다. 너무 이르면 부하직원이 충분히 할 수 있는 일을 간섭하는 것이 되고 너무 늦으면 수습할 수 없는 상태로 악화되기 때문이다.

## D. 팀워크(Teamwork)

수직적 조직문화에 익숙한 조직일수록 부서 내에서는 상사의 지시에 따라 부서원 간에 팀워크를 통해 신속히 처리하는 데는 익숙하지만 타 부서와의 수평적으로 협조가 필요한 경우에는 누가 주관하고 지원할 것인지 명확한 업무 분장이 우선 필요하고 이것이 분명치 않을 경우 업무처리가 잘 안되는 경우가 종종 있다.

① 수평적 협조가 안 되는 사례들

• 발전소 비상 디젤발전기에 이상이 있어 기동이 안 되는 경우 기계, 전기, 계측부서는 서로 자기 설비에는 이상이 없다고 주장한다. 분명히 세 부서 중의 하나는 정확하지 않은 보고인데 자기 소관 설비에는 문제가 없다는 편향된 시각으로 현장을 바라볼 경우 문제가 없다는 것을 증명할 유리한 증거만 찾게 되어 실제 문제는 잘 보이지 않게 된다.

• 계획예방정비 후 기동 준비 시 어느 정비부서의 설비에 문제가 발생하였는데 이를 신속히 발전부서 등 관련 부서에 통보하지 않고 소속 부서장과 소(실)장에게만 보고함으로써 발전부가 후속 대처하는 데 시간이 더 소요된 사례 등 수평적인 부서 간 팀워크와 협조가 약한 측면이 있다.

② 팀워크와 리더십 클리닉

• 부서 간 수평적 팀워크 강화를 위해서는 소(실)장들의 부장들에 대한 리더십 교육이 필요하다. 즉 발전소 전체 차원에 미치는 영향을 생각하도록 소속 부장들의 시야를 넓히는 노력이 필요하다. 그리고 부서 간 수평적 팀워크를 높일 수 있도록 부서 합동 MV 활동을 장려하여 활용하는 것도 좋은 방법일 것이다.

• 발전소 소속 부장들의 업무수행 능력 평가 시 자기 부서 업무뿐만 아니

라 타 부서와의 협조와 발전소 전체 팀워크 기여도를 반영하는 것도 하나의 방안이 될 수 있다.

## E. 문제 제기(수용성 포함) 및 의문을 품는 태도

원자력발전소 안전성을 높이기 위해서 꼭 필요한 리더십 능력 중의 하나는 언제든지 무엇이든지 종사자들이 문제 제기를 할 수 있고 모든 것에 의문을 품는 태도를 장려하는 것이다. 이것이 큰 문제를 사전 예방할 수 있을 뿐만 아니라 조직의 잠재적 취약성을 자체적으로 발견하여 조치함으로써 조직의 역량을 극대화할 수 있기 때문이다. 그러나 한국 등 동양적인 조직문화에서는 가장 시행하기 어려운 것 중의 하나가 상사에게 문제 제기(Challenging)를 하는 것이다. 상사의 지시를 받는 것에 익숙하기 때문에 다시 물어보는 자체도 어려운데 오히려 문제 제기가 상사의 지시를 반대하는 것으로 오해를 받을 수 있다는 생각에 가능한 문제 제기를 피한다.

마크 트웨인은 "곤경에 빠지는 것은 무엇인가를 몰라서가 아니라 무엇인지 확실히 안다는 착각 때문이다."라고 말했다. 착각에서 자유로울 수 있는 방법은 하고 있는 일에 의문을 품고 수행하는 것이다. 당사자뿐만 아니라 동료나 지켜보는 리더도 의문을 갖는 태도가 요구되고 활발하게 의견이 개진되는 조직 분위기가 있어야 한다. 업무수행과정에서 의문을 갖는 태도는 매우 중요하다. 조직이 타성에 젖지 않게 하며 리스크를 도출하고 회피하는 데 밑

바탕이 된다. 의문을 갖는 태도 즉, 'why'를 염두에 둔다는 것은 매사를 부정적으로 보라는 의미는 아니다.

조직문화를 활발하게 장려하여 조직을 성장시키고 싶다면 리더는 구성원들이 업무수행과정에서 의문을 갖고 수행하도록 독려하여야 한다. 나아가 그러한 의문을 바탕으로 문제를 제기하고 동료뿐만 아니라 리더도 이에 관심을 가지고 함께 고민하는 문화가 형성된다면 그 조직은 급격한 성장을 할 수 있으며 높은 업무성과를 산출해 낼 것이다. 현실에서 이러한 문화를 조성하려면 리더의 역할이 무엇보다 우선시 된다. 즉 리더는 많은 고민과 자기성찰, 경청 및 포용성 등을 길러야 한다.

구성원 스스로 "why"를 생활화하려면 무엇이 필요할까? 우선 문제에 대한 집중도가 있어야 한다. 무엇이 문제인지 그 문제가 어떤 것인지를 성찰할 줄 알아야 한다. 심층적 접근 방법을 스스로 갖고 있어야 한다. 이를 위해 훈련이 필요하고 동료나 상사와 함께해야 하는지 혼자 성찰할 수 있는지에 대한 판단도 할 줄 알아야 한다. 그다음엔 그 문제를 해결하고자 하는 의지가 있어야 한다. 이 의지는 매우 중요하다. 직원이 직접 문제를 해결하는 것도 좋지만 문제를 알아차리고 이를 해결하고자 하는 의지가 더 중요한 이유는 지속적으로 수없이 발생하는 문제를 일일이 처리할 수 없는 상황이 빈번하다 보면 회피하거나 감추는 경우가 간혹 발생하기 때문에 더 큰 리스크를 덮어두어 더 큰 문제를 일으키는 도화선이 되기도 하기 때문이다.

리더를 포함한 직원들이 문제해결 의지만 있다면 그 문제가 당장 해결되지 않더라도 관심을 갖고 관찰하면서 더 큰 문제로 진행되지 않도록 관리할 수 있다. 문제가 늘 해결되는 것은 아니다. 장기적으로 관리 가능한 문제는 당장 해결할 수 없더라도 큰 문제는 아니다. 감당할 수 없는 사고의 원인이나 발생과정을 살펴보면 인지하고 관찰하면서 그때그때 관리만 했더라도 큰 사고로 이어지지 않았을 경우가 많다. 문제해결 되었더라도 재발할 가능성에 대한 대처를 명확히 하는 것도 중요하다. 유사한 사고가 반복되는 경우도 의외로 많다. 이에 대한 마음가짐으로 문제를 해결하고자 하는 의지를 리더나 구성원들이 갖고 있다면 재발 방지에 대한 역할도 알게 모르게 잘 수행되리라 생각한다.

리더를 포함한 구성원 모두 "why"를 생활화한다면 근원 해결에 중점을 두게 되어 재발 가능성을 최소화할 뿐만 아니라 전문적인 역량도 증진되고 통찰력을 기르는 학습효과도 부가적으로 있다고 생각한다.

그럼에도 "why" 문화가 잘 안되는 이유는 무엇일까?
- why라는 의문을 가질 여유도 없이 상황이 그냥 흘러가 일단 종료되어 버리는 경우
- 상사, 동료 등 주변에서 인정, 공감하지 않는 풍토
- 표면적 해결 중심의 조직문화
- 함께 고민할 파트너/멘토 부재
- 상사의 리더십 부재

– 문제를 제기했다가 덮어쓰는 경우 즉, 문제해결 담당자가 되거나 잘 안되었을 경우 문제 제기자 탓으로 몰아가는 경우
– 공연히 내 업무가 가중되거나 다른 사람들이 나 때문에 업무 부담이 추가되는 것을 우려

"why" 문화가 잘되게 하려면?
– 리더의 환경조성 → 리더가 먼저 "why"라는 질문을 수시로 던짐.
– "why" 질문과 답변의 실효성을 따지지 말고 경청할 것.
– 구성원의 'why' 라는 인식, 태도에 격려, 지지, 칭찬을 피드백할 것.

직원들의 문제 제기가 자연스러운 조직문화를 구축하기 위해서는 리더의 태도, 반응이 구성요건의 90% 정도를 차지한다. 리스크를 발견하고 문제해결을 위한 정답은 리더를 포함한 구성원 누구나 갖고 있을 가능성이 크다. 다만 그 과정의 시작점인 문제 제기를 입 밖으로 내느냐 마음속에 담아 두기만 하느냐가 관건이다. 문제 제기를 통해 문제 해결로 가는 과정이 빌드업되어 있다면 그 조직은 최상의 역량을 갖고 있다고 평가할 수 있다.

그러면 왜 문제를 제기하기 쉽지 않을까? 그 이유는 다음과 같다.

첫째, 자신의 제언이 틀릴 수 있다는 불안감 때문이다. 이 경우 리더나 동료의 태도, 반응이 매우 중요하다. 그 제언이 설사 잘못되었다는 생각이 들더라

도 함께 고민하고 참여하려는 의지에 대한 인정과 칭찬이 필요하다. 직원들이 자신의 의견을 말하는데 바로 틀렸다는 반응이 나오면 다음부터는 쉽게 의견을 제시하지 않는다. 그 불안감이 현실로 나타났음을 확인했기 때문이다.

둘째, 확신이 있더라도 이 조직에서는 수용될 분위기가 아니라는 불안감도 있다. 즉, 주변 환경에 대한 안정감이나 상호 신뢰가 부족한 경우이다. 리더의 가식적 오픈마인드 언급이나 문제 제기를 편하게 하라는 요구는 직원의 리더에 대한 신뢰가 높지 않으면 역효과가 난다. 리더의 리더십에 대해 자기 확신에 치명적인 손상을 입을 수도 있고 직원들을 불신하거나 왜곡된 현상을 리더 스스로 조작하여 그 늪에서 헤어 나오지 못하는 경우도 있다.

셋째, 문제 제기가 받아들여지더라도 수행 과정을 문제 제기자가 감당하라는 의사결정이 뒤따르는 풍토라면 누구도 문제가 있더라도 제기하지 않을 것이다. 공연히 긁어 부스럼 만들지 않으려 하기 때문에 조직의 역동성과 실행력을 떨어뜨리는 요소 중 하나이다. 반대로 문제는 제기하고 자신은 참여하지 않는 훈수형 직원을 양산할 수도 있다. 훈수형 직원이 많으면 그 조직은 각자의 업무에 배타성을 갖게 되고 자기 방어형으로 의견을 제시하며 쓰면 뱉고 달면 삼키는 조직문화로 변질되기도 한다. 이 상황은 리더에게 최악이다.

넷째, 문제 제기에 대해 주변으로부터 핀잔이나 불평을 듣게 되는 경우도 있다. 그 경우 '너는 겨우 그 정도냐?', '말도 안 되는 소리다.' 등 자신의 인식 및 역량 수준을 평가받는 느낌을 줄 수 있어 리더는 그러한 상황을 만들면 안 된다. 또한 '너 때문에 공연히 일거리를 만들었어.' 라는 불평을 받을 수도 있다. 리더는 이러한 상황을 회피하기 위해 대응 행동에서는 합리적이고 수용 가능한 업무 배분이 필요하다.

리더의 입장에서는 문제 제기가 적절하고 효과적일수록 문제를 제기한 직원을 믿게 되고 그 조직이 그 문제를 잘 마무리할수록 리더의 위상은 올라가게 된다. 문제 제기자와 문제 해결자가 같을 수도 다를 수도 있지만 리더를 포함한 그 조직이 다각적으로 문제 인식을 갖고 그 문제를 해결하고자 팀플레이를 할 수 있다면 그 조직은 성과도 높고 구성원의 전문성도 높아질 수 있다고 생각한다.

다른 관점에서 리더가 문제를 제기한 경우 그 조직이 얼마나 객관적으로 받아들이는지도 고려해볼 필요가 있다. 리더는 아이디어 차원에서 제기한 문제에 대해 조직이 지시로 받아들이거나 질책으로 생각한다면 그 조직은 경직되어 가고 있다고 볼 수 있다. 리더의 태도가 조직원들에게 부담으로 작용하고 업무의 우선순위를 흩트려버리는 부정적 영향을 줄 수도 있음을 리더는 인식해야 한다. 그렇다고 리더가 문제 제기 태도를 애써 취하지 않거나 방관한다면 리더의 리더십 향상이나 조직의 업무수행 수준을 높이기 힘들다. 리더를 포함한 모든 구성원이 다른 사람의 문제 제기 태도를 인정하고 조직 미선을 향해 서로 소통하고 격려하며 장애 요인을 팀플레이로 극복하게 된다면 리더십은 성공적이라 할 수 있다.

① 문제 제기 회피로 인한 리더십 실패 사례

1978년 고리1호기 최초 상업 운전 이래 원전 운영 역사에 있어 가장 크게 영향을 미쳤던 사건 중의 하나가 2012년 고리1호기 소내외 전원 상실 사고 (Station Black Out: SBO) 은폐였다. SBO 사건이 발생했고 단시간 내 조치가 완료되었기 때문에 퇴근 후 발전소에 모인 소(실)장과 주요 간부들이 소장의 지시대로 규제기관에 보고하지 않고 덮고 가기로 했던 것이 결국 한 달 정도 지난 후 우연히 폭로된 것이다. 이로 인해 해당 발전소는 장기간 정지가 불가피했고 회의에 참석하여 의사결정에 참여했던 소장, 실장, 주요 부장들이 검찰에 기소되어 법정에 서야 했다. 그러한 의사 결정할 당시 함께 모인 누군가 한 사람이라도 적극적으로 문제를 제기했더라면 규정대로 보고했을 것이고 비교적 단기간 내 사태를 수습할 수 있었을 것이다. 잠깐의 어려움을 회피하려다가 회사와 당사자들에게 회복하기 어려운 엄청난 시련을 초래하였다.

② 문제 제기 및 의문을 갖는 태도와 리더십 클리닉

발전소 경영 리더가 문제 제기 및 의문을 갖는 태도를 장려한다는 것을 소장의 경영방침으로 분명하게 선언하고 솔선하여 모범을 보이며 지속적으로 종사자에게 강조하지 않으면 직원들은 절대 먼저 그런 시도를 하지 않을 것이다. 발전소 운영개선프로그램(Corrective Action Program)에서 남이 발견하거나 알아차리기 힘든 개선사항(Good Catch라고 명명)을 발견하고 프로그램에 등재한 직원들에게 인정과 포상을 하는 것도 좋은 방법이다.

## F. 긍정적 강화와 코칭

### ① 긍정적인 강화는 왜 중요한가?

긍정적 강화는 소속 직원이 바람직한 행동을 지속적으로 반복할 수 있도록 리더가 직원을 격려하는 것을 말하며 이럴 때 그 직원은 본인 최대의 노력을 발휘하게 된다. 반대로 긍정적인 강화가 되지 않으면 본인이 불이익을 당하지 않는 선에서 최소한의 요건만 이행하여 조직 전체에 도움이 되기보다는 어려움을 초래할 수 있다.

리더는 조직 구성원들로부터 원하는 결과를 얻기 위하여 구성원들의 행동을 증가 또는 감소시키도록 격려 또는 제재를 가할 수 있다. 이를 구분하면 아래와 같다.

〈행동을 증가시키는 경우〉
- 어떤 행동을 한 후 우리가 원하는 가치 있는 결과가 주어진다면 그 행동을 더 자주 하게 될 것이다(Positive Reinforcement).
- 어떤 행동을 한 후 우리가 원하지 않는 혐오적인 결과를 제거할 수 있다면 그 행동을 더 자주 하게 될 것이다(Negative Reinforcement).

〈행동을 감소시키는 경우〉

- 어떤 행동을 한 후 우리가 원하지 않는 어떤 것이 주어진다면 그 행동을 덜 하게 될 것이다(Positive Punishment).

- 어떤 행동을 한 후 우리가 가진 어떤 것을 상실하게 된다면 그 행동을 덜 하게 될 것이다(Negative Punishment).

② 코칭은 무엇이며 왜 필요한가?

코칭은 거울과 같다. 경청을 통해 상대방에 대한 신뢰를 보여주며 질문을 통해 자기 문제를 스스로 깨닫고 답을 찾아 실행하도록 돕는 것이다. 코칭은 조언이나 상담과도 다르며, 잘못을 지적하는 것과는 더더욱 거리가 멀다. 코칭의 핵심은 상대방의 자주권을 침해하지 않고 존중하면서 스스로 깨닫고 행동하게 하는 질문이다. 코칭을 강조하는 이유는 코칭이 긍정적 강화를 성취하는 최상의 길이기 때문이다. 코칭을 통해 소속 직원들의 능력 발휘를 최대한 끌어냄으로써 조직 전체의 목표 달성에 기여는 물론 직원 본인의 잠재된 능력개발 등 많은 이점이 있다.

③ 긍정적 강화와 코칭을 위한 리더십 클리닉

긍정적인 강화를 위해서는 먼저 부하직원의 이야기를 잘 경청하고 행동들을 주의 깊게 관찰해야 한다. 발전소 소(실)장들이 부하직원이 사무실에 들어와서 보고할 때 대부분 "길게 이야기하지 말고 결론이 뭐야?", "결론만 이야기하세요."라고 말할 때가 있다. 이럴 때, 보고하는 직원 입장에서는 어떠한 생각이 들겠는가? 물론 긴급 시에는 충분히 그럴 수 있다. 하지만 이것도 습관이라고 본다. 바람직한 행동을 장려하도록 그 행동들을 관심 있게 관찰하고 결과뿐만 아니라 과정의 어려움도 질문해 보아야 한다. 또한 소(실)장 대부분 코칭 대신에 잔소리인 지적을 하는 데 선수이다. 누구나 지적을 받으면 움츠러들고 최소한 해야 할 업무만 하게 되는 소극적인 자세로 바뀌게 된다.

저자 본인도 본사 실장 및 현장 원자력발전소 소(실)장으로 근무 시에는 1년에 두 차례 근무 성적 평가 시 피평가자에 대한 코칭을 기술하게 되어 있는데 코칭 수행내용은 대부분 부하직원의 잘못을 시정하거나 조언하는 내용을 적었던 기억이 있다. 이는 회사에서 코칭을 하라고 했지만, 본인이 코칭에 대해 정확히 아는 바가 없었고 또한 회사로부터도 코칭에 대한 아무런 교육을 받은 적도 없었기 때문이다.

### G. 공정한 평가와 인정

#### ① 공정한 평가와 인정의 중요성

조직 전체의 목표를 효과적으로 달성하기 위해서는 부서 간 팀워크와 협조가 필수적이며 이를 지속적으로 조직문화로 정착시키기 위해서는 공정한 평가와 인정이 필수적이다. 소(실)장이 어느 분야에서 누구와 함께 근무했는지에 따라 특정 부서 또는 특정인을 편애하는 경우가 종종 발생하는데 이는 발전소 근무 분위기에 생각보다 부정적인 영향이 크게 미친다. 공정한 평가와 인정이 직원들에게 인식되고 수용되지 않을 경우 소(실)장 앞에서는 대놓고 이야기를 못하지만 많은 불만과 불평이 있게 되고 결국 다수 직원들의 능력을 최대한 끌어낼 수 없게 되고 피동적인 직원들이 늘게 되는 것을 경계해야 한다.

### ② 공정한 평가와 인정을 위한 리더십 클리닉

소(실)장도 사람인 이상 아는 사람에 대한 편향을 피할 수 없으므로 이 편향을 바로잡을 방법이 필요하다. 자기가 근무했던 부서나 함께 근무한 직원들의 업무나 인사평가 시 최대한 객관적이고 공정한 시각을 갖도록 주변의 신뢰할 만한 사람들의 평가를 참조하거나 직원들의 다면 평가 결과와 본인의 피평가자에 대한 관찰 노트를 활용하는 것도 좋은 방법이다. 발전소마다 이 달의 발전소인을 선정해 여러 사람 앞에서 상을 주고 격려하는 프로그램이 있다. 이와 같은 공개적인 프로그램뿐만 아니라 개인적으로도 직원들의 바람직한 행동과 노력에 대해 아낌없는 칭찬과 인정이 필요한데 이것도 리더의 몸에 배도록 실습하지 않으면 적절한 타이밍에 활용하기가 어렵다.

### ■ 원자력에 근무하는 사람들의 이야기: "소장님, 누가 많은지 볼까요?"

방금 계획예방정비를 끝내고 잠시 숨을 고르고 있을 때이다. 안전부장으로 있던 부하직원이 이런저런 이야기하다가 갑자기 "소장님, 누가 작년 연봉이 많았는지 까 보실래요?" 궁금하기도 해서 그러자고 했다. 서로 교환해 작년 연말 정산서를 보고 깜짝 놀랐다. 그 부장의 작년 한 해 총 금액이 발전소장인 나보다 약 이천만 원 정도 많았다. 공기업 특성상 직급별 급여 차이가 거의 나지 않고 부장급까지는 계획예방정비 기간 중 시간외근무 수당이 일한 시간만큼은 아니지만 어느 정도 보상이 되기 때문이다. 더군다나 그 부장은 안전부장으로 보직을 맡기 전에 발전교대 부장이었고 동료 교대 부장이 휴가 및 경조사 등으로 대신 근무할 경우 수당을 받았기 때문이다. 발전소 현장 소(실)장들은 제일 먼저 출근하고 늦게까지 일해도 시간외수당이라는 것이 없다. 특히, 계획예방정비 기간이 몇 달 동안 지속되어 집에도 못 가고 일터에 매달려 있어도 매한가지이다. 미국 원전의 발전소장과는 하늘과 땅만큼이나 차이가 난다. 국내는 직급 간에 급여가 거의 차이가 없으나 미국 원전에서는 보직별 급여가 몇 배 차이가 있다. 그 대신 미국 원전 소장은 발전소 성능실적이 나쁠 경우 해고되어 다른 일할 곳을 알아봐야 한다. 책임과 이에 따른 보상이 확실하기 때문이다.

### H. 의사결정 능력

#### ① 의사결정이 어려운 이유

2017년과 2018년에 리더십 교육에 참석한 원자력발전소 소(실)장 대상으로 리더십 역량 요소의 중요도를 설문조사 한 결과 소(실)장들이 최우선적으로 개발하고 싶은 리더십 역량 요소가 의사결정능력이었다. 리더들의 크고 작은 많은 부분의 일들이 의사결정과 그 과정이라도 말할 수 있을 것이다. 오늘날 사업환경이 점점 복잡다단해지고 변화도 많아 사안의 중요도와 시급성에 따라 그만큼 신속 정확한 리더의 의사결정 능력이 기업의 성패를 결정할 수 있는 능력으로 부각되고 있다. 그러면 원자력발전소 경영에 있어서 의사결정은 왜 어려운가?

그것은 원전의 안전성 확보를 최우선으로 하는 특수성과 한국의 원전 경영환경이 그 어느 나라보다 어렵고 이러한 환경하에서 소(실)장들이 합리적인 의사결정을 하는 데 큰 압박과 엄청난 스트레스를 받기 때문이다. 또한 의사결정 속성상 기술적으로 많이 아는 것과 신속 정확한 의사결정을 내리는 능력은 완전히 다른 영역으로, 평소에 훈련하지 않으면 단련되지 않는 결이 다른 근육과 같다.

소(실)장의 의사결정 근육이 충분히 단련되지 않으면 긴박한 순간, 의사결정을 해야 할 순간에 신념과 원칙을 고수하기보다는 의사결정 후 닥쳐올 후폭풍(즉 조금이라도 미흡한 것이 발견되면 비난과 책임을 따지는 조직문화, 발전소 정지를 결정할 시 재가동이 어려운 과도한 규제환경 등)을 피하고 싶은 유혹을 이겨야 할 때가 종종 발생하는데 이를 극복하기가 매우 어렵기 때문이다.

② 의사결정능력을 개발하기 위한 리더십 클리닉
의사결정은 타이밍이 중요하다. 어떤 리더들은 정확하지 않고 불확실성이 높은 경우 반드시 결정해야 하는 순간에도 이런저런 사유로 계속 의사결정을 미루는 경향이 있다. 이는 리더십 관점에서 보면 최악의 리더가 될 확률이 매

우 높다. 리더는 결정적 순간에는 반드시 의사결정을 해야 한다. 미흡한 정보와 불확실성이 있음에도 불구하고 결정의 순간이 되면 의사결정을 해야 한다. 리스크를 짊어지고 결과에 책임을 지는 것이 리더의 역할이자 회피할 수 없는 숙명과도 같은 것이다.

의사결정에 있어 타이밍과 리스크를 인식하는 것이 무엇보다 필요하다. 이런 능력을 기르기 위해서는 예민한 감각이 필요하며 평소에 발전소 잠재적 또는 표면적 리스크 징후와 성능 트렌드에 대해 지속적인 관심을 갖고 관찰력을 길러야 하며 리스크가 발전소 차원으로 확대되었을 경우 어떻게 대비할 것인지를 이미지 트레이닝(Image Training) 등으로 평소에 마음속에서 그려 보고 준비하는 훈련이 필요하다. 다시 반복하지만 의사결정능력은 그냥 저절로 길러지지 않는다. 실패를 한 두 번 경험했다고 다음에 의사결정을 더 잘할 수 있는 것도 아니다. 지속적인 관찰력으로 리스크를 먼저 인식하고 이미지 트레이닝 등을 통해 리스크 확대 시 어떻게 대처할지에 대한 마음의 준비가 없다면 새로운 사건 발생 시 훌륭한 의사결정은 역시 어려울 것이다.

원전의 많은 실패 사례를 반면교사로 삼고 리더 자신을 그 사건 사고가 발생한 원전의 소실장의 위치에 놓고 그 순간에 자신은 리스크 사전 감지와 대처를 위한 의사결정을 어떻게 잘할 수 있었겠는가를 마음속에 그려 보는 훈련을 해보기를 권한다.

## ■ 권한위임의 오류와 한계

직원 리더십 능력을 개발하기 위한 가장 좋은 방법은 권한을 위임하여 실전을 통하여 의사결정 근육을 키우면서 위험을 감지하는 능력을 기르는 것이다. 그런데 권한위임 시에 리더가 매우 주의해야 점이 있다. 리더는 자기가 반드시 의사결정을 해야 하는 순간에 그 의사결정권도 위임해서는 안 된다는 것이다. 리더는 자기 책임 소관에 관한 결정 권한을 타인에게 넘길 수 없다. 의사결정권을 넘기는 순간 그는 리더의 지위를 상실하게 된다. 왜냐하면 리더 본인이 의사결정을 해야 할 업무에 대해 전문가가 아니더라도 의사결정을 해야 할 순간에는 반드시 결정을 해야 할 책임이 있기 때문이다. 의사결정권을 넘길 때 책임을 넘기는 것이고 책임을 넘길 때 그는 더 이상 리더가 아니다.

필자가 발전소장으로 부임하여 얼마 되지 않았을 때 정상 가동 중인 발전소에서 증기발생기에 급수를 공급하는 주급수 펌프 한 대가 정지되어 발전소 과도현상을 경험하였다. 필자는 운전 분야에 30년 이상을 근무한 운영실장에게 발전소 과도상태를 안정화시키라고 지시하였다. 결과적으로 발전소 과도상태는 곧 안정화되었지만 초기 대응과 후속 조치 등에 시간이 오래 걸리는 등 개선할 사항이 나타났다. 어느 한 분야 전문가라고 하여 반드시 그 분야 일을 잘 처리하는 것은 아니다. 의사결정은 전문성과는 결이 다른 능력이기 때문이다. 이 사건 이후로 발전소 전체 차원의 일에 대해서는 소장이 전문지식이 없어도 전문가들의 의견을 들어 신속 정확한 의사결정을 할 수 있었다.

높은 수준의 권한위임은 직원 리더십 능력개발에 최고의 방법이지만 권한이 위임된 업무가 발전소 전체 차원으로 확대될 가능성이 있을 때 리더가 개입하여 의사결정 타이밍을 놓치지 않도록 주의하며 리더 본인이 의사결정을 하는 것이 리더의 역할이며 피할 수 없는 책임이다.

## I. 변화 및 위험관리 능력

원자력발전소 조직문화 특성상 종사자들 대부분은 변화에 유연하게 대응하지 못하는 편이다. 왜냐하면 원자력발전소는 국가의 에너지 수급 장기적 계획에 따라 건설, 운영되고 원전에서 생산되는 전기는 전력 거래에 있어 가장 먼저 깔리는 기저 부하를 담당하므로 전기 판매를 걱정할 필요가 없어 비즈니스 모델이 단순하고 매우 안정적이며 원전을 운영하는 회사의 경영이 외부 환경에 크게 흔들릴 만큼의 변화가 거의 없기 때문이다.

그럼에도 불구하고 회사 최고 경영자가 위기의식을 갖고 긍정적인 방향으로 변화를 꾀할 때 안정적인 조직문화에 오랫동안 익숙한 대부분의 관리자들은 이를 신속하게 능동적으로 리드하지 못하며 직원들도 변화의 필요성을 인정하는 경우일지라도 이를 수용하는 데 많은 시간과 노력이 필요하다.

① 원전 본부 조직변경 시 변화관리 실패 사례들
원전 운영 관련 그동안 많은 조직변경이 있었으나 대부분 성공하지 못하

고 도로 원위치 되곤 하는 경험을 하였다. 대표적인 사례가 원전 본부마다 본부장 휘하에 엔지니어링센터를 신설하여 국내 원전의 취약한 엔지니어링 기능을 보강토록 하였다. 그러나 두 개 호기 기준의 발전소별 조직 운영에 익숙한 관리자 및 직원들이 본부 내 엔지니어링센터 조직 운영의 효과성에 대해 문제 제기를 계속하였고 결국 본부 내 엔지니어링센터 조직을 없애고 발전소별로 관련 인원을 배분하였다. 논리적으로 보면 본부 내에 엔지니어링센터 조직 운영이 기술 축적 및 인력관리 측면 등 여러 가지 장점이 있었으나 변화에 익숙하지 않고 편견이 있는 일부 관리자들과 종사자들의 목소리에 어렵게 신설한 엔지니어링센터가 해체되었다.

물론 원자력발전소 운영에 있어 모든 변화가 크든 작든 발전소 운영에 영향을 주는 리스크로 작용할 수 있기 때문에 좀 더 보수적으로 접근하는 것이 옳은 방향이나 이것이 오랜 기간 동안 조직문화로 고착화될 경우 꼭 필요한 변화에도 익숙하지 않은 데서 오는 부자연스러움을 이겨내지 못하고 예전으로 돌아가려는 관성이 크게 작용하는 것을 그동안 많이 경험하였다. 원전 경영에 있어 조직의 변화를 통한 새로운 기능의 추가 등은 대부분 실패한 경험이 많은 것이 원전 경영에 있어 변화가 얼마나 어려운지를 잘 보여주고 있다.

CREATE
a sense of urgency

INSTITUTE
change

BUILD
a guiding coalition

the big
opportunity

SUSTAIN
acceleration

FORM
a strategic vision
and initiatives

GENERATE
short-term wins

ENLIST
a volunteer army

ENABLE
action by
removing barriers

하버드대학교 존코터 교수의 변화관리 8단계

② 변화 및 위험관리 능력과 리더십 클리닉

리스크 없는 변화가 있을까? 실제로 원전 운영 현장에서는 많은 소(실)장들
이 최대한 리스크 없는 변화를 원한다. 소(실)장들은 리스크에 대해 과도할 정
도로 염려하고 검토하고 다시 한번 따져 보는 일들이 일상화되어 있다. 이러
다 보니 자기 주도적이며 긍정적인 변화에 대해서도 시도하기를 두려워하게
된다. 발전소 안전성과 안전 운전 관련 사항이 아닌 경우 변화를 시도해야 그
로부터 성장을 가져올 수 있다. 필자의 오랜 경험을 통하여 보면 변화는 항상
변화를 주도한 본인에게 큰 성장과 발전할 수 있는 기회를 가져다주었다.

## ■ 리스크와 재테크

원자력발전소에 근무하는 사람치고 재테크에 능한 사람은 없는 것 같다. 필자도 이제는 집사람에게 재테크에 대해 더 이상 할 말이 없게 되었다. 왜냐하면 집사람이 매번 무언가에 투자할라치면 리스크가 너무 크다고 우겨서 투자를 못 하게 하였고 결과는 참담하게 반대로 나타나 기회를 놓쳤다는 불만을 계속 들어야 했기 때문이다. 언제부터인지 필자는 더 이상 집사람의 투자에 대해서 말을 안 하게 되었고 집사람도 투자에 대해 나에게 묻지도 않고 혼자 결정하였다. 그래서 지금은 그 덕에 살고 있음에 감사한다.

사람의 직업이 그 사람의 사고와 성격에 큰 영향을 끼치는 것은 분명하다. 원자력발전소에 오래 근무하다 보면 특히, 경영 리더인 경우는 더욱 리스크에 대해 아주 민감하게 반응하며 대응한다. 왜냐하면 발전소 업무 전체가 대부분 보이는 것뿐만 아니라 보이지 않는 잠재된 리스크까지 찾고 대비해야하는데 이것이 습관처럼 몸에 배어 있기 때문이다. 이러한 사고는 아주 작은확률의 리스크도 피해야 하므로 일반 사회의 경제적 투자 논리와는 큰 격차가 있을 수밖에 없다. 집사람이 언제나 필자에게 하는 말이 있다. "그놈의 리스크, 리스크, 평생 그렇게 좋아하는 리스크만 따지고 사세요."

## J. 원자력 안전 문화 증진

원자력 안전 문화의 근본적인 특성은 무엇인가? 타 산업 분야와 비교해 말하자면 원자력 안전 문화는 최종 성과나 결과보다도 그 결과에 이르는 모든 단계별 과정과 절차의 준수가 더 중요하다는 것이다. 물론 최종 성과도 중요하지만, 그것은 반드시 어떠한 상황에서도 관련 규정에서 요구되는 원칙, 과정과 절차의 준수가 전제되어야만 한다. 이것은 원전 경영에 있어서 소(실)장들에게 원자력 안전 문화 증진에 대한 투철한 신념과 신념에 따른 실행력이 요구된다.

원자력 안전 문화가 발전소 전 종사자에게까지 철저히 생활화되기 위해서는 소(실)장의 솔선하는 리더십이 지속적으로 요구된다. 필자는 원자력 안전 문화 증진을 위한 리더에 대한 요구가 무엇보다도 중요하고 특수하기 때문에 원자력 리더십이 타 산업의 일반적 리더십과 분명하게 구별되어야 한다고 보는 이유이다.

① 발전소 경영에 있어 원자력 안전 문화 수준을 어떻게 알 수 있을까?

필자는 원자력 안전 문화는 발전소 경영 리더인 소(실)장에게 달려있다고 생각한다. 어느 발전소의 원자력 안전 문화 수준을 알려면 발전소에 긴급한 상황이 발생하였을 때 해당 발전소 소(실)장의 행동을 보면 안다. 긴급한 상황에서도 소(실)장이 편법이 아닌 원칙과 관련 절차를 준수하고 있다면 그 발전소의 안전 문화는 높은 수준임은 틀림없다. 종사자들은 소(실)장의 말보다 행동을 주목하여 그들의 말이 진심인지를 알게 된다. 말보다는 리더의 행동이 훨씬 강력한 메시지 전달이기 때문이다.

② 원자력 안전 문화 증진과 리더십 클리닉

발전소에서 긴급한 상황이 발생하였을 경우 소(실)장들은 문제해결에 매몰되어 반드시 지켜야 할 절차를 생략하고 싶은 유혹을 강하게 느낄 수 있다. 그러나 더 강한 신념과 평소 훈련으로 이를 철저히 경계하고 극복해야 한다. 또한 소(실)장들은 흔히 일의 결과를 먼저 알기를 원하기 때문에 일 수행과정에서의 발생한 중요사항을 간과할 수 있다는 것을 늘 염두에 두어야 한다. 반드시 결과와 함께 과정을 질문해 보아야 한다. 일 수행 결과만 질문한다면 원자력 안전 문화 증진 관련 개선사항을 찾아내거나 직원 능력개발을 위한 좋은 교육 기회를 놓칠 수 있다.

K. 원자력 전문기술지식

① 원자력 전문기술지식의 중요성

원자력발전소 소(실)장의 자격요건에 대해 보는 시각에 따라 다른 견해들이 있었고 지금도 여전히 있다. 이것은 미국 등 서양에서는 문제나 논쟁거리가 되지 못하는데 유독 국내에서는 논쟁이 있다. 왜냐하면 미국 등에서는 원전 종사자 주요 보직은 물론 개인 각자에 대한 자격요건이 분명한데 반해 우

리는 조직이 일한다는 개념이 강해 원자력 전문기술지식이 없는 사람도 소
(실)장을 할 수 있다고 생각하기 때문이다.

조직이 일한다는 말이 아주 틀린 말은 아니나 원자력발전소 경영 리더의
역할을 중요하게 생각하기보다는 누구나 할 수 있는 직무로 잘 못 알고 있는
데서 기인한다고 본다. 종종 원자력 전문기술과 경험이 있는 반면에 발전소
전반적인 경영을 위한 리더십이 부족한 소실장도 그동안 꽤 있었기 때문에
이러한 논쟁의 불씨가 된 것에 대해서는 리더십 소양이 부족한 해당 개인과
리더십 교육 기회를 충분히 제공하지 못한 회사 경영관리자들이 반성해야 한
다고 본다.

발전소가 잘 가동될 때는 원자력 전문기술지식이 없어도 문제가 없지만,
긴급 및 위기 상황이 발생했을 때 소(실)장의 신속하고 정확한 판단과 의사결
정 능력이 발전소 안전성 확보에 절대적으로 필요하므로 소(실)장의 자격요건
으로서 원자력 전문기술능력이 절대 과소 평가되어서는 안 된다.

② 원자력 전문기술지식과 의사결정능력과의 연관성

원자력 전문기술지식이 뛰어나다고 해서 신속 정확한 의사결정을 잘 할
수 있는가? 대답은 의사결정에 많은 도움은 될 수 있으나 직접적인 연관성은
적다. 의사결정 능력은 위험을 조기에 인식하며 상황을 정확히 판단할 수 있
어야 하며 의사 결정해야 할 타이밍을 적시에 잡는 능력과 신속 정확히 의사

결정을 실행하는 결단력이 요구된다. 의사결정을 잘하기 위해서 소(실)장은 전반적인 원자력발전소 계통과 설비에 대한 기술지식이 필요하나 모든 기술 분야에 반드시 고도의 전문가일 필요는 없다. 필요시 문제 분야의 전문가의 의견을 참조하여 최종 판단과 결정은 소장이 하는 것이다. 소(실)장이 문제 분야의 전문가일지라도 중요 사안에 대해서는 시간이 허락할 경우 최종 의사결정에 앞서 소 내외 다른 전문가들에게 질문을 통해 철저히 확인해보는 것도 의사결정 오류를 줄이는 방법이다.

# 04 _ 원자력발전소 경영 리더의 리더십 역량향상은 어떻게?

## A. 경영 리더의 날개 없는 추락은 왜 발생하는가?

　　　　　필자가 한전/한수원에 40년간을 근무하면서 그 동안 고위 간부들이 날개 없는 새들처럼 추락하는 사례들을 많이 보아 왔다. 수년 전부터 미투(Me Too) 운동으로 촉발된 직장 내 성희롱 문제, 세대 간의 이해 부족 심화로 상사나 힘 있는 위치에서의 갑질 문제 등으로 고위직 간부가 보직 해임되거나 불명예 퇴진하는 사례가 종종 일어났다. 이런 사례를 자세히 들여다보면 물론 우발적인 사례도 있지만 대부분 추락에 이르게 하는 공통적 요인들을 발견할 수 있다.

　　공통적인 요인으로서는 자만과 방심으로 인한 자기 통제력의 약화를 들 수 있다. 독립적인 조직의 사업소장이나 고위직 간부가 되면 오직 자기를 통제할 수 있는 사람은 본인뿐이므로 스스로 조심하지 않는 한 저녁 회식 자리 등 풀어진 분위기에서 그동안 통제해 왔던 바람직하지 못한 행동들이 튀어나온다. 경영 리더들은 각별히 높은 표준의 윤리성을 갖고 말과 행동을 사려 깊게 가려서 해야 하며 어느 순간이든 자기를 조절 및 통제할 수 있도록 훈련해야 한다.

## B. 나의 체험적 리더십 역량개발 방법

2002년부터 필자가 3년간 미국원자력발전협회(INPO)에 근무 시 원자력발전소 종사자에 대한 리더십이 큰 화두였다. INPO에서 주관하는 부서 회의나 발전소 안전 점검 평가회의 등 각종 회의에서 리더십 문제가 재조명되었다. 2004년 미국 윌밍턴시에서 개최한 인적 능력 향상 워크숍에 참석한 적이 있었는데 깜짝 놀란 것은 거기서도 인적 능력 향상과 관련된 많은 주제 발표에서 리더십이 주로 다루어졌다. 국내에서는 공개적으로 잘 다루지 않는 주제인데 미국 원전 관련 조직과 현장에서는 2000년 초부터 흔하게 그리고 공개적으로 논의되고 있었다.

국내 공기업은 직급에 따른 포지션 리더십이 절대적으로 작용함으로 상급자로서 격에 맞는 리더십이 없더라도 직급으로 부하직원을 눌러 자기 의견을 관철하는 것이 오래된 관행이었다. 그러나 이제 시대는 급격히 바뀌었다. 2021년도 하반기에 원전 소(실)장을 대상으로 시행된 "원전 고급관리자 리더십 교육"에서 가장 많이 발표된 주제가 "젊은 직원과의 소통"인 것을 보면 그만큼 신세대와의 소통을 위한 리더십 역량이 원전 고급관리자의 필수 역량으로 크게 부각되고 있음을 나타낸다.

이제는 상위 직급과 직책의 포지션 리더십의 영향이 많이 축소되고 있고 이와 같은 현상은 앞으로도 가속화될 것이다. 그러므로 리더십 스타일도 상황변화에 맞게 전통적인 탑-다운 식의 일방적 지시 스타일에서 상호 신뢰를 바탕으로 인정과 소통 능력이 뛰어난 코치형 리더로 전환이 필요하며 그 수요도 크게 증가할 것으로 예상된다.

필자가 원자력발전소 소장을 끝으로 임금피크 신분으로서 한국전력 원자력대학원대학교(KINGS)에서 "원전 운영 Management & Leadership" 과정을 신설하여 강의하면서 2018년도에 시작된 한수원 "원전 고급관리자 리더십 과정"에 퍼실리테이터(Facilitator) 및 리더십 강사로 계속 참가하게 되었다. 그동안 회사생활을 하면서 체험을 바탕으로 한 필자의 강의와 사례 연구(Case Study), 토론과 발표가 리더십 과정에 참석한 원전 소(실)장들에게 많은 간접경험과 깨달음을 주었다고 본다. 아래 사항은 리더십 과정에 참석한 소(실)장들에게 제시했던 필자 본인의 체험적 리더십 역량개발 방법이다.

- 발전소장은 회의에서 가장 나중에 말하는 사람이다. 자기 말을 줄여라. 그 대신에 경청하라 그리고 질문해라.
- 항상 핵심 질문을 준비하라. 회의 전 핵심 질문 3가지 준비하기를 실행할 경우 소(실)장의 잔소리는 줄고 꼭 필요한 것만 집어낼 수 있고 직원들이 미처 깨닫지 못한 것을 자각하게 하는 장점이 있다. 유대인의 자녀 양육은 자녀가 학교에서 귀가했을 때 공부를 잘했는가를 물어보는 것이 아니라

"오늘은 어떤 좋은 질문을 하였는가?"를 물어본다고 한다.

- 통찰력을 갖도록 노력하라. 나타난 현상 뒤에 있는 보이지 않은 숨은 동기와 욕구를 알기 위해 한두 번 더 질문해 보자. 결과만을 보고 받지 말고 그 과정은 어떠했는지를 질문해 보라. 그러면 더 배우고 개선해야 할 점을 깨닫게 될 것이다.

- 기록함으로써 리더십 성공 및 실패 경험을 재구성하고 자기 것으로 만들어야 한다. 즉 자기 경험을 자산화하는 노력이 필요하다. 경험 자체는 하나의 점들이다. 점들을 이어 선을 그려 보는 작업을 해야 한다. "구슬이 서 말이라도 꿰어야 보배이다"라는 말과 일맥상통한다. 기록함으로써 정리가 되고 정리가 될 때 통찰력도 생긴다.

- 누구나 실패할 수 있다. 그러므로 실패를 두려워하지 말고 실패를 통해 배우지 않는 것을 두려워해야 한다.

- 리더십 실패 사례들을 타산지석으로 활용하라. 본인이 그 상황에 똑같은 위치에 있다고 가정하고 상황이 재연될 때 본인은 어떻게 대응할지 이미지 훈련(Image Training)을 해보라.

- 새로운 업무와 변화를 즐겨라. 그래야 본인 자신의 리더십이 개발될 기회를 얻는다.

- 리더(Leader)는 리더(Reader)이다. 책을 통해 간접 경험을 쌓고 사고의 틀이 확대되며 새로운 아이디어와 통찰력을 기를 수 있다.

## C. 코칭을 통한 리더십 역량개발

퇴직 후 코칭을 배우고 난 소감은 코칭을 현직에 있을 때 활용할 수 있었으면 본인의 성장과 회사에 발전에 크게 기여할 수 있었을 것이라는 안타깝고 아쉬운 마음이 들었다. 그만큼 코칭은 조직 구성원의 잠재 능력개발로 조직의 성과를 더 높일 수 있는 강력한 리더십 역량으로 주목받고 있는 것을 늦게 깨달은 것이다.

뛰어난 경영 리더가 되기 위해서 이제 코칭이 무엇이며 코칭이 왜 필요한가에 대한 분명한 인식을 해야 한다. 코칭에 대한 분명한 인식이 있을 때 실제 업무를 통해 본인이 코칭 리더십을 발휘할 수 있을 뿐만 아니라 코칭을 받는 부하직원들의 성장과 조직의 발전을 효과적으로 이끌 수 있다. 코칭은 열린 질문과 자기 인식을 통해 우리 안에 잠재된 능력을 개발하고 자기 주도적인 실행력을 높이는 최고의 인적 역량향상 프로세스라고 필자는 정의한다.

코칭이 제대로 이루어져 효과를 보기 위해서는 다음 두 가지가 중요하다. 첫째는 코치의 마음 자세로서 코칭 상대방과 신뢰 구축이 필요하다. 그래서 코치는 선입견을 갖고 상대방을 판단하거나 상대방보다 경험이 많고 지위가 높다고 조언하지 않도록 훈련하며 상대를 인정하고 경청을 통해 끝까지 신뢰감을 보여주어야 코칭 상대방의 긍정적인 변화와 성장을 이끌 수 있다. 둘째는 코칭을 통해 변화와 성장을 하겠다는 코칭을 받는 사람의 열린 마음과 긍

비즈니스 코칭 전문가 과정(Business Coaching Mastery) 교육, 코칭경영원 고현숙 대표와 함께

정적인 자세가 필요하다. '말을 물가까지 끌고 갈 수는 있어도 물을 먹게 할 수는 없다' 라는 속담이 있다. 회사에서 근무 우수자가 아닌 문제 직원을 강제적으로 코칭을 받게 할 경우 종종 이와 비슷한 현상이 일어날 수 있다. 형식적으로 따라만 할 뿐 실제적인 변화나 성장에는 마음의 문을 닫기 때문이다.

코칭은 단지 코칭 프로세스를 암기하거나 질문하는 스킬을 익히는 문제가 아니다. 훌륭한 코치는 코칭 상대방을 있는 그대로를 존중하고 진심 어린 소통을 위해 코치 자신의 존재가 더 성숙하고 온전해지기 위해 지속적인 훈련을 통한 끊임없는 배움과 깊은 성찰을 해야 한다. 결론적으로 코칭은 강력한 리더십 역량일 뿐만 아니라 자기가 되고 싶은 미래의 모습과 바람직한 자아실현을 위한 인생 수업이기도 하다.

# 05 _ 원자력발전소 경영 리더의 과중한 심적 스트레스 관리

원전 종사자들은 구조적으로 많은 심리적 스트레스를 동반하고 있다. 특히, 담당하고 있는 원전이 비정상 상황 등 리스크가 높은 과도 상황에서 짧은 시간에 신속 정확하게 의사결정을 해야 하는 소(실)장의 경우에는 심적 스트레스의 강도가 타 분야에 근무하는 사람보다 월등히 높아 이를 잘 관리하는 것이 중요하다. 원전 소(실)장들은 휴대전화를 목욕탕에 갈 때도 갖고 들어간다. 또한 야간이나 새벽에 울리는 휴대전화 소리에 심장이 내려앉는 소리가 들릴 정도로 소리에 예민해지고, 휴일이든 한밤중이든 발전설비에 이상이 보고되면 곧바로 현장에 달려가야 된다. 필자가 발전소장일 때 전임 소장의 책상 서랍에서 치우지 못한 많은 신경안정제를 본 적이 있다. 또한 소장실에 간이침대가 있어 바쁠 때는 집에 안 가고 소장실에서 눈을 붙이는 경우가 잦았다고 했다.

스트레스라는 가스가 가득한 곳에서 방독면 역할을 하는 것이 무엇인지 한번 생각해 볼 필요가 있다. 의식하든 하지 않든 원자력발전소에서 오래 근무하다 보면 자기방어적 스트레스 해소법을 갖게 된다. 그것이 없다면 장기간의 원전 근무는 버티기 쉽지 않다. 힘든 상황에서 사람마다 서로 다른 스타일과 개성을 고려할 때 과중한 스트레스로부터 자기만의 회복탄력성을 인식하고 성장시켜야 하며 리더는 자신뿐만 아니라 직원들 개개인의 회복탄력성에 관심을 가지고 잘 작동할 수 있도록 해야 할 책임이 있다.

원전 설비에 약간의 이상한 조짐 혹은 아무 문제가 없더라도 늘 긴장해야 하고 외부의 불안한 눈빛과 감시에 따른 무거운 압박이 원자력발전소 근무자에게는 스트레스로 작용할 수 있다. 그러므로 이를 대처할 자신만의 방어법이 생성되고 강화될 필요가 있다. 자기만의 회복탄력성을 갖는 것은 원전 운영의 신뢰도를 높일 수 있을 뿐만 아니라 직원 개개인의 삶에도 긍정적 영향이 미치므로 매우 중요한 이슈라고 생각한다. 그러므로 원전 경영 리더는 우선 자신의 회복탄력성이 무엇인지, 어느 때 작동하는지, 상황을 극복하기에 충분한지, 잔여 스트레스를 처리할 제2, 제3의 작동 기재는 무엇인지를 스스로 인지해보아야 한다.

명상, 일기, 기도 등을 통해 인지하는 방법도 있고 친구나 멘토와의 대화에서 힌트를 얻는 방법도 있다. 충분하지 않다면 코칭을 권하고 싶다. 코치는 리더의 생각과 의도에 간섭하지 않고 비밀을 준수하면서 리더가 자기 자신을 바라보는 촉매제 역할을 하기 때문에 많은 도움이 될 수 있다. 요즘은 자신의 속 깊은 이야기를 장시간 흐름을 끊지 않고 들어주는 환경을 만들기가 참으로 어렵다 보니 마음속 깊은 곳에 방치해놓고 꺼내 볼 생각도 하지 않아 속에서 곪는 경우가 있다. 그것이 누적되어 한꺼번에 솟아 터지면 감당하기 어려운 상황이 된다.

당시 코칭을 잘 몰랐던 필자의 경우 원전 소장 보직 약 2년간 두꺼운 노트 분량의 일기를 썼다. 나중에 보니 상대적으로 짧은 기간에 가장 많은 일기를 소장 보직 기간에 쓴 것을 알았다. 일기를 쓰다 보면 생각이 정리되고 과중한 스트레스도 상당히 해소됨을 체험하게 되었다. 또한 퇴직 후에 그 일기 노트는 유용한 경험자료로 활용할 수 있어서 지금도 소중한 보물로 간직하고 있다.

회복탄력성을 높이는 방법으로 셀프모니터링(self-monitoring)을 들 수 있다. 이를 통해 심리적 거리감을 두는 방법이 있다. 스트레스가 자신 속에서 어떻게 작동하는지를 인식하고 스트레스 자체를 곱씹지 말고 한 걸음 물러나 관찰하는 방법이 의외로 도움이 된다. 다른 방법은 행동하는 것이다. 어느 책에서는 멍때리고 걷기를 추천하는데, 나쁘지 않다고 생각된다. 가끔 무거운 마음으로 갈까 말까 하다 산에 올랐는데 의외로 개운해지는 마음을 느낄 때가 있다. 차 한잔을 마시거나 좋아하는 산책을 하거나 친구와 편안한 스몰톡(small talk)을 하면서 푸는 방법도 있다.

누구에게나 공통적으로 적용되는 대처 방법은 없다. 왜냐하면 모든 사람은 서로 다른 생각과 가치관, 감정을 가지고 있으므로 스트레스를 푸는 방법도, 그 효과도 약간씩 차이가 나기 때문이다. 같은 사람도 어떤 상황이냐, 어느 시기냐에 따라 회복탄력성이 작용하는 방법과 효과가 다르기 때문이다. 그럼에도 회복탄력성을 인식하고 노력하며 스스로를 챙기는 과정이 리더를 리더답게 만들고 주변의 신뢰를 얻는 데 중요한 요소로 작용한다고 생각한다.

이런 점에서 리더가 직원들이 자신만의 회복탄력성을 가질 수 있도록 격려하고 지원한다면 그 조직은 굳건해지고 늘 좋은 컨디션을 유지하는 조직과 팀워크를 만들 수 있을 것이다.

# 코칭과
# 코칭 리더십

# 01 _ 코칭이란?

        코칭을 공부하고 있다고 하면 약간 의아한 모습으로 조심스레 질문을 한다. 스포츠 코치 혹은 감독으로 착각하면서 생뚱맞은 반응을 보인다. 한 걸음 더 나아가 코칭을 받아보겠냐고 하면 내가 왜? 무슨 문제가 있어 보이냐고 반문하기도 한다.

  코칭의 어원은 헝가리의 'Kocs'(코치) 지방에서 고안된 '말이 끄는 사륜마차'에서 유래했다. 현 지점에서 목적지로 편하고 빠르게 가기 위한 운송 수단이었던 사륜마차를 사람들은 자연스럽게 코치라고 부르게 되었다. 이런 연유로 지금도 북유럽에서는 택시를 "코치"라고 부르기도 한다. '현 지점'이 '현 상태'로, '목적지'가 '원하는 상태'로 어원이 발전하였다.

   (배용관, 『리더의 코칭』, 아비요, 2016, p31)

  코칭은 버스나 기차처럼 정해진 길을 고객이 선택해서 가는 것이 아니라 고객이 정한 목적지를 고객이 원하는 길을 따라가도록 도와주는 마부 역할에 가깝다. 훈련을 의미하는 트레이닝(training)과 비교하면 그 의미가 명확해진다.

트레인(train)은 기차를 의미하고 기차는 선로를 따라 미리 정해진 길을 달리며 목적지도 정해져 있고 출발시간과 도착시간도 정해져 있어 승객이 도중에 머물고 싶을 때나 다른 방향, 다른 목적지로 마음을 바꾼다면 다른 기차를 선택해야 한다. 즉, 정해진 커리큘럼에 따라 트레이너가 시키는 대로 따라가는 것이 트레이닝이라면 코칭은 택시처럼 고객이 목적지도 정하고 도중에 가고 싶은 길을 선택할 수도 있다.

모든 선택은 고객이 정하고 택시 운전사는 고객이 원하는 대로 가고 싶은 길을 가도록 도와주는 동반자 역할에 가깝다. 도중에 내릴 수도 있고 목적지를 변경할 수도, 연장, 확대할 수도 있다.

그러기 위해서 코치가 고객이 무엇을 원하는지를 통찰하는 것은 매우 중요하다. 선택권을 가진 고객 자신이 무엇을 원하는지, 어디로 가야 하는지, 어디쯤 가고 있는지를 인지하지 못하면 코칭이 끝나더라도 고객은 코칭을 통해 성장하거나 변화하지 못한다.

그런 점에서 코치는 고객이 진정으로 무엇을 원하는지 스스로 알아차리도록 질문을 통해 명확히 해야 한다.

코칭의 좋은 점 하나는 자기 자신을 있는 그대로 깊이 바라볼 수 있는 기회를 얻는다는 점이다. 일상을 살아가면서 우리는 외부 환경에 의해 자신을 잃어버리고 사는 경우가 많다. 자기 자신을 관조할 기회나 여유가 없는 현실을 오랜 기간 방치하면 자존감이 떨어지고 외로움을 쉽게 느끼며, 우울해지는 자신을 추스르기 힘든 상황으로 밀어 넣은 경우가 많다. 요즘처럼 각박하고 치열한 현대사회에서 코칭이 부각되고 있는 이유 중 하나다.

또 다른 좋은 점은 자신을 정해진 유형 속 하나로 규격화했을 때 오는 괴리감을 해소해 준다는 것이다. 간단히 '나는 O형이니까 이런 사람이야' 부터 DISC나 MBTI 진단을 통해 알게 된 자신의 유형에 공감하면서도 동의할 수 없는 부분이 생기는 것은 개개인학에서 주장하는 것처럼 동일한 사람은 없기 때문이다. 쌍둥이도 자세히 보면 다른 점이 많고, 지문이나 홍채가 똑같은 복제인간 같은 사람은 없다. 그런 점에서 트레이닝에서 간과하기 쉬운 개개인의 특성을 반영한 자기 성장의 방법으로 코칭만큼 적합한 솔루션은 찾아보기 쉽지 않다.

다른 전문영역과 비교해보면 코칭이 무엇인지 좀 더 명확해진다.

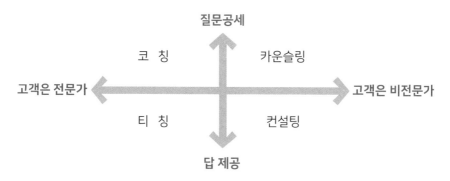

(배용관, 『리더의 코칭』, 아비요, 2016, P33)

코칭은 고객이 전문가라 믿기 때문에 현재와 미래에 초점을 맞추어 질문을 제공한다. 티칭(teaching)은 고객을 전문가로 만들기 위해 답을 제공한다. 카운슬링(counseling)은 고객을 비전문가로 보고 과거 중심의 질문을 통해 고객의 문제를 해결하려고 한다. 컨설팅(consulting)은 고객이 비전문가이기 때문에 답을 제공한다. 멘토링(mentoring)은 대화와 시범을 통해 교육하지만 코칭은 질문과 경청으로 고객과 소통하는 것에 그 차이가 있다. 코치가 고객의 표상이 될 필요가 없다. 동기부여를 하고 함께 공감하고 응원하는 든든한 동반자로 역할을 다하는 것이다.

## 02 _ 코칭의 이론적 배경

　　　　　　　　국제코치연맹에서 정의하는 코칭의 관점에서 보면 '모든 사람은 온전하고 자원이 풍부하며 창의적'이라고 표현하고 있다. 즉 자신에 대해 자신이 제일 잘 알고 있으며 이를 해결할 여러 자원을 충분히 갖고 있으며 다른 사람과 다른 차별화된 독특함을 갖고 있다고 본다.

　그런 관점에서 개개인학이 요즘 화두로 떠오르고 있다. 똑같은 사람은 없다. 이는 생각과 감정, 행동 등도 유사성은 있지만 획일적이지 않다. 이 차이로 인해 많은 사람이 힘들어한다.

　코칭은 심리학에 근간을 두고 변화해 왔다. 코칭과 관련한 심리학적 이론들을 간단히 살펴보면 모든 행동은 학습으로 변화시킬 수 있다는 행동주의 심리학이 있다. 특정 행동에 대해 보상과 처벌 같은 결과를 조건화하면 학습을 통해 원하는 결과를 얻을 수 있다는 파블로프나 손다이크의 동물실험이 그 예다. 다만 과학적 방법론에 의존하여 개인의 독특한 감정과 사고를 경시한 면이 있다. 프로이트의 정신분석학은 무의식의 영역을 발견하고 그 무의식을 억압하는 방어기제와 그에 따른 갈등이 행동과 성격, 정서에 영향을 미친다고 보았다. 리비도 즉 성적 욕구가 동기의 뿌리라고 본 결정론은 생애 초기의 경험과 본능적 충동을 지나치게 강조한다는 비판이 있다.

제3의 심리학으로 인본주의 심리학이 있다. 코칭의 줄기로 인간은 자신의 능력과 창의성을 키우고 표현하며 자아실현 과정을 향해 나가는 의지와 잠재력이 있음을 강조한다. 매슬로의 욕구위계설을 통해 생존 욕구로부터 안전, 사랑과 소속, 존중, 자아실현이라는 상위적 욕구로 나아가려는 보편적 욕구와 의지가 있다고 보았고, 칼 로저스는 자신의 성장과 삶의 진로에 스스로 전문가가 될 수 있다는 자유의지를 강조했다. 문제가 아닌 사람에게 집중하는 접근법으로 다음 4가지 원칙을 강조한다. 무조건적이고 긍정적인 존중, 진정성, 공감, 수용이다. 여기서 수용은 동의나 인정과는 다른 의미로 판단이나 비판, 비난하지 않고 상대방의 느낌이나 관점을 이해하고자 애쓰는 것을 말한다.

개인 심리학의 아들러 인지행동 치료는 부정적인 핵심 신념을 건강한 신념으로 대치시키고 자신과 타인, 세상에 대해 새로운 관점을 갖게 함으로써 감정과 행동의 변화를 가져오는 요법이다. 과거보다는 현재와 미래를 강조한다. 데시와 라이언의 자기결정이론도 있는데 사람들이 어떤 행동을 타인의 지시가 아닌 스스로 선택할 때, 본인이 할 수 있다고 믿을 때, 중요한 관계에 의미를 지닐 때 행동의 동기가 높아진다는 것이다. 이를 바탕으로 코칭이 이루어지는데 본인이 직접 목표를 설정하고 대안을 탐구하고 실행에 책임지도록 하는 것, 자신의 강점을 활용하고 유능감을 경험하도록 하는 것, 의미 있는 관계에 긍정적인 영향을 미치는 것이 될 때 코칭의 효과성이 높아진다는 것을 알려준다.

성인학습이론은 코칭의 상대자가 대부분 성인이고 회사 직원인 경우에 참고할만하다. 성인 학습자의 특징을 보면 우선 그들은 독립적 학습자로서 무엇을 배울지를 명확히 알아야 한다. 자기 주도적이면서 가르치는 사람과 동등한 대우를 받고 싶어 하며 그들이 아는 것에 대한 존중을 원한다. 그들은 학습에 대한 경험이 풍부하여 나름의 경험 저장소를 갖고 있다. 스스로 배우고자 하는 욕구가 있을 때 교육효과가 있다. 학습 내용이 현실과 관련성이 있는지를 중시한다. 배운 것이 있으면 현실의 문제 해결에 적용하고자 한다. 내적인 동기가 있다. 즉 문제 해결에 도움이 되는 학습에는 동기가 있고 내면적 보상을 갖는다.

마지막으로 긍정주의 심리학이다. 과거의 심리학이 치료목적의 병리학적 관점과 질병모델에 머무르고 있다고 주장한 마틴 셀리그먼은 1990년대 초, 삶의 긍정적인 질적 요소를 촉진하는 심리학을 주창하였다. 그는 개인의 조직과 번성을 가져오는 요인 5가지를 'PERMA'라 명명하였는데 긍정적 정서, 몰입, 관계, 의미, 성취이다.

## 성장모델과 질병모델

코칭은 인간 잠재력에 대한 긍정적 관점을 기반으로 인본주의 심리학과 인간중심에 서서 인간이 근본적으로 행복과 성장을 추구한다는 긍정주의 심리학의 가정을 토대로 한다.

질병모델은 문제점과 나쁜 것을 제거하는 데 초점을 준다. 회사 조직 내에서의 대화가 여기에 맞추어져 있다. 문제점이나 결핍, 약점 등 부정적 특징을 찾고 제거하여 문제없는 상태로 만드는 것이다. 이때 당사자들은 부족하고 모르는 것이 많으며 늘 문제를 안고 있다는 마음으로 임한다. 이에 반해 코칭이 가미된 성장모델은 변화와 성장에 초점을 맞춘다. 문제보다는 사람에 집중하고 부정적인 문제나 결핍보다는 잘된 점, 가능성, 강점을 발전하고 더 잘 활용하도록 촉진하는 데 신경을 쓴다.


예를 들어 발전소에 사고가 발생하였을 경우 우선 리더는 객관적 상황을 파악하고 어떻게 수습하며 우선순위에 따라 적합한 조치를 누가 어떻게 해야 하는지 역할을 분담하고 장애 요소가 없는지 어떻게 극복할 수 있는지를 적정한 의사결정과 지원으로 리드해 가야 한다.

반대로 리더가 부정적 관점에서 무엇이 문제인지, 어떻게 빨리 봉합할 수 있는지, 누구 잘못인지, 누구에게 어느 정도의 책임을 떠넘길 것인지, 나의 책임을 회피할 방법이 무엇인지 등의 관점에서 접근한다면 사고처리 후에도 그 과정에서 학습효과를 찾기 힘들뿐더러 문제 발생 원인이나 조치내용을 축소하거나 왜곡하여 재발 가능성을 높이고 이러한 경험과 내용도 유사한 입장의 다른 조직에 공유하려 하지 않거나 일부만 공유하여 회사 전체에 장기적으로 손해를 끼치는 경우가 있을 수 있다.

코칭이 회사조직문화에 깊이 뿌리내릴수록 질병모델보다는 성장모델로 회사가 자연스럽게 성장할 가능성을 높일 수 있다.

여러분은 이 경우 어떤 코칭 대화가 더 도움이 되겠는가?

사례: 새로운 팀을 맡았는데 팀원들의 경험이 많이 부족한 것 같다. 열정도 없어 보이고. 큰 프로젝트를 수행해야 하는데 리더로서 처음이라 답답한 상황이다.

〈질병모델〉

코치: 힘든 상황이네요. 지금이라도 경험 많은 팀원을 보충할 방법은 없나요?

리더: 그건 쉽지 않을 것 같아요.

상사가 일도 시작하기 전에 벌써 죽는소리한다고 생각할 것 같아서요.

코치: 그럼 어떤 다른 방법이 있을까요?

〈성장모델〉

코치: 팀이 역량을 갖추기를 바라는 것 같네요.

기대하는 결과를 꼭 만들려는 마음이 느껴지네요.

리더: 네. 저에게는 기회라서 좋은 성과를 내고 싶죠. 쉬운 일은 아니지만….

코치: 기대하는 성과를 내는 데 본인과 팀이 가진 자원이 있다면 어떤 것이 있나요?

## 03 _ 기업 내 코칭 주제 빈도 분석

우리나라 기업 리더들을 대상으로 코칭 주제 빈도를 분석한 연구 결과(2011, 고현숙, 백기복, 이신자)에 따르면 갈등관리, 리더십 개발, 커뮤니케이션 역량개발, 대인관계 역량개발 등이 빈도가 높게 나왔다. 지위가 높아지고 업무의 범위가 커질수록 갈등에 대한 조정역할이 증대되므로 갈등에 대한 관리가 매우 중요한 역량으로 요구된다.

특히 원전 조직의 리더 입장에서는 조직 내 전기, 기계, 계측 등 연계된 설비의 안정적 운영에 서로의 연계성을 파악하고 조율해야 하는 문제부터 자재 조달, 인사 및 보상, 직무권한, 예산 등 관련 부서와의 협력적 조정업무도 쉽지 않다. 나아가 타 발전소와의 정보공유, 경쟁과 협조, 규제기관과의 갈등, 지역주민과의 협력적 관계 유지 등 수많은 갈등이 상존하는 환경 속에서 리더는 다른 산업보다 더 많은 갈등관리 역량을 요구받고 있다.

그런 점에서 코칭의 주제 빈도도 갈등관리 부분이 많을 것으로 예상된다. 리더십 개발도 중요한 이슈이지만 유기적이고 체계적으로 움직여야 하는 원전 운영에 있어서는 필요조건 수준이지 충분조건은 아니라는 인식이 많은 실정이다. 그러나 원전 운영 수준을 지금보다 한 단계 이상 높이려면 리더는 자신의 리더십뿐만 아니라 조직 중간 간부들의 리더십 향상에 필수적으로 집중해야 한다.

커뮤니케이션 역량은 모든 리더가 공감하고 필요하다고 생각하지만 정작 학습과 훈련을 통해 높이려는 시도는 의외로 적은 편이다. 그냥 막연히 지내다 보면 숙달되고 높아지겠지 하는 추상적 기대를 하고 있는 리더가 의외로 적지 않다.

원전 운영이라는 탄력성이 없는 업무의 성격을 고려할 때 리더는 물론 조직 구성원들도 자신의 커뮤니케이션 역량에 대한 성장보다는 나를 둘러싼 다른 사람들 특히 상사의 커뮤니케이션 역량이 증대되어 나와의 소통이 편해졌으면 하는 바람을 갖고 있는 경우가 많다.

즉 내가 바뀌는 것이 아니라 내 주변이 나를 중심으로 바뀌었으면 하는 기대를 토로하면서 그런 환경이 되지 않는 것에 대한 불만과 불평을 마음에 품고, 자신에게 다가오는 대화의 손길을 외면하거나 차갑게 내치는 경우도 적지 않다.

그런 점에서 의도적으로 리더가 코칭을 받게 될 경우, 코칭을 주관하는 부서에서 자신의 커뮤니케이션에 대한 주제를 의무적으로 일정 부분 다루도록 코칭 옵션에 넣는 방안을 검토하기를 희망한다.

마지막으로 대인관계 역량개발 역시 원전 근무자들에게는 간과되지만 꼭 필요한 코칭 주제 중 하나이다. 원전 근무자들의 대인관계는 의외로 넓지 않다. 직무 특성상 오지에 오랜 기간 근무하다 보면 업무적으로나 개인적으로 만나는 사람의 폭이 좁아지고 만나는 사람도 한계가 있어 대인관계를 어떻게 해야 하는지 어떤 마음으로 어떤 방식으로 대인관계 역량을 키울 수 있는지도 잘 고민하지 않는 분위기라 생각된다.

눈앞에 보이는 지인들만 만나다 보니 멀리 떨어진 지인과는 자연스레 멀어지는 경향도 있고 업무 관계에 있더라도 만남의 빈도를 높이기가 쉽지 않은 여건 속에서 생활하는 경우가 많다. 마음은 있지만 행동으로 옮기기가 어려운 상황에서 대인관계 역량을 키우는 것이 쉽지 않다.

또한 다른 분야의 다른 가치를 가지고 있는 사람들과의 관계를 맺기는 더더욱 어렵다. 일반인들을 대상으로 하는 마케팅업무가 없다 보니 원전 근무자들은 발전설비를 운영하는 데 연계된 이해관계자 외에는 접촉하기 어려우므로 새로운 만남에 대해서는 어색함과 서투름으로 인해 차갑다거나 무관심하다고 오해받기도 한다. 이는 퇴사 후 새로운 삶을 시작할 때 커다란 장벽으로 인식되어 자신의 능력과 경험을 인정받지 못하거나 저평가되는 많은 안타까움이 있다.

그 외에도 빈도가 높은 코칭 주제로 참고할 만한 것은 변화적응 역량개발, 스트레스 관리 등이 있다. 원전 운영의 안전을 고려할 때 변화를 불편하게 생각하는 리더가 적지 않다. 변화는 리스크를 높이고 불안감을 조성하는 단초라고 생각하는 경향이 있다. 그러나 큰 틀에서 보면 원전 설비도 늘 개선되고 새로운 기술개발에 따라 변화해야 하는 입장에 있음을 가끔 간과한다. 보다 더 안전하게, 보다 더 편리하게 원전을 운영하기 위해 설비나 운영방식도 끊임없이 개발되고 변화하고 있다. 리더는 안정성을 위해 변화를 최소화하거나 방어적 입장에서 탈피하여 변화에 적극적으로 대응하고 적응하도록 조직을 리드해야 한다. 그 역량이 절실히 요구되는 시점이다.

이에 대한 성찰은 굳이 코칭이 아니더라도 스스로 방법을 찾아야 한다고 생각한다. 스트레스 관리는 어느 분야든 관계없이 꼭 일정 빈도를 차지하는 코칭 주제 중 하나다.

업무 측면뿐만 아니라 개인의 사생활 측면에서도 스트레스는 건강하고 활력 있는 삶을 추구하는 데 반드시 관리되어야 할 주제이다. 코칭을 통해 자신이 받는 스트레스가 무엇인지를 알고, 어떻게 극복할 것인지를 정하고 실천하여 자신에게 맞는 관리 방법을 찾는 것이 매우 중요하다고 생각한다.

의외로 무작위적이고 피상적으로 스트레스를 관리한다고 하면서 스트레스를 키우는 경우도 많다. 누구에게나 적용되는 스트레스 해소법은 없다. 자신이 가진 스트레스도 개인마다 다르며 극복 방법 혹은 관리 방법도 사람마다 차이가 난다. 코칭을 통해 객관적으로 자신을 돌아보고 스스로 하고 싶은 관리 방법을 찾아내서 꾸준히 실천한다면 좋은 변화를 가져올 수 있다고 믿는다.

# 04 _ 코칭 리더십이란?

　　　　　　　　리더가 코칭 마인드를 가지고 리더십을 발휘해야 할 환경으로 변하고 있다. 변동성, 불확실성, 복잡성, 모호성으로 특화된 4차 산업혁명의 시대에서 가치 있고 의미 있는 일을 추구하며 성장 욕구가 강한 밀레니엄세대/Z세대(MZ세대)가 현재 원전 운영조직의 하부기반을 담당하고 있는 현시점에서 조직문화의 변화가 감지되고 있고 중간 간부들의 리더십방향에 마찰음이 커지고 있음을 인지하고 있으나 표출되지 않고 있다고 본다. 그런 점에서 과거 리더십과는 차원을 달리하는 리더십이 절실히 필요한데 필자는 코칭 리더십을 강력히 추천하고 싶다. 리더가 follow me라는 시그널을 직원들에게 주면서 내가 시키는 대로 하면 성과도 얻고 임무도 완수할 수 있다는 과거의 리더십보다 직원과 소통하면서 각 담당자의 업무에 대한 자세와 태도, 잘하는 것과 하고 싶은 것이 무엇인지 서로 이해하며 팀플레이를 하려면 코칭하는 자세로 리더십을 발휘하는 것이 효과적이라 생각한다. 그러므로 코칭 리더십을 발휘하는 리더는 정답을 주기보다는 스스로 해답을 찾도록 질문하고 평가하고 통제하기보다는 구성원들의 성장 욕구를 알아차리고 발전하도록 지원해야 하며, 해야 할 일을 지시하기보다는 스스로 헌신할 수 있도록 동기부여 해야 한다. 함께 고민하고 함께 실행하며 서로 신뢰하는 마음을 갖고 팀플레이를 하여 성과를 공유하고 리더를 포함한 구성원 각자의 변화와 성장도 이룰 수 있도록 코칭하는 자세의 리더십을 발휘하는 것이 코칭 리더십이다.

과연 리더가 모든 답을 갖고 있고 구성원들 역시 그렇다고 믿고 있는가? 발전소에 오래 근무했다고 전문가로서 해야 할 역할을 더 잘한다고 생각하는가? 발전소 설비에 대한 오랜 경험과 축적된 성공 혹은 실패 사례로부터 배운 통찰력 등이 미래의 발전소 운영에도 그대로 적용되는 것이 맞는가?

오랜 근무 경험이, 젊은 직원들보다 변화하는 환경에 더 빨리, 더 적정하게 적응하는 데 도움이 되는가? 물론 경험이 중요한 요소이기는 하지만 절대적인 것은 아니라고 생각한다.

원전 운영을 잘하기 위해서는 근무 경험이 많은 직원도 필요하지만 적응력과 실천력이 높은 직원의 목소리가 조직 내에서 일정부분 자리 잡고 있어야 한다. 리더를 중심으로 함께 고민하고 대처하는 새로운 조직문화가 만들어져야 하는 시점에 코칭 리더십이 매우 유용할 것으로 판단된다.

목표를 공유하고 각자의 장점을 바탕으로 역할을 분담하면서 스스로 시행 과정 속에 해답을 찾아 나가는 조직문화가 형성된다면 그 조직은 활력 있게 역동적으로 움직일 것이다. 과거 발전소 근무 10년은 되어야 직원이 제 몫을 한다는 이야기를 들었다.

그러나 지금은 평균 3년 된 직원들이 나름의 제 몫을 하고 있는 상황은 어떻게 이해해야 하나? 리더는 자기 주변을 과소평가하는 경향이 있고 자기 자신을 과대평가하기도 한다.

코칭리더십에서 리더의 최우선 역할은 구성원 양성이다. 실제로 대기업에서는 임원평가에 있어 후계자양성에 대한 평가 비중을 전체 평가의 50%를 배분할 만큼 중요하게 생각하고 있다. 이런 점에서 나는 나와 함께 일하는 직원들의 성장을 위해 내 역량을 어느 정도 투자하고 있는지 생각해보자.

후배들의 성장은 리더뿐만 아니라 회사의 미래를 밝게 한다. 직원성장이나 교육은 회사 내 인사 담당 부서나 발전총괄부서의 업무라고 떠넘겨서는 안 되는 너무 중요한 화두이다. 코칭 리더십을 통해 직원과 신뢰 관계를 쌓고 직원의 강점을 살리며 직원 스스로 성장하도록 지원하고 격려하는 리더십이야말로 지금 꼭 필요하다고 생각한다.

리더가 착각하고 있는 것 중 하나는 직원의 만족도와 몰입도를 구분하지 않는 것이다. 직원의 만족도가 높으면 조직의 생산성이 증대할 것으로 기대하는 것은 잘못된 생각이다. 한계효용의 법칙처럼 초기 단계는 그 효과가 있으나 지속될수록 별개로 움직인다. 반면 직원의 업무 몰입도가 높아질수록 생산성이 높아진다.

리더는 직원의 불만족을 해소하고 보상, 복지 등을 확대함으로써 직원이 업무에 집중하고 더 많은 성과를 창출할 것으로 믿고 그런 관점에서 직원들을 대한다. 내가 이만큼 잘해 주었는데 성과가 나지 않는다고 직원들을 원망하는 리더도 많이 있다. 문제는 직장생활은 만족하나 업무에 몰입하지 않는 직원들을 어떻게 할 것인가가 리더의 숙제이다.

반면 직원의 업무 몰입도를 높이는 리더는 내가 잘해 주지 못했는데도 직원들이 이만한 성과를 내어 미안하고 기쁘다는 소감을 피력하기도 한다. 현대 경영에서 직원 몰입도를 높이는 것이 최우선 가치를 부여하는 선진기업이 많아지고 있음을 주지해야 한다.

몰입도를 나타내는 영어단어는 두 가지인데 'flow'와 'engagement'이다. flow는 업무에 시간 가는 줄 모르고 몰입하는 개념이고, engagement는 업무를 손에서 놓지 않고 늘 생각하는 개념으로 이해된다.

비유적으로 당구를 배울 때 당구 치는 시간이 어떻게 지났는지 모르게 재미있게 쳤을 때는 flow이고 어디 가나 사각형만 보면 당구가 생각나고 당구 궤도가 그려지는, 당구에 미친 상태가 engagement이다. 회사에서 몰입도는 engagement 개념이다. 일부 리더는 flow개념의 몰입도을 요구하는 경우가 있는데 이는 현실적으로 구현되기 어렵다고 생각한다.

직원들이 자신에게 주어진 업무에 대해 집중하여 실천하지만 목표 달성을 위해 늘 숙고하고 다각적으로 고심하며 열정을 갖고 성취하고자 하는 마음을 갖도록 리더는 환경을 조성하고 격려와 지원을 통해 소통과 적정 피드백으로 신뢰를 쌓고, 성공에 대한 공정한 평가와 보상을 실천해야 한다.

갤럽 조사에 따르면 회사에서 몰입하고 있는 직원은 평균 15%인데 미국은

33%, 한국은 10% 수준이라고 한다. 리더가 목표를 일방적으로 제시하는 것이 아니라 리더와 함께 목표를 설정한 직원은 그렇지 않은 직원에 비해 거의 4배 이상의 업무 몰입도를 보인다고 한다. 하지만 그렇게 하고 있다는 직원은 30%에 지나지 않는다.

직원들이 자기 업무에 몰입하도록 하는 것이 쉽지는 않은 것 같다. 그러나 리더가 이에 관심을 가지고, 직원이 업무에 몰입할 수 있는 환경을 해당 직원과의 지속적이고 진정성 있는 소통과 피드백을 통해 조성할 수 있다면 그 조직은 높은 수준의 생산성을 구현하면서 높은 성과를 내는 조직으로 탈바꿈할 것으로 생각한다.

# 05 _ 커뮤니케이션이 왜 잘 안되는가?

커뮤니케이션은 원래 라틴어의 communicare 에서 유래한 말로 '나누다', '공유하다', '함께하다' 라는 의미가 있다. 실제 현장에 가보면 소통보다는 호통을 치고 있고, 사람을 키우는 코칭이 아니라 티칭을 하고 있다.

미국 심리학자 더글러스 맥그리거는 그의 저서 『기업의 인간적 측면』에서 지속적인 성과를 달성하기 위해 조직이 사람을 어떻게 대해야 하는지 초점을 맞춘 X 이론, Y 이론을 발표했다.

X 이론은 사람을 부정적으로 가정하고 기본적으로 게으르고 일하기 싫어하므로 통제와 감시가 전제되어야 한다는 것인 반면 Y 이론은 사람은 기본적으로 일을 즐기고 일에 대해 책임질 줄 알며 자아실현을 위해 몰입과 잠재력을 발휘한다고 본다. (송영수, 『리더가 답이다』, 크레듀하우, 2014, p.168)

지난 100년간 기업은 X 이론에 근거하여 경영하였으며 그 잔재가 발전소 조직문화에 어떤 모습으로 남아있는지 확인해 볼 필요가 있다. 리더 입장에서 믿을 만한 사람이 없으며 결과 중심적이고 인간에 대한 관심이 낮고 책임을 결국 리더 몫이라고 생각하여 철저하게 관리 중심적이고 권위적이며 보수적이다.

　반면 Y 이론은 리더가 상호 신뢰와 과정을 중시하며 칭찬과 격려를 아끼지 않는 것은 물론 도전적이며 실패를 인정한다. 또한 코칭과 멘토링을 즐기며 권한을 위임하고 비전과 가치를 공유한다. 이때 커뮤니케이션이 활발하게 작동하며 그 역할을 제대로 하게 된다. 그러면 임직원 간, 조직 간 신뢰가 자연스럽게 구축되며 직원들 스스로 자부심을 느끼게 되어 비전과 가치를 자발적으로 공유하면서 회사가 원하는 방향으로 성과를 내게 된다.

　리더의 위치에 오르면 자연스레 X 이론에 따른 관점을 갖기 쉽다. 팀원들을 도구로 인식하여 잘하는 직원에게는 성과를 쉽게 내고자 업무를 과중하게 부여하는 경향이 있고, 부족하거나 따라오지 못하는 직원에게는 성장을 위한 교육 차원에서 모진 지적을 하거나 충고, 비난 등을 하여 편파적인 차별대우를 하는 경우가 종종 있다. 나아가 무관심으로 무시하거나 공개적 비판도 하여 부족한 직원의 자존감을 사정없이 하락시키기도 한다.

　이때 리더는 마치 자신이 리더로서 적정한 리더십을 발휘하고 있다고 착각하기도 하고 다른 리더보다 더 열심히 하고 있다고 생각한다. 나는 이리 열심히 하는데 직원들이 못 따라온다고 불평하고 스스로 답답한 환경에 있다고 자위하기도 한다.

　성과를 잘 내는 직원에게는 응원과 격려, 템포를 유지할 수 있는 휴식을 적절히 조성하는 것이 필요하고 부족한 직원에게는 장점이 무엇인지, 어떤 재능이 있는지를 관찰을 통해 발견하고 이를 해당 직원과 함께 공유하며 어느 시기에 어떤 업무에서 그 장점이 발휘될 수 있는지를 파악하여 기회를 주는 것이 바람직하다.

또한 직원 스스로 부족한 부분을 어떻게 채울 수 있는지 의지를 갖게 하고 변화하고자 노력하는 열정을 갖도록 환경 조성하는 리더가 되고 싶지 않은가?

그러려면 Y 이론에 근거한 리더가 되어야 한다. 리더의 코칭을 통해 직원 스스로 자신의 장점과 부족한 점이 무엇인지 명확히 인식하게 하고 직원이 하고 싶은 일이 무엇인지를 알아차려야 한다. 직원이 리더에 대해 신뢰를 느끼기 위해서는 우선 리더가 직원을 신뢰하는 모습을 보여야 한다.

가식적 신뢰가 아니라 진정성 있는 신뢰감을 조성하도록 리더 스스로 모범을 보여야 한다. 먼저 밝게 다가가고 직원의 말을 중간에 끊지 말고 끝까지 경청하면서 중간중간에 공감과 인정 칭찬을 곁들어가며 직원 말의 맥락을 명확히 이해하여야 한다. 이를 위해 리더는 꾸준한 연습이 필요하다. 마음만 먹는다고 바로 실천되는 것이 아니다.

그런 점에서 리더가 코칭 자격을 취득하는 과정을 통해 경청하는 법, 질문하는 법, 맥락을 이해하는 법, 상대를 인정하고 존중하는 자세가 자연스레 나올 수 있도록 스스로 숙달시켜야 한다. 즉, 고객은 전인적 위치에 있으며 자신의 문제에 대한 모든 답을 갖고 있고 변화에 필요한 자원도 함께한다는 코칭 이론에 근거하여 리더는 직원이 스스로 변화 성장하려는 환경을 조성하고 실천은 직원 스스로 실행하여 온전히 자신의 노력으로 성공의 과실을 딸 수 있도록 하는 것이 좋은 리더이다.

# 06 _ 자기중심적 대화법을 고치려면

지위가 높아질수록 자기중심적 대화법이 강하게 작용한다. 자신의 생각과 의도를 타인에게 심어주려고 노력하여 타인이 나처럼 생각하도록 강요한다. 문제는 자신이 그렇다는 것을 못 느끼는 데 있다. 누구든 자기중심적으로 대화를 시작한다.

그러나 진정한 대화가 이루어지려면 타인의 말을 경청해야 하고 나의 의도를 전달하는 과정에 왜곡됨이 없는지 스스로 살피는 노력이 필요하다.

〈대화의 모형〉

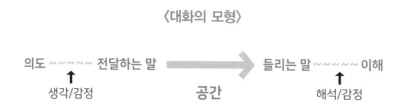

내가 말하고자 하는 의도가 있으면 이에 대해 어떻게 표현해야 하는지 생각하게 되고 입을 통해 말이 구사된다. 이 말은 공간을 통해 상대방의 귀로 전달되고 상대방은 들리는 말을 여러 요소를 감안하여 해석하게 된다. 이를

통해 상대방의 말을 이해한다.

이 과정이 매끄럽게 진행되면 소통이 잘 이루어진다고 한다. 중요한 것은 말하는 사람의 의도를 상대방이 정확하게 이해하느냐이다. 실제로 연구해봐야 자세히 알 수 있겠지만 10% 이하가 되지 않을 것으로 짐작된다. 첫째는 말하는 사람의 의도에 생각과 감정이 섞이면서 본래의 의도와 다르게 진행되어 말하는 경우가 많다.

말해놓고 후회하는 경우가 빈번하거나, 말 잘하는 사람을 부러워하는 경우가 많다면 자신의 생각과 말할 당시의 감정에 대해 메타인지 하는 습관을 가져보는 것도 좋다고 생각한다. 말의 표현력 혹은 어휘구사력이 미흡하거나 부족한 것이 본래의 의도를 가끔 왜곡시키기도 한다.


이러한 편향성을 가진 말이 공간을 지나 상대방에게 전달되는데 이 공간도 소통에 중요한 영향을 주는 요소 중 하나이다.

단순히 잡음이 적고 환경이 깔끔하여 소통에 무리가 없는 물리적 공간뿐만 아니라 전화, 온라인 대화 등의 청각적 공간, 오전인지 밤인지 혹은 대화시간이 촉박한지 등의 시간적 공간, 일대일 대화인지, 그룹 간 대화인지에 따라 변화하는 감성적 공간도 함께 고려된다.


상대방 입장에서 보면 들리는 말을 액면 그대로 이해하는 경우는 드물다. 제대로 된 대화를 하려면 상대방의 의도나 생각, 감정 등을 고려하여 경청해야 하기 때문이다. 경청은 상대방의 의도와 맥락을 정확하게 이해하는 것이 그 핵심이기 때문에 들리는 말에 나름의 해석을 하는 과정을 거치게 된다.

이때 자신의 감정, 시각적 판단 혹은 느낌, 상대에 대한 느낌 등 비언어적 요소들도 고려하여 해석하면서 이해한다.

이 해석은 말하는 사람의 의도가 무엇인지를 짐작하려는 시도에서 한 걸음 더 나아가 자신이 대답해야 하는 말에 대한 고려 요소로 작용하게 되어 자기중심적 해석으로 임의 간주해버린다. 이 경우 정상적 소통은 이루어지기 힘들다.

코칭을 공부하게 되면 이 부분에서 많은 사람이 힘들어한다. 얼마나 자신이 자기중심으로 대화하는 법에 익숙해져 있는지를 확연히 느끼는 부분이다. 상대방의 말속에 숨어있는 맥락을 찾고 상대의 생각과 감정을 읽는 연습을 하면서 정확하게 상대가 무슨 의도를 갖고 소통하려 하는지 명확히 깨닫게 된다.

이 경우 상대는 코치와의 대화가 편해지고 자기 자신을 관찰하면서 자신 속으로 깊이 빠져들어 자신이 진정 원하는 것이 무엇인지, 무엇이 자신을 불편하게 하였는지, 왜 자신의 어두운 부분을 애써 감춰왔는지를 알게 되고 이를 극복하여 자신에 맞는 삶을 구현하는 데 힘을 얻게 된다.


타인과의 대화 특히 직원과의 대화를 좀 더 잘해보고 싶은 리더는 일차적으로 얼마나 대화를 자기중심적으로 하고 있는지를 한 번 돌이켜 볼 필요가 있다. 위 대화 단계에서 어떤 부분에서 왜곡 현상이 많이 생기는지 분석해 본다면 좀 더 쉽게 극복할 수 있을 것이다.

다음으로 직원의 입장에서 대화하는 연습을 하는 것이다. 말은 쉽지만, 상대 입장에서의 대화는 훈련되지 않으면 정말 쉽지 않다.

코치는 코칭하면서 100% 고객 중심의 대화를 해야 하므로 코치가 되기 위한 훈련법으로 고객 중심 대화를 강조하는데 코치가 되려는 분이 사회적으로 우월적 지위에 오래 있던 분일수록 많이 힘들어한다. 그만큼 자기중심적 대화에 익숙해 있고 직원들이 이를 부추긴 면도 많다.

즉, 주변에 예스맨이 많을수록 리더는 자기중심적 대화에 익숙해진다. 그렇지 않다면 가족 간의 대화도 잘하는 분일 것이다. 왜냐하면 어느 일정 기간이 지나면 직원들처럼 부추기거나 괜찮은 척하지 않기 때문에 자기중심적 대화에 가족들은 직원과 달리 바로 부정적 피드백을 던지기 때문에 대화가 잘 이루어지지 않거나 단절됨을 느낄 것이다.

# 07 _ 의사소통이 잘 되는가?

　　　　　　　　많은 리더들이 언급하는 조직문화 요소 중 하나
가 소통이다. 소통을 잘하겠다고, 소통이 안 되어 문제가 심각해졌다고 분석,
판단하면서 소통의 중요성을 강조한다.

　소통이 무엇이냐고 물으면 이 부분도 여러 갈래의 정의가 나온다. 대화를
많이 하는 것, 말귀를 알아듣는 것, 내가 하고 싶을 말을 잘 전달하는 것, 서
로 한 마음이 되는 것, 나아가 신뢰 관계가 형성되어 말하지 않아도 서로의
의도를 이해하고 공감하는 것 등….

　리더인 여러분은 어떤 소통을 생각하고 구현하고 싶은가?

　대화시간이 많지 않아 소통이 잘 이루어지지 않는다고 한다. 그래서 대화
시간을 많이 늘리려고 한다. 과연 그럴까? 대화시간이 많이 주어지면 상호
소통이 잘 이루어질까? 원전을 운영하다 보면 구성원 상호 간, 또는 상사와
직원 간의 대화시간이 많지 않은 것은 사실이다. 여기서 업무 관련 대화에 초
점을 맞추어보면 대화시간은 회의, 보고, 면담, 현장 대화 등을 들 수 있다.
그러다 보니 리더는 소통을 위한 대화시간을 늘리기 위해 회의 횟수나 회의

시간을 늘리기도 하고, 보고받을 때 보고 시간을 길게 활용한다. 팀원 입장에서는 그 시간이 생산성 향상에 전혀 도움이 되지 않는 부담스럽고 귀찮은 시간으로 인식되기 쉽다. 리더 자신도 본인이 주관하는 회의에서의 태도와 상사가 주관하는 회의의 구성원으로 참여할 때 180도 다른 포지션을 취하지만 정작 본인은 인식하지 못하는 경우가 많다.

소통을 잘하기 위해서는 회의 횟수를 늘리거나 회의 시간을 길게 가져가는 것이 리더 본인에게는 열심히 노력하고 있다는 마음의 위안이 될지 모르나 주변 사람들에게는 지루하고 짜증스러운 시간이 되고 소통은커녕 그 시간만 지나가기를 바라며 쓸데없는 낙서를 하거나 다른 생각을 하면서 시간을 보낸다. 회의는 업무를 위한 소통뿐만 아니라 의사결정과 실천 방안을 확정짓는 중요한 업무 프로세스 중 하나이다. 리더가 바라는 대로 소통이 잘되어 참가자 모두 만족할 만한 회의는 어떻게 진행되는 것이 좋은가? 이에 대한 답을 찾기 위해서는 우선 현재 회의는 어떻게 진행되고 있는지를 살펴보는 것이 좋겠다. 리더인 여러분은 어떤 회의방식을 택하는가?

회의도 여러 종류가 있지만 주간 회의와 대책 회의 두 가지를 사례로 이야기해보자.

주간 회의의 경우 통상 부서별로 혹은 파트별로 돌아가며 지난주 실적과 이번 주 계획을 보고하고 리더가 그에 관한 확인이나 의견, 혹은 질문을 하면 보고자가 대답하는 방식으로 진행된다. 그 과정에 질책이나 리더의 개인적 관점에서의 아쉬움 등을 토로하는데 칭찬이나 격려 시간은 지극히 적은 경우가 많다. 그래서 보고자들은 보고 시간을 부담스러워하고 정작 고민되고 껄끄럽지만, 반드시 이슈화해야 할 문제들을 덮거나 희석하여 보고한다.

여기서 소통의 장애나 단절 조짐이 보이지만 대부분 리더는 이 상황을 간과하기 쉽다. 모든 보고를 마친 후 추가 보고 사항이나 의견이 있는지 물어보고 리더가 하고 싶은 이야기를 나열한 후 마무리한다. 과연 이러한 회의가 얼마나 도움이 될까?

주간 회의의 목적이 분명하지 않다면 경험상 이러한 회의는 없어도 된다. 막연하게 서로에게 도움이 되고 리더의 의지와 방향을 제시하는 수준이라면 이러한 회의는 할 필요가 없다. 주간 회의 말고도 충분히 전달할 방법은 찾아본다면 많다. 주간 회의를 한다면 이슈가 되는 것이 무엇인지를 우선 몇 가지만 선별하여 그 이슈가 다른 부서, 다른 담당자에게 어떤 영향을 주는지 함께 토론하고 고민하여 집단지성을 통해 리더가 아닌 회의 참가자들이 방향성을 갖고 서로 역할을 분담하도록 도와주는 역할을 회의주관자인 리더가 해야 한다. 이것이 코칭 리더십이다.

대책 회의는 좀 더 분명해진다. 문제가 이미 도출된 상태이므로 우선 문제를 다각적으로 분석하는 것이 중요하다. 관점에 따라 문제의 모양이 바뀔 수 있으므로 한 가지 관점 즉 리더의 관점에서만 문제를 바라본다면 대책을 마련하더라도 그 문제가 해결되지 않을 가능성이 있다. 그러므로 다각적 분석을 통해 문제의 핵심을 참가자 모두가 공유하는 것이 배가 산으로 가지 않게 하는 방법이다. 문제해결을 위한 방안을 도출할 때 리더는 많은 경험과 성공 사례를 갖고 있으므로 지름길 혹은 리더 입장에서의 해답을 섣불리 내놓으면 회의 방향은 쏠림 현상이 생겨 적절하고 합리적인 대응책을 논의하기 힘든 분위기로 바뀔 위험이 있다.

리더는 최종순간까지 가능한 한 끼어들거나 다른 사람을 설득하려 하지 말고 문제 핵심이나 리스크 등에 관한 질문을 통해 참가자들 스스로 대응책을 고민하고 논의하며 합리적 대책이 부각되도록 포지션을 잘 유지해야 한다. 리더는 효율성, 전문성 등을 바탕으로 빨리 결론을 내고 싶어 하는 경향이 있다. 참고 기다릴 줄 아는 것이 쉬운 일은 아니지만 체득하면 상당히 유용한 리더십을 가진 리더로 인정받을 수 있다.

결국 대책을 실행하는 사람은 리더가 아니라 조직구성원이다. 그들 스스로 공감하고 인정하는 대책이 수립되고 그 중 한 부분을 맡아 수행하는 것이 구성원 스스로의 선택에 의한 것이라면 실천력은 배가 될 것이며, 리더가 모니터링과 피드백 역할만 잘 수행하면 성공 가능성이 커진다. 권유나 지시에 의한 실천 계획은 자신의 것이 아니므로 집중력이나 성공 의지 등이 약할 수밖에 없고 능동적 입장을 취하기 힘들다. 실행 과정 중에 장애를 만나거나 리스크가 커질 조짐이 보이면 쉽게 포기하거나 은근히 다른 사람에게 미루려는 경향을 보이고 잘못된다면 남의 탓으로 마무리하려고 한다. 이러한 상황을 심각하게 생각해야 하는 이유는 그 문제를 해결하든 실패하든 성공사례 혹은 실패 사례에서 배울 수 있는 점을 조직 스스로 포기하여 이 같은 문제가 반복적이고 주기적으로 야기될 가능성이 크기 때문이다.

# 08 _ 말귀를 잘 알아듣는 것

의외로 리더는 남의 말을 잘 알아듣지 못하는 경향이 있다. 물론 자신은 그것을 잘 인식하지 못한다. 여러 가지 이유가 있지만 우선은 남의 말을 흘려듣기 때문이다. 리더는 자신이 경험이 많고 잘 알고 있기 때문에 한마디만 들어도 무슨 말을 하려는지 잘 알고 있다고 스스로 속단하는 경향이 있다. 높은 지위에 있을수록 부하직원의 말을 끝까지 듣지 않고 도중에 말을 끊고 자기의 말을 하는 리더를 쉽게 찾아볼 수 있다.

그래서 상사에게 보고할 때는 귀납법보다는 연역법을 쓰라는 교육을 많이 받기도 했다. 즉, 결론부터 이야기하고 상사가 왜 그런 결론이 나왔는지 물어보면 그에 대한 이유와 과정을 차례로 설명하라는 취지이다.

만약 리더가 보고자의 말을 끊지 않고 끝까지 듣는 경청의 자세를 취한다면 보고자는 자존감이 높아져 보다 깊이 있는 보고를 할 것이고 리더에 대한 존경과 고마움을 갖게 될 수도 있다. 사실 그런 리더를 주변에서 찾기 쉽지 않다. 그런 점에서 스스로 경청 자세를 채화시킨다면 좋은 리더가 될 수 있다. 말귀를 못 알아듣는 또 다른 이유 중 하나는 용어의 정의가 차이 나는 경우이다. 같은 단어를 써도 서로 달리 해석한다면 서로 대화는 하지만 소통이 된다고 보기 어렵다.

리더는 말의 편차를 느끼면 지체 없이 질문을 하여 본인이 이해하는 것이 맞는지 확인해보아야 한다. 사실, 용어의 차이뿐만 아니라 뉘앙스의 차이까지도 확대하여 관심을 가질 필요가 있다. 이 경우 상대의 감정과 생각, 의도를 명확히 이해하는 절차를 갖는 것이 좋다. 예를 들어 "A 부서와 협조가 잘 안되어 제시간에 처리 못했습니다."라고 보고자가 말하면 리더 입장에서 어떤 생각이 드는가? 보고자가 하고 싶은 말은 무엇인가?

상황에 따라 약간 다를 수는 있지만 리더는 제시간에 처리 못한 것을 다른 부서 탓이라고 변명하고 있다고 생각할 수 있다.

그럴 수 있다. 하지만 좀 더 깊게 다가가 보면 왜 A 부서가 협조하지 않았는지? A 부서가 제때 협조했다면 제시간에 처리할 수 있었는지? A 부서를 탓하기보다는 조직의 협조 시스템에 대한 문제를 제기하는 의견일 수도 있고 A 부서에 좀 더 관심을 가지고 지원해줘야 한다는 이야기일 수도 있다.

만약 보고자가 A 부서를 탓하고 있다고 리더가 성급히 판단한다면 보고자뿐만 아니라 A 부서도 난감한 상황에 빠져 리더가 조직 간의 벽이 높아지도록 유도한 결과를 초래하게 된다. 말귀를 못 알아듣는다는 것은 상대방 말에 대한 이해뿐만 아니라 생각이나 의도, 즉 맥락을 잘 알지 못한다는 의미도 포함되어 있음을 알아야 한다.

# 09 _ 리더로서 경청의 어려움

처음에는 내가 습관을 만들지만, 나중에는 습관이 나를 만든다. 아리스토텔레스는 "탁월한 사람이라서 올바르게 행동하는 것이 아니라 올바르게 행동하기 때문에 탁월한 사람이 되는 것이다. 자신의 모습은 습관이 만든다."라고 하였다.(송영수, 『리더가 답이다』, 크레듀하우, 2014, p.161)

경청에 어려움이 있다면 이미 습관이 그렇게 된 것으로 봐야 한다. 회사 생활 초기에 아랫사람은 없고 모두 윗사람인 경우에는 모든 말을 경청하려는 자세를 취한다. 얼마나 이해하느냐는 별개의 문제로 기본적인 마음가짐은 경청의 자세가 가장 잘 되어 있다. 상대 말에 대한 평가나 판단, 나아가 충고나 조언할 마음은 생각하지도 않고 그냥 상대 이야기에 집중한다. 설사 마음속에 여러 가지 판단이나 의식이 생기더라도 내가 부족하거나 잘 모른다는 전제로 속 깊이 눌러 두었다가 혼자 있을 때 되새김질하면서 신중하게 판단한다. 그러나 회사 생활에 익숙해지고 지위가 올라감에 따라 우월적 위치를 경험하게 되고 상대의 부족함과 서투름이 자연스레 눈에 띄기 시작할 무렵부터 경청에 막이 생기기 시작한다.

경청은 마음속 평가가 배제된 관찰에서 시작한다. 관찰은 객관성을 가지고 해야 한다. 스스로 선글라스를 끼고 그것이 세상을 보는 정답인 것처럼 대화를 시작하면 자기도 모르게 왜곡된 세상을 정상 상황으로 인식하게 되고 소통에 문제가 생긴다. 더 큰 문제는 그러는 자신을 인지하지 못했을 때 일어난다. 자기도 모르게 쓴 선글라스를 인지하고 벗으면 객관적 관찰을 할 수 있고 상대방과의 소통도 원활하게 이루어질 수 있지만 인지하지 못한 상태에서 우월적 지위에라도 있게 되면 소통 불능의 리더로 찍히게 된다.

다음으로 경청이 어려운 이유는 직원의 말을 제대로 듣지 않기 때문이다. 직원과의 대화 중에는 실제로 리더 자신 속에서도 내적 대화가 시작되어 마음속으로 대꾸하고 있거나 상대의 말에 감정이 자극되어 내적 대화를 하느라 직원의 말을 제대로 듣지 못하거나 듣지 않는 경우가 종종 있다. 혹은 몇 마디만 듣고 상대가 말하려는 것이 무엇인지 미리 결론짓고 듣는 척만 하거나 상대방 말에 동의할지 반대할지 미리 생각하는 자기방어적 대화를 전제로 하는 경우이다. 소통을 잘하는 사람은 재미있는 이야기에 쉽게 빠져들 듯이 무방비 상태의 자신을 만들고 상대방의 이야기에 집중을 잘한다. 이야기하는 상대도 그러한 반응을 몸으로 느끼며 상대를 신뢰하고 편한 느낌이 든다. 대화 이후에는 이야기한 사람도, 이야기를 들은 사람도 모두 대화 시간이 알차고 뿌듯함을 느끼며 상대에 대해 고마운 마음도 가진다.

경청은 자신의 내적 대화를 최소화하고 자신을 무방비상태로 노출한다는 마음가짐으로 해야 하며 상대의 감정, 생각, 의도에 대한 통찰과 맥락을 이해하는 힘을 길러야 한다. 그러기 위해 적극적 경청을 습관화해야 한다. 의지만 갖고 있다면 어쩌다 한두 번은 경청을 잘할지 몰라도 습관화하여 체화되지 않는다면 상대와의 대화에 너무 많은 심력을 소모해 대화를 기피할 수도 있음을 명심해야 한다.

언제 경청이 잘 되고, 언제 잘 안되는지를 살펴보는 것도 경청을 습관화하는 데 도움이 된다. 내가 좋아하는 사람의 이야기나 존경하는 분이 말씀하실 때 자기도 모르게 경청한다. 반대로 상대 이야기가 뻔히 짐작할 수 있거나 흥미 없는 경우에는 끝까지 경청하지 않고 듣는 척하거나 자신의 이야기로 전환해버린다. 더구나 상대가 나보다 낮은 지위에 있다면 끝까지 듣지 않고 말을 자르거나 쉽게 예단하고 경청 모드를 꺼버린다.

적극적 경청을 습관화하는 좋은 방법은 코칭을 공부하는 것이다. 코칭을 받고 실천할 수도 있지만 꾸준히 실천하기는 쉽지 않다. 1단계 코칭 자격증을 얻기 위해서는 20시간의 교육 시간과 50시간의 코칭 실습을 해야 시험 볼 자격이 생기는데, 이 과정이 경청 그것도 적극적 경청을 체득할 수 있는 좋은 기회이다. 왜냐하면 코칭 연습은 본인이 코치가 되어 상대에게 질문만 하고 상대의 말에 짧고 진정성 있는 인정과 칭찬만 할 뿐 본인의 의견이나 생각을 상대에게 말하지 않도록 하는 훈련이 포함되어 있기 때문이다. 일반적으로 50시간의 실습을 채우기 위해서는 최소 3개월 이상 소요되므로 습관화하는 데 참 좋은 훈련 방법이라고 강력히 추천한다.

경험상 지위가 높은 리더일수록, 특히 대기업에서 오랜 임원 생활을 하신 분일수록 코칭 실습에서 경청을 잘못하고 머리는 알지만 마음먹은 대로 안 되어 상대의 말을 자기도 모르게 끊거나 예단하여 자신의 의견을 제시하거나 유도하는 사례가 많이 있다. 코칭 실습이 끝날 때마다 후회하면서 자신이 얼마나 많이 경청하지 않고 지내왔는지 반성하는 사례를 많이 보았다. 그분들도 나중에는 표상이 될 만큼 훌륭한 경청 습관을 구현할 때 참 보기 좋았다.

# 10 _ 어떤 배려를 하고 있는가?

소셜네트워크(SNS)에 회자되고 있는 에피소드 하나를 소개한다.

이등병이 추운 겨울날 밖에서 찬물로 빨래를 하고 있는데 지나가는 소대장이 "취사장에 가서 뜨거운 물 좀 얻어다가 하지."라고 말을 건넸다. 그 말대로 이등병은 취사장에 뜨거운 물 얻으러 갔지만 군기 빠졌다고 혼만 나고 얼차려까지 받았다.

돌아와 다시 빨래를 하고 있는데 이번에는 지나가는 중대장이

"동상 걸리겠다. 취사장 가서 뜨거운 물 좀 얻어서 해라."라고 말했다.

이등병은 그러겠다고 대답은 했지만, 취사장에 가지 않았다.

취사병에게 혼날 것을 뻔히 알고 있기 때문이다.

지나가는 상사가 그 모습을 보고 "내가 세수하려고 하니 취사장에 가서 더운물 좀 받아와라."라고 지시했다. 빨래하기도 힘든데 세숫물까지 떠오라는 상사를 속으로 원망하며 취사장에 가서 말을 전했다.

취사장에서 쉽게 받아온 뜨거운 물을 보며 상사는 "그 물로 언 손 녹여가며 빨래하는 데 써라."라며 어깨를 툭 치며 가던 길을 갔다.

소대장, 중대장, 상사 모두 부하를 배려하는 마음이 있었지만 상황을 파악하고 실제로 도움이 된 사람은 상사뿐이다. 리더는 자기 관점에서 일방적인 태도로 상대를 배려하고 도움을 주었다고 착각하는 어리석음을 가질 수 있다.

회사업무를 수행하면서 실속 없는 배려에 스스로 만족하며 착각하는 사례는 없는가? 중대장의 경우처럼, 직원들이 앞에서는 그러겠다고 해 놓고 실행하지 않거나 실행할 수 없는 배려를 하는 경우를 쉽게 찾을 수 있지 않은가? 어떤 리더는 본인이 직접 취사장에 가서 뜨거운 물을 떠다 주는 것이 더 좋은 리더십이라고 한다.

여러분 생각은 어떤가?

조직 생활을 해 본 사람은 그 리더의 행위가 이등병에게 도움이 되지 않는다는 것을 이해할 것이다. 그렇게 되면 빨래를 시킨 중간 간부들도 그렇고, 취사장에서 군기 빠졌다고 혼낸 취사병도 상급자들에게 부정적 인상을 주었다는 인식에 어떤 질책이 두려워 불안해지는 상황이 조성되기 때문에 그 이등병의 생활은 앞으로 그리 순탄치 않을 것임을 알게 된다.


상사가 현명한 것은 조직 내 불편한 분위기를 만들지 않고 이등병의 문제를 해결해 주었다는 점이다. 이등병에게 빨래를 시킨 고참을 불러, 왜 이 추운 날 찬물에 빨래를 하도록 만들었는지 질책하거나 이등병이 동상에 걸리면 네가 책임질 거냐는 등의 책임추궁을 하면서 상사의 우월적 위상을 드러내 조직 분위기를 침울하게 만들지 않았다는 점이다.

취사병도 뜨거운 물을 주어야 하는 명분을 갖게 되어 그 행위로 인한 질책에 대해 방어적 입장을 취할 수 있게 만든 점도 인상적이다. 취사병이 자발적으로 이등병 입장을 고려해 뜨거운 물을 준다면 더없이 좋지만, 취사병 입장에서 그럴 의무가 없으므로 그로 인해 다른 불편함을 초래할 수도 있기에 취사병이 이렇게 해야 한다고 쉽게 단정할 수 없다.

상사가 세숫물 떠오라는 말을 무시하거나 거부했다면 어땠을까? 이 경우의 수도 생각할 수 있다. 가끔 호의적인 숨은 의도를 현실의 각박함에 휩쓸려 짜증 내면서 무시하거나 거부하여 결과적 손해를 본 경험이 있지 아니한가?

이등병은 언 손으로 찬물에 빨래하는 와중에도 상사의 지시에 대해 납득이 안 됐지만, 취사장에 다녀옴으로써 결국 뜨거운 물에 언 손을 녹일 수 있는 기회를 얻었다. 조직의 위계질서가 서로의 배려와 신뢰를 두텁게 하는 데 사용된다면 팀플레이는 견고해지고 상승할 것이다.

# 11 _ 코칭을 받는 것/코치가 되는 것

　　　　　　　　"코칭을 한번 받아보실래요?"라고 하면 '내가 왜? 무슨 문제가 있어 보이나?' 라는 의문과 함께 "아니, 괜찮아요."라고 정중히 거절한다. 정신적 치료나 상담(카운슬링)으로 오해하는 경우가 많기 때문이다. 코칭은 정신적인 문제가 있어 이를 치료하거나 해결할 목적으로 하는 것이 아니라 자신을 직시하고 보다 나은 삶을 위해 변화하고자 할 때 동반자로서 도와주는 역할을 한다. 즉 정상적인 사람들이 자신을 변화시키고 성장하고 싶을 때 어떤 기회가 되고 옆에서 지켜봐 주고 응원하고 격려하는 일련의 행위를 코칭이라 할 수 있다.

　　혼자 구상하고 실천하는 것이 가장 바람직하지만, 실제로 그렇지 않은 경우가 많다. 내가 누군가에게 나는 이렇게 할 거라고 큰소리쳐 놓으면 실천 도중에 포기하고 싶어도 본인이 한 이야기가 있어, 혹은 인정받고 싶어 성공할 때까지 자신을 추스르는 경험을 한 적이 있을 것이다.

　　코칭을 받는 것은 맑은 거울을 통해 자신을 온전히 바라보고 자신이 원하는 것이 무엇인지 명확히 하고 자신의 방법으로 실천하여 자신이 원하는 것을 성취하도록 하는 일련의 과정을 말한다.

　살면서 자기 자신을 온전히 돌아보는 시간을 얼마나 가져 보았는가? 자신의 감정, 생각, 의도 혹은 욕구를 명확히 인지하는 시간을 주기적이고 심도 있게 가지고 있다면 그는 자신이 원하는 대로의 삶을 살아가고 있다고 본다. 의식하지 않더라도 그런 시간을 가지려고 하려는 노력을 많이 한다. 명상, 기도, 일기 쓰기, 편한 친구와의 대화 속에서 자신의 상태가 어떤지 무엇을 원하는지를 스스로 알아차리기도 한다.

　만약 그런 시간을 갖는 것에 부족함을 느끼거나 지속적이지 않다면 코칭을 받아보라고 권유하고 싶다. 그 속에서 자신을 찾고 변화시켜 성장하는 모습을 보게 될 것이라 생각한다.

# 12 _ 문제보다는 사람 중심으로

인본주의를 주창한 칼 로저스는 코칭 철학에 중요한 부분을 차지한다. 심리학자로 문제아동의 심리 치료를 오랫동안 했지만, 효과가 별로 없어 치료를 포기하겠다고 아이 엄마에게 통보했다. 아이 엄마는 답답한 마음에 칼 로저스에게 자신의 처지를 하소연하게 되었고 어쩔 수 없이 들어주었다. 아이 엄마는 또다시 자기 이야기를 들어줄 수 있냐는 요청에 마음이 약해져 그러겠다고 했고, 상담 치료가 아닌 몇 번의 경청만 하였다. 횟수가 늘어날수록 아이 엄마가 아닌 아이의 상태가 호전되었고 아이 상태는 정상으로 돌아오는 효과를 얻었다. 문제 아이의 원인은 가정사에 있었고 아이 엄마의 응어리졌던 마음이 풀어지자 아이의 문제도 저절로 해결되었다고 한다. 칼 로저스는 답을 주려고 하지 않고 적극적으로 경청하고 공감하며 고객 스스로 변화를 추구하고 실천하는 것이 효과적이라는 사실을 깨닫게 한다.

코칭은 코치가 고객에게 답을 주거나 지름길을 안내하는 것이 아니다. 고객은 이미 고객에게 맞는 답을 갖고 있고 어떤 방식으로 어떻게 실천하여 변화하느냐에 초점을 준다. 코치는 질문을 통해 고객 스스로가 메타인지하고 자신에게 맞는 실천 방안을 도출하여 열정과 책임감을 가지고 실천해 냄으로써 원하는 변화에 한발 다가가는 성장모델을 진정한 동반자이자 파트너로서 함께 실현시킨다.

# 13 _ 작심삼일을 고치려면

긍정적 변화에 가장 큰 장애 요소는 작심삼일이 아닌가 싶다. 무언가 해 보고 싶고 열정을 갖고 있어도 3일 이상 꾸준히 실행하지 못하는 자신에 대해 회의를 느낀 적이 누구에게나 있을 거로 생각한다. 당사자가 아닌 관찰자 입장에서 보면 작심삼일 하는 대상이 한심하게 보이기도 하고 믿음이 가지 않는다.

리더 자신이 당사자라면 그러한 모습을 보이지 않기 위해 변화의 결심 자체를 회피하는 경향도 있다.

작심삼일 할 상황을 만들지 않거나 무언가 변화를 실천하려고 하더라도 비공개로 혼자 조용히 시도한다. 작심삼일이 되어버리더라도 타인으로부터의 부정적 평가를 받지 않기 위해서다. 이러한 혼자만의 결심은 실천력을 유지하는 데 도움이 되지 않는다. 도중에 그만두더라도 자신을 제외한 누구도 알아차리지 못하므로 힘들면 쉽게 그만둔다. 여러 가지 자기 합리화를 하면서 쉽게 포기한다. 이러한 리더는 변화에 적응하지 못하고 과거의 틀 속에서 안주하기 쉽다.

리더 입장에서 직원이 긍정적으로 변화하려 하지 않고, 시도는 하더라도 작심삼일의 장애를 넘지 못하는 모습을 본다면 업무 진행 과정에 대한 불안감과 간섭이 과도하게 필요하다고 스스로 생각하고 행동할 것이다. 믿고 맡길 수 있는 팀원이 아니라고 생각해 통제와 간섭을 정당화하고 팀원 개개인의 성장과 변화를 기대하지 않고 자기 주도식으로 업무를 시도할 가능성이 크다. 팀원들이 작심삼일 하지 않는 풍토를 가지려면 어떻게 해야 할까?

긍정적 변화를 실천하는 과정을 보면 결심, 실천, 결과(변화), 보상 등 4단계를 거친다. 결심단계에서는 실천 계획이 누구의 결정인가가 중요하다. 타인의 결정인가? 나(실천자)의 결정인가? 나의 결정도 타인의 권고에 의한 결정인가? 아니면 나 스스로의 결정인가? 타인의 결정을 실천하는 경우도 타인이 원하는 결과를 얻기 위해 무엇을 어떻게 실천해야 하는지 세분화할 수 있지만 타인이 시켜서 하는 실천은 성공하기 쉽지 않다. 왜냐하면 실천자가 공감하지 않거나 실패하더라도 남의 탓을 할 수 있는 개연성이 매우 높기 때문이다.

타인의 권고 혹은 아이디어를 진정성 있게 받아들여 나의 결정으로 인정하였더라도 결국 타인의 결정에 가깝기 때문에 실천에 대한 책임감이 높게 작용하지 않는다. 공자님 말씀이 옳다는 것을 알지만 이를 실천하여 성공한 예가 많지 않고, 교육받거나 어른 혹은 상사의 말에서 감동을 받아 그래 나도 실천해봐야지 하며 결심하였더라도 실제로 실천하여 성공한 경우가 그리 흔하지 않은 것을 보면 작심삼일이 작용할 여지가 많은 경우라 생각한다.

그나마 실천 가능성이 높거나 성공했던 사례를 돌이켜보면 나 스스로 아이디어를 내고 스스로 실천 계획을 짠 경우가 많았다. 코칭에서 고객이 실천 계획을 스스로 만들고 실천하도록 유도하는 것도 이런 점을 고려해서이다. 코칭에서 실천 방안을 도출하기 위해 여러 옵션을 탐구하는 단계에서 고객이 방향성 없이 헤매고 있는 상황이 보이면 코치 입장에서 이런저런 아이디어가 떠오르기도 하고, 지름길이라고 생각되는 방안도 제시해주고 싶은 마음이 생길 수 있다. 그렇더라도 가능한 한 언급하지 말라고 권유한다. 그 이유는 코칭 목표에 아무리 부합하는 실천 방안이라 하더라도 고객 스스로 결정한 것이 아니라면 실천력이 떨어지고 변화에 성공할 가능성이 적다고 여기기 때문이다. 스스로 만든 계획이 아니라면 성공 가능성이 높지 않다는 코칭 이론에 십분 공감한다. 리더가 직원의 변화를 구현하고자 한다면 지시나 제안이 아닌 변화의 끝을 상상하게 하고 무엇을 어떻게 실천할지 스스로 정하게 하는 것이 바람직하다고 생각한다.

결심 단계에서 하나 더 고려할 수 있는 사항은 사전에 모니터링을 장착할지를 말지를 결정하는 것이다. 실천 방안을 실천하는 데 혼자 조용히 실천해볼 것인지, 아니면 누군가가 실천 과정을 지켜보고 피드백해주는 것이 좋은지가 성공 가능성을 높이는 데 중요한 요소이다. 코칭에서는 "당신의 실천 계획이 잘 진행되고 있는지 어떻게 확인할 수 있을까요?" "코치가 이 과정에서 어떤 도움을 줄 수 있나요?"라는 질문을 통해 스스로 모니터링할 뿐만 아니라 코치가 모니터링을 해 줄 수 있다는 제안을 한다. 누군가가 지켜보고 있다는 사실은 실천력을 높이거나 장애 요소를 극복하는 데 많은 도움이 된다. 이때 중요한 것은 단지 모니터링을 통한 격려와 지지, 응원으로 한정해야 한다. 만약 코치나 리더가 실천 과정에서 감독, 통제, 지시, 충고, 평가, 판단, 단정 등을 수반해서는 절대 안 된다. 그러느니 차라리 외부 모니터링 없이 혼자 실천하고 확인하는 것이 더 성공 가능성을 높인다는 것에 주의해야 한다.

시행과정에서는 단계적 성취목표가 있는지, 중간 점검은 어떻게 할 것인지, 장애 요소로는 어떤 것이 떠오르는지, 또 어떻게 극복할 것인지를 미리 인식시킨다면 작심삼일을 극복하는 데 도움이 될 것이라 생각한다. 결심 단계에서 사전에 결정한 모니터링이 제대로 작동하는지는 성공 가능성에 매우 중요한 역할을 한다. 제일 좋은 방법은 자신의 실천력에 대해 스스로 체크하면서 실천하기 위한 방법을 지속적으로 스스로 강구하는 것이다.

누구도 자신보다 잘 알 수 없다. 목표를 달성하겠다는 의지력도 중요하지만 많은 환경변화에 적절하게 적응하는 회복탄력성을 자기만의 방식으로 장착하지 않는 한 실천 가능성은 계속 흔들리다가 포기하는 경우가 적지 않다. 포기하지 않는 자신에게 주는 선물, 자존감, 책임감 등에 대한 정답은 사람마다 다르다고 생각한다. 그러므로 자신에게 가장 적절한 보상은 자신만이 알고 있다는 점을 인식하여야 한다.

리더는 직원들의 실천력을 높이기 위해 자신이 생각하는 선물이나 보상을 제시하기보다는 직원 스스로가 원하는 선물이나 보상이 무엇인지를 물어봐야 하고, 간혹 무슨 선물이나 보상이 자신에게 적당한지를 잘 모르는 경우도 있어 질문을 통해 스스로 알아차리도록 해야 한다. 처음이 어렵지 한두 번 자신이 무엇을 원하는지 무슨 보상에 마음이 가는지를 알게 되면 다른 목표가 주어지더라도 쉽게 조정할 수 있게 된다. 실제 자신이 무엇을 좋아하는지, 어떤 것에 열광하는지 모르는 경우가 있다. 외부 환경에 의해 마치 자신이 그것을 좋아하는 것처럼 인식하여 실제 자신과 차이 나는 부분도 의외로 많이 있다는 것을 코칭을 통해 알게 되기도 한다.

자기 보상은 정서적 보상과 물질적 보상으로 나눌 수 있다. 정서적 보상은 뿌듯함, 보람, 자신감, 의욕 넘침, 자기 확신 등을 가질 수 있으며 물질적 보상은 선호에 따라 미리 정해놓은 것을 실천하는 재미도 있다. 예를 들어 갖고 싶은 물건 사기, 먹고 싶은 음식 먹기, 하고 싶은 곳에 투자하기 등 명분이 약해 실행하지 않았던 자기 보상을 과감히 내지를 수 있는 기회가 주어졌다.

결과가 나오면 당초 기대한 것과의 차이를 분석해 보는 것도 나쁘지 않다. 그 결과를 달성한 것과 그에 따른 자신의 긍정적 변화의 상관관계를 인식해 보고 한 걸음 더 나갈 것인지 다른 방향으로 전환한 것인지를 고민해보는 것도 좋다고 생각한다. 물론 그전에 성취에 대한 보상을 자신에게 아낌없이 해야 한다. 이는 자신의 책임감을 강화해줄 뿐만 아니라 자존감을 높여주고 보람을 느끼고 자기 만족감을 명확히 확인시켜주는 시간을 가져야 한다. 이때 모니터링한 타인이 있다면 그 보상은 배가 된다. 타인으로부터의 확실하고 떳떳한 인정과 칭찬은 더할 나위 없이 자존감을 향상할 뿐만 아니라 긍정적 존재감을 공고히 하는 데 도움이 된다.

실패한 이유는 공통적인 부분보다는 개인적인 사유가 더 많은 것 같다. 표면적인 이유와 심층적 실패 이유가 다른 경우도 적지 않는 것 같기 때문에 자기 스스로 진짜 실패한 이유가 무엇인지 직관할 필요가 있다. 왜냐하면 사람마다 서로 다른 이유로 실패하고 그 이유를 여러 사유로 잘 드러내지 않으므로 리더는 직원의 실패를 표면적인 이유만으로 판단해서는 안 된다. 그렇다고 리더가 직원의 실질적 실패 이유를 반드시 알아낼 필요는 없다고 생각한다. 단지 그 직원이 자신의 실패 이유가 진정으로 무엇인지를 인식하고 그것을 극복하려고 노력하는 모습만 갖게 한다면 리더로서 업무를 수행하는 데 문제가 없다고 생각한다.

공연히 그 직원의 내키지 않은 실패 사유를 캐느라 전력을 기울이는 것은 성공 가능성도 작을뿐더러 직원의 자기방어 본능만 자극하게 되어 상호 신뢰 형성에 부정적으로 영향을 미칠 것이다.

# 14 _ 코칭 공부가 조직문화에 미치는 영향

코칭이 무엇인지 이해하지 못한 상태에서 코칭을 받아 보라고 권유받는다면 긍정적인 반응보다는 부정적인 반응이 더 많다. 문제가 있어 이를 고치거나 해결하라는 의미로 이해하기 쉽다. 특히 비즈니스 코칭에서 회사는 코칭 대상자를 선정할 때 실제로 성장 가능성이 있거나 변화에 의욕을 가진 임직원보다는 가진 역량을 잘 발휘하지 못하거나 저평가된 직원에게 기회를 주는 방향에서 코칭을 도입하거나 실행하는 경우가 많아 그런 오해를 한다.

컨설팅이나 카운슬링처럼 문제해결을 목적으로 시행되는 것의 연장선상으로 해석되기 쉽다. 제대로 이해하였더라도 막상 코칭에 임하는 자세는 코치로부터 무언가를 얻고자 하는 열망이 강하여 코칭이 끝난 후 코치로부터 배운 것이 없이 경청과 질문으로 이어지는 코칭에 실망하여 다시는 코칭 받지 않겠다고 생각하는 고객도 적지 않은 실정이다.

특히 코치의 이력을 보고 고객의 전문 분야와 무관하다면 코치로부터 얻어갈 것이 없다고 생각하면서 자기방어적 태도를 견지하는 고객도 있었다.

이는 코칭이 무엇인지, 코칭을 통하여 무엇을 어떻게 변화되고 싶은지, 변화의 주체는 누구인지를 명확히 할 필요가 있다. 그런 점에서 고객과의 신뢰 관계 구축은 매우 중요한 요소이다. 그럼에도 불구하고 코칭이 무엇인지를 이해하고 코칭 시간을 보람 있고 유용하게 활용하기 위해서는 본격적인 코칭을 하기 전에 코치가 많은 시간과 노력을 할애하여야 한다.

이러한 애로사항을 전혀 다른 방법으로 해결하는 방법이 있다. 코칭 대상 임직원을 코치로 만드는 것이다. 즉 고객에게 코칭 공부를 권유하여 1단계 코치인증 자격인 KAC를 취득하게 하는 것이다. 어느 정도의 시간과 적정한 노력만 있으면 1단계는 누구든 어렵지 않게 취득할 수 있다.

이에 대한 사례가 있다. 코칭에 대해 전혀 경험이 없는 본사 핵심 부서 3개를 선정하여 모든 부서장을 포함한 전 직원에게 코치협회에서 주관하는 KAC 코치인증 자격을 취득하라는 미션을 주었다.

처음에는 해당 부장을 포함한 직원들의 생소함 또는 낯가림 반응을 무시하고 회사업무 일정을 감안한 코치 자격 취득 일정 및 회사지원방안을 제시하였다. 신설회사라서 부서장을 포함한 경력직원 및 신입직원들이 같은 시점에 채용되어 회사업무체계를 새로 구축하는 단계이고 조직문화를 만들어가야 하는 상황이었다. 코치인증 자격 취득을 미션으로 준 시점은 회사조직의 체계가 안정화되면서 부서 간 업무협조에 마찰이 생기기 시작하는 시점이었고 조직 구성원들 개개인의 목소리가 조금씩 커지는 상황이었다.

KAC 자격을 취득하는 시험을 보기 위해서는 코치협회가 인증하는 20시간의 코칭 교육을 받아야 하고 50시간의 코칭 실습 시간을 사전에 채워야 한다. 두 조건이 충족되면 서류심사를 통과한 사람들만 필기시험과 실기시험을 단계적으로 치른다. 온라인으로 필기시험을 통과하면 전화로 실기시험을 치르는데, 임의 선정된 2명의 응시자가 서로 15분간 코칭 시연을 시행하면 두 명의 시험관이 평가하여 합격 여부를 판정한다. 코치로서 고객의 말을 경청하는지, 적절한 질문을 통해 고객이 스스로 선택한 주제에 대하여 코칭 목표를 공유하고 목표 달성을 위한 방안들을 탐색하면서 실천 계획을 도출하고 시행 의지를 확인하는 코칭 프로세스를 잘 적용하는지를 보는 시험이다.

20시간의 코칭 교육 시간은 적은 시간이 아니다. 코칭이 무엇인지, 어떻게 활용할 수 있는지 등에 대해 심층적으로 교육하지만, 코치로서 직접 체험하는 50시간의 코칭 실습이 실제로 더 큰 효과가 있음을 확인할 수 있었다. 본인이 코치가 되어 보니 고객의 말을 적극적으로 경청한다는 것이 쉽지 않다는 것을 체감한다. 그동안 부하직원들의 말에 적극적 경청을 하고 있었다고 믿고 있었던 많은 상사나 리더가 좌절하는 단계이다. 막상 실습해보니 상대의 말의 맥락을 이해하지 못하는 자신을 발견하거나 상대의 말을 도중에 끊고 자기 말을 하는가 하면 단언, 충고, 비판, 조언 등 코칭에서 금기시하고 있는 것들을 떨치지 못해 답답해하기도 한다. 대부분 이 단계에서 지금까지의 자기 자신이 해왔던 소통방식에 대해 다시 한번 생각하게 되고 그동안 느끼지 못했던 소통에서의 문제점들을 직시하는 소중한 경험을 하게 된다.

코칭 실습은 버디 코칭과 코더 코칭을 병행하는데 버디 코칭은 코칭을 배우는 사람끼리 번갈아 가며 코치 역할과 고객 역할을 하면서 서로에게 피드백을 주는 실습이다. 코더 코칭은 상위코치 주관하에 코칭을 배우는 사람끼리 버디 코칭을 하면 상위코치가 피드백을 준다. 3개 부서 전 직원에 대해 직위와 연령에 구분 없이 무작위로 버디 코칭과 코더 코칭을 매칭시켰다. 각자의 코칭 실습 50시간을 채우는 데 약 3~5개월 소요되었다. 바쁜 회사 일 때문에 시간 내기가 쉽지 않고 코칭을 업무의 연장으로 생각하는 젊은 세대들은 늦은 밤이나 휴일에 코칭 시간을 회피하였기 때문에 예상보다 시간이 많이 걸렸다. 열심히 노력해주어 결국 모든 직원이 KAC 자격을 획득하였다. 이 자격증은 그들의 미래에 어떤 방식으로든 보탬이 되리라 믿는다.

코칭을 공부하면서 조직문화에 변화의 조짐들이 보이기 시작했다. 처음 교육 시간에는 회의 때처럼 지위가 높거나 외향적인 직원 위주로 진행되었으나 후반에는 모든 직원이 자기 의사표시를 적정한 시간 내 주저함 없이 하는 모습을 보여주었다. 교육 분위기는 활발해지고 열정적인 열기가 간혹 나오기 시작했다. 반면에 지위가 높은 직원들은 오히려 무관심한 모습을 보이기도 하여 조정이 필요한 경우도 있었다. 일과시간 중 커피타임이나 끽연할 때 끼리끼리 모이던 것이 부서나 직위와는 관계없이 대화하는 모습이 자주 눈에 띄었다. 부서 간의 벽이 조금씩 낮추어지는 느낌은 받았으나 가시적 성과는 크지 않았다.

코칭 실습이 이루어진 3~5개월 동안 직원들은 변하기 시작했고 조직문화의 변화를 체감하였다. 예를 들어 업무상 연관성이 적고 전혀 친하지 않았던 직원들이 코칭 때 언급한 실천 계획이 잘 되는지 확인하면서 같이 웃는다든가, 업무상 대화 때도 라포르 대화를 먼저하고 본론으로 넘어가는 모습들이 보이기 시작했다. 소극적이고 말이 없는 직원의 목소리가 커지고 있었고 경청하는 상사들의 모습에 대화하기 편해졌다는 직원들의 피드백이 들려오기 시작했다. 소심한 말단 직원이 부장 책상에 엉덩이를 걸치고 부장에게 보고하는 모습에 부장이 당황해하는 일도 있었고 부장이 90% 이상 대화를 이끌어가던 회의가 직원들이 대부분의 대화를 주도하고 부장은 질문과 마무리로 끝내는 경우도 일어나기 시작했다.

직원 입장에서 보면 회사 근무 시간 내내 상사들과의 수직적 대화가 대부분이고 회식 등의 자리에서도 상사 중심의 대화에 익숙하면서도 불편함을 느끼고 있었는데 코칭 실습 기간 중 수평적 대화를 일대일 방식으로 하게 되고 직원이 코치 역할을 하고 부장이 고객 역할을 할 경우 직원이 부장과의 대화를 주도하는 경험을 여러 차례 하다 보니 자연스럽게 근무 시간에도 업무상 대화에서도 수평적 대화를 할 수 있게 되었다.

상사들이 코칭을 받고 직원과의 소통방식을 바꾸려는 것 보다 같이 코칭을 배우는 것이 더 조직문화에 직접적인 효과와 영향을 준다고 생각한다. 상사나 직원들이 수평적 대화를 경험하고 익숙하게 되면 직위나 나이 등에 연연하지 않고 개인적이고 인간적 관점에서 바라보게 되기 때문에 친밀도가 높아진다고 추정해본다.

또한 대외관계에서도 좋은 영향력을 발휘하는 사례가 있다. 한 직원은 고충 처리 담당이라 회사 내외로부터 힘들고 어려운 전화를 많이 받는다. 대부분 불만이 가득한 상태에서 항의 전화 등이 많다 보니 감정소비도 많고 전화가 끝날 때는 늘 전화를 한 사람도, 전화를 받는 직원도 불편한 마음을 가졌다. 직원이 코칭을 공부한 이후 상대방의 말을 끊지 않고 끝까지 경청하고 공감도 가끔 해주면서 진정으로 원하는 것이 무엇인지에 관해 질문하자 고충 전화를 한 측에서 말미에 '자기 이야기를 잘 들어주어서 고맙다' 라는 멘트를 여러 차례 듣기 시작했다고 자랑하였다.

그 직원에게 그게 언제부터인지를 물어보았더니 코칭 실습 30시간 지나기 시작할 때부터라고 답했다. 직원은 자기도 모르게 적극적 경청이 몸에 배기 시작하고 코칭 리더십을 발휘하여 민원인과 대화하게 되었다. 화가 나서 전화한 사람이 전화 말미에 고맙다는 표현을 한 것은 대단한 일이다.


부서 간 갈등이 심한 조직이나 갑의 위치에서 일하는 조직의 경우 부서 전원이 코칭 자격을 취득하는 프로그램을 도입하는 방안을 적극 추천한다.

# 15 _ 코칭을 조직문화로

에드가 셰인은 조직문화를 이렇게 정의했다 "조
직 구성원이 공유하고 있고 무의식적으로 작동하며 기본적으로 당연하게 정
의하는 더 깊은 단계의 기본 가정과 신념이 조직 자체의 관점과 환경을 형성
한다." 어떤 조직에 소속되어 3개월이 지나면 더 이상 이상하게 느껴지지 않
는 것, 그게 조직문화다(Ⅳ, 『business coaching mastery』, p145).

갤럽의 최근 조사에 의하면 리더 대부분은 조직의 목적이 무엇인지 명확
하게 이야기할 수 있지만, 직원의 경우는 단지 27%만이 회사의 가치를 믿는
다고 응답했다. 미국의 경우이겠지만 국내 원전 운영조직의 경우 리더의 위
치에 있는 사람이 조직의 목적을 명확히 이해하는 경우가 미국보다는 낮고
직원의 경우는 회사의 가치를 믿는 사람이 더 많을 것으로 추측된다.

그 이유는 원전 운영이라는 특수조직에 몸담으려면 많은 기술적인 교육이
수반되는 과정에서 조직에 대한 이해도가 높을 뿐 아니라 원전이 가진 내재
적 리스크를 감당해야 하는 구성원의 입장에서 자신의 직무에 대한 성찰이
없이는 감당하기 어려운 부분이 있기 때문이다.

반면에 리더 입장에서는 적어도 20~30년 이상 원전에서 근무하였기에 원전 안전에 대해 오랜 기간 과도할 만큼 집중해왔다. 그로 인해 변화와 혁신에 대해 부담감을 가지고 있어 타성에 젖은 리더들이 적지 않음을 보았기 때문이다.

조직문화를 표현하는 요소로는 인공물, 행동, 마인드, 정서적 기반, 동기의 뿌리 등이 있다. 우선 로고나 건물, 사명 등 이미지를 표현하는 인공물이 있고 행동으로는 조직에서 관찰되는 관행들 즉, 참여방식, 갈등을 다루는 방식, 자원분배 방식 등 시간이 지나면 동조되어 당연히 느껴지는 것들이 있다. 마인드로는 무엇이 좋고 무엇이 나쁘게 받아들여지는지에 대한 프레임이다. 일단 마인드가 형성되면 매번 고민하지 않고 하던 대로 계속하는 습관화된 심리적 성향이다.

정서적 기반은 공유된 원칙이나 규범, 기준 등 의사결정과 행동을 하는 데 준거가 되는 것들이다. 마지막으로 동기의 뿌리는 조직을 탄생시키고 발전시키는 데 영감을 주었던 동기, 가치, 열정 등이다. 리더로서 원전 운영조직의 문화를 위의 5가지 요소별로 따져보는 것이 현 조직을 이해하는 데 도움이 될 것이다.

막연히 알고 있는 것과 구체적으로 명시하는 것에는 큰 차이가 있다. 리더는 구성원에게 원하는 조직문화를 그려 보이면서 동참하기를 원한다면 구체화된 조직문화 모습을 보여줄 필요가 있다.

만약 리더가 산업혁명 4.0시대에 맞는 조직문화를 그려보고 싶다면 코칭이 가미된 조직문화를 소개하고 싶다. 피터 호킨스는 2017년 〈코칭 멘토링 컨설팅에 대한 슈퍼비전〉에서 코칭 문화가 잘 개발된 조직의 모습을 제시하였다.

- 인공물 : 조직의 사명과 핵심 전략에 코칭의 중요성을 선언한다. 모든 리더와 관리자의 핵심 역량으로 코칭이 언급된다.
- 행동 : 일대일은 물론 팀 미팅에서도 코칭 스타일로 사람을 대한다. 문제 해결과 팀과 사람의 지속적인 개발을 장려하는 도구로 코칭이 사용된다.
- 마인드 : 굳이 지시하거나 설명하지 않아도 대부분의 사람들은 코칭에 대한 믿음을 갖고 있다. 누구도 모든 답을 갖고 있지 않으며 혼자 생각하는 것보다 함께 탐구할 때 더 좋은 답에 이를 수 있다고 믿는다.
- 정서적 기반 : 개인적으로 몰입하고 책임감과 에너지가 높은 조직 분위기다. 모든 도전은 새로운 배움의 기회로 보며 결속된 관계에서 문제를 해결해 나간다.
- 동기의 뿌리: 사람들은 평생 학습과 개발에 헌신한다. 다른 사람들을 신뢰하고 학습을 통해 나오는 그들의 잠재력을 믿는 문화이다.

조직 내 코칭 문화가 구축되면 구성원의 몰입도가 향상(67%), 직무 만족과 사기 진작(62%), 협력과 팀워크 향상(58%), 전략 실행 능력 향상(52%), 변화에 대한 적응력 향상(42%) 등 긍정적 영향이 나타날 것으로 예측된다고 세계적 리더십 연구기관인 CCL(Center for Creative Leadership)이 조사했다.

CCL은 코칭 문화 구축에 기여한 행동들을 제시하였는데 그중 몇 가지를 살펴보면 다음과 같다.

- 팀장이 역할 모델로서 팀 내에서 코칭을 하여 파급효과를 내는 것.
- 팀장과 리더에 대한 코칭 스킬 교육 실시.
- 코칭 문화 성과를 사업 목표에 연동시키는 것.
- 조직문화 변화를 위해 고위 경영진 코칭.
- 코칭 행동을 실천하는 사람에 대한 인정과 보상.
- 코칭 접근법을 학습과 개발에 통합하는 것.
- 코칭을 직무수행 역량에 포함하는 것.
- 팀장과 리더들에게 개인 코칭 제공.
- 코칭을 핵심 인재 관리 프로세스에 연동.
- 전 구성원에게 코칭 교육 실시.

코칭 문화가 성숙되면 외부 전문 코치의 도움을 받는 것에 더하여 내부 코치를 양성하여 활용하게 되고, 임원 코칭을 통한 코칭 챔피언을 확보하면서 조직 내 코칭을 확산하고 적용하는 방향으로 진화하고 있다.


피터 호킨스도 코칭 문화 정착 프로세스를 7단계로 설명하고 있는데 그 내용은 다음과 같다.


1단계 : 임원 개발을 위한 외부 코칭 제공.

2단계 : 인사담당자와 팀장들에 대한 코칭 멘토링 교육을 통해 팀장들이 팀의 코치 역할을 함.

3단계 : 최고 경영자 등 조직의 리더십이 적극적으로 코칭을 옹호하고 사내 코칭 커뮤니티가 형성되어 개발을 지속함.

4단계 : 팀 코칭과 조직학습 단계로서 개별 리더의 육성을 넘어 팀 코칭을 통한 팀 학습과 조직의 학습으로 나아감. 코칭 효과를 인정받게 되고 수많은 코칭 대화가 조직 내에서 이루어짐.

5단계 : 코칭이 인력개발과 성과관리 프로세스에 내재화됨. 관리자들의 360° 피드백에 수행한 코칭에 대한 피드백도 포함되며 성과 관리와 개별 면담에 코칭이 사용됨. 조직 성과 지표 중 하나인 BSC(Balanced Score Card) 의 한 부분으로 자리 잡음

6단계 : 코칭이 관리의 중심이 됨. 코칭은 독립적인 하나의 활동이 아니라 회사 내 일상적인 공식, 비공식 관리 방법의 일부가 됨. 팀 회의가 코칭 방식으로 바뀌고 성과 리뷰도 코칭으로 하며 갈등 해결에도 코칭이 자연스레 사용됨.

7단계 : 코칭이 모든 이해 관계자와 사업하는 데도 사용됨. 조직이 가치를 창출하는 데 코칭과 코칭 문화가 공헌하는 모델임. 고객과 파트너, 공급자들과 서비스 이용자 등 모든 관계자와 지역사회와의 관계에도 적용되는 단계


2000년 초 우리나라에 코칭이 도입된 이래 비즈니스 코칭이 활달하게 확산되고 있으며 일부 대기업의 경우 사내 코칭 커뮤니티가 형성되고 사내 코

치 양성에 심혈을 기울이는 3단계에 이르렀다. 공기업의 경우, 1단계 임원 코칭을 도입하여 시행하고 있는 곳도 점차 확산되어 가고 있다.

빠른 회사는 4단계 팀 코칭을 통한 학습조직을 각자의 실정에 맞게 시도하고 있으며 이에 대한 성과도 조심스레 연구되고 있는 것으로 알고 있다.

원전 운영 조직도 코칭 문화 도입이 절실해 보인다. 아직 1단계에 머물러 있고 그마저도 진정성 있는 실천보다는 뭔가를 하고 있다는 형식적 수준에 있다. 당사자들도 코칭에 대한 이해와 공감이 다소 미흡한 느낌도 있지만 변화하는 사회적 환경을 고려할 때 조속한 시일 내 최소 4단계에 도달했으면 하는 바람이 있다.

그리되면 원전 조직 내에서 코칭이 팀 문화의 바탕이 되어 직원과의 소통이 내 중심이 아닌 상대 중심으로 바뀌고, 타 조직과의 연계성에 관심을 둔 업무수행이 이루어져 원전 안전 운영이라는 지상 과제에 도달하는 데 큰 효과가 있으리라 생각한다.

Chapte VIII

해외 근무
체험기

原子力
發電所
Coaching
Leadership

# 01 _ 미국원자력발전협회(INPO)
## 근무 체험기

### A. INPO 직원들 일하는 방식(무엇이 공정인가?)

INPO에 근무하기 시작한 첫해에는 어려움이 많았다. 엔지니어링부서에 배치되었는데 외국인은 유일하게 필자뿐이고 부서 회의는 자기들끼리 약어와 슬랭 등을 쓰면서 아주 빠르게 진행되어 회의 내용이 무엇인지 도저히 따라잡을 수가 없었다. 회의가 끝나고, 나이는 은퇴할 정도가 되었으나 필자에게 친절하게 대해 주었던 Larry라는 분에게 항상 회의 내용에 관해 설명을 다시 들어야 했다. 어려움은 다만 영어뿐만 아니었다. 조직문화가 국내와 완전히 달라서 여러 가지로 웃지 못할 일들이 있었다.

INPO 사람들은 근무 시간에는 철저히 근무에만 집중하기 때문에 예정되지 않은 방문은 반기지 않는다. 부서장을 면담할 때도 비서와 연락해서 약속을 잡아야 얼굴을 볼 수 있다. 또한 미국 내 발전소에 대한 안전 점검(Peer Review), 기술지원 등에 본인이 적극적으로 참여 의사를 보이고 본인의 강점을 부서장에게 어필하지 않으면 기회가 주어지지 않는다. 필자도 미국 원전 안전 점검에 참여하고 싶었는데 마냥 기다려도 부서장이 기회를 주지 않았다. 필자는 이런 것이 불공정하다고 생각했다. 부서장 면담을 하고 나서야 왜 내게 기회가 주어지지 않았는지를 알게 되었다. 부서장은 자기가 불공정한 것이 아니라 적극적인 참여 의사를 표시하지 않으면 생각이 없는 것으로 간주하는 것이 자기네 일하는 방식이라고 했다. INPO에 3년 근무해 보니 알게 되었다. 이곳 미국에서는 가만히 있는 사람들에게 절대 빵을 거저 주지 않는다는 것을…… 또한 절대 자기가 먹을 빵을 남에게 나누어 주지 않기 때문에 자기 먹을 빵을 스스로 조달해야 한다.

이곳 INPO에 처음 출근한 미국인들은 낯부끄러울 정도로 자기 자랑을 하는 경우가 있다. 한국 사람이 생각하기에는 너무 이상하게 보이지만 이렇게 하는 것을 이곳 사람들은 당연시한다. 나중에 알게 되었지만 이렇게 자랑하는 것이 자기들의 생존전략이다. 그렇게 광고하지 않으면 기회가 주어지지 않기 때문이다.

INPO 조직 내 부서장들은 매우 일이 많다. 미국 내 직장 생활을 해보신 분들은 잘 알겠지만, 직책이 위로 올라갈수록 스스로 해야 할 업무도 대폭 증가하고 그만큼 보수도 차별화가 분명하다. 원전에 대해 INPO 안전 점검이 끝나면 그 결과를 가지고 부서 전체가 회의를 한다. 부서장은 부서원들의 모든 의견을 듣지만 참고만 할 뿐이다. 부서원 전체 토의 결과 평가 등급이 "B"라고 해도 부서장은 자기 판단에 의거 "A" 또는 "C"로 줄 수 있다. 즉, 평가에 대한 절대적인 권한이 부서장에게 있다. 필자로서는 처음에 이해가 되지 않았다. 20명 정도의 팀원이 평가한 결과에 대해 언제든지 부서장이 자기 의견대로 바꿀 수 있다는 것이 우리의 공정이란 관념상으로는 맞지 않는 것으로 여겨지는데 이곳 INPO에서는 이러한 결정을 당연시하였다.

만일 이러한 일이 국내에서 발생했을 경우 어떠한 문제가 발생할지 생각해 보았다. 이곳 INPO에서의 공정은 모든 부서원에게 의견을 표현할 기회를 준다는 것이다. 결정은 결정권자가 하는 것이다.

INPO 건물 앞에서 당시 주재원들과 함께

## B. 엑셀론사와의 인연

필자가 미국원자력발전협회(INPO)에 주재원으로 파견근무 하던 2002년
~2005년 당시 필자에게 부여된 중요한 업무 중 하나가 국내 원전 시스템엔
지니어링 역량을 높이기 위해 주로 원전 정비 분야에 근무하던 한수원 엔지
니어들을 미국 원전에 장기 파견시키는 일이었다. 2003년도 처음 파견 대상
자 13명을 선발했는데 본사와 협조하여 9명은 애리조나주에 있는 팔로 버디
(Palo Verde) 원전, 미네소타주에 있는 프레리 아일랜드(Prairie Island) 원전, 아
칸소주에 있는 ANO 원전 등에 파견을 성사시켰으나 4명은 받아 주는 곳이
없어 고민하였다.

미국 내에서 가장 많은 원전을 보유하고 있고 최고 수준의 운영 능력을 자
랑하는 엑셀론사 소속의 원전에 우리 엔지니어를 보내고 싶었다. 그래서 지
금 생각하면 무모하였지만, 용감하게 엑셀론사 그룹 총괄사장에게 한국의 엔
지니어가 엑셀론사 원전에 파견 근무를 할 수 있도록 받아 달라는 메일을 보
냈다. 기대하지 않았는데 며칠 후에 엑셀론사 비서실에서 연락이 왔다. 당시
엑셀론 본사의 Amir Shakarami 엔지니어링 처장이 INPO를 방문하고 있으
므로 만나서 상의하라는 전갈이었다. 바로 Amir Shakarami 처장을 만나 요
청을 했고 천만다행으로 받아들여져서 4명 전원을 엑셀론 본사 및
Braidwood 원전 등에 장기 파견시킬 수 있었다. 당시 미국 등 해외 원전에
장기 파견 근무를 경험한 그 직원들은 현재 본사 및 중앙연구원 등에서 중요

한 업무를 담당하는 주요 간부들이 되었다. 이는 미국 INPO 주재원으로서 가장 보람된 일 중의 하나로 기억된다.

엑셀론사 BYRON 원전 전경. 큰 냉각탑이 인상적이다

엑셀론사와 인연은 계속 이어져서 INPO 근무가 끝나고 엔지니어링 제도 정착팀(후기 원전운영혁신부)의 성공적인 업무수행을 위해 2명의 엑셀론사 소속 엔지니어링 전문가를 2년간 한국에 파견해 주었고 엑셀론사의 운영 관련 절차서 등 소중한 자료 등을 무상으로 제공해 주었다. 그 이후에도 두 회사 간의 교류가 있었으나 Amir Shakarami 씨가 퇴직한 이후에는 교류가 활발하게 이루어지지 못하였다. 미국 원전 운영 회사와의 교류도 사람을 아는 것이 중요하다는 것을 다시금 깨닫게 되었다.

## C. 플로리다 악어와 모닝빵

INPO에 근무하면서 마지막 크리스마스 연휴를 맞아 플로리다주 여기저기를 여행했다. INPO가 소재한 조지아주 애틀랜타시에서 자동차로 약 12시간 정도 달리다 보면 플로리다 웨스트 팜비치에 도착한다. 이곳은 미국에서도 부자들의 휴양지가 밀집된 지역으로 대저택 주변의 수목과 꽃들의 정원이 너무나 아름다워 사진 촬영을 하다가 경비에게 쫓겨나기를 여러 번 하였다. 비치로 유명한 마이애미시를 거쳐 헤밍웨이가 소설을 쓴 키웨스트 남단 끝까지 가서 헤밍웨이가 살던 집 등을 관광하고 돌아오면서 우리나라 경상북도 크기만 한 에버글레이즈(Everglades) 국립공원에 갔다. 한겨울인데도 시커먼 모기가 사정없이 달려들어 긴 팔 옷과 두꺼운 바지로 갈아입어야 했다.

공원 안에는 악어들이 늪에서 나와 여기저기서 햇볕을 쬐고 있었고, 온갖 이름 모를 새들과 물고기들이 있었다. 공원 한가운데 늪지대로 가서 미국 원주민인 인디언이 운영하는 늪 탐험 배를 탔다. 배는 갈대숲으로 둘러싸인 늪을 빠져나가 마침내 어마어마하게 큰 악어들이 사는 곳으로 우리를 데리고 갔다. 배가 도착하자마자 커다란 악어들이 배 앞에서 그 무시무시한 입들을 쩍 벌리고 군대 사열하듯이 기다리고 있었다. 인디언 선장은 배를 탄 승객들에게 모닝빵을 나누어 주며 쩍 벌리고 있는 악어 입에 던져 주라고 말했다. 등에 식은땀이 나고 오금이 저려서 가까이 가지 못하고 있는데 10대 아이들이 모닝빵을 악어 입에 던져 주고 있었다. 플로리다의 악어들이 모닝빵을 좋아한다는 것을 그때야 알았다. 지금도 모닝빵을 보면 플로리다 악어가 생각 난다.


## D. 미국의 착한 사마리아인 부부


미국원자력발전협의회(INPO)에 3년간 근무하면서 미국 인구의 70%를 차지하는 백인 중에도 유색인을 대하는 여러 종류의 사람들이 있다는 것을 느꼈다. 자기 일에 바쁘고 남의 일에 간섭하기를 원치 않는 대부분의 사람들은 무관심하다. 그런데 필자의 짐작으로 약 10% 정도는 유색인을 혐오하는 사람도 있었다. 특별히 INPO는 미국 내 일반 회사보다 보수적인 기관으로 해군 핵잠수함 장교 출신들이 관리자로 근무하는 경우가 많아 미국 내에서도 INPO를 해군 마피아로 불렀으며 백인 외의 부서장을 찾아보기 힘들었다. 일부이지만 백인 장교 출신 중에 유색인종에 대해 거만하게 굴거나 심지어 적개심까지 보이는 사람도 있었다.


그러나 극히 소수의 성경에 나오는 착한 사마리아인들 같은 사람도 있다. 그 중의 Jim Henderson 씨 부부를 잊지 못한다. 필자가 근무하던 3년간 이들 부부가 참으로 우리 가족을 많이 도와주었다. 자기 집으로 주기적으로 초대하여 음식도 대접하고 INPO에 근무하면서 이방인이 겪는 어려움을 해결해 주기도 했다. INPO 근무를 끝내고 귀국이 얼마 안 남았을 때 애틀랜타에서 비교적 가까운 사우스캐롤라이나주에 있는 유명한 관광지인 찰스턴

(Chaleston)이라는 곳에 이들 부부와 마지막 기념 여행을 갔다. 이곳은 아프리카 흑인 노예들을 사고팔던 시장이 있었고 농장의 백인 주인이 살던 대저택 근처에 아주 조그만 오두막집인 노예들이 살았던 곳이 보존되어 있었다. 그때 당시 짐승과 같은 취급을 받았던 흑인들의 삶을 볼 수 있었다. 귀국 후 나중에 소식을 들으니 이들 부부는 INPO를 퇴직하고 플로리다주에 있는 호스피스 병원에서 생애 마지막까지 봉사활동을 하신다고 들었다. 필자의 영어 이름은 짐(Jim)이다. 나의 한글 이름과 아무 연관이 없어 사람들은 이상하게 생각하지만, 필자는 미국의 착한 사마리아 부부를 잊지 않고 기억하기 위해서이다.

미국의 착한 사마리안 Jim Henderson 부부를 기억하며

## E. 애틀랜타 한인들의 삶과 애환

미국 조지아주 애틀랜타는 미국 남동부의 대표적인 도시이며 남동부에서 가장 많은 한인들이 밀집하여 살고 있는 도시이다. 애틀랜타 시내와 주변을 포함하여 약 10만 명의 교민들이 살고 있다. 미국 대부분 한인 교민들이 그렇듯이 교민사회는 주로 한인 교회를 중심으로 모이고 친교가 이루어진다. 필자도 애틀랜타에 소재한 교회를 통해 그곳 교민들과 가깝게 지내며 교민들의 생활을 들여다볼 수 있었다.

교민들은 각종 직업에 종사하며 생계를 꾸려 나갔지만 대부분 소규모 자영업을 하는 교민들이 많았다. 물론 성공하여 대형 슈퍼마켓 또는 중고차 판매회사를 운영하고 있는 교민들도 있으나 대부분이 애틀랜타 시내의 세탁소 대부분과 그 밖에 빨래방, 중고차 딜러, 카센터, 미용실, 부동산 중개인, 유리가게, 유아방 운영 등 각종 자영업에 종사하고 있었다. 음식점을 운영하는 교민들도 교민 인구 대비 점유율이 매우 높았다. 이민 2세대 이상에서는 비교적 소득이 높은 중견기업 및 대기업에 취업하여 근무하였으나 안타깝게도 관리자급 이상으로 진출하기보다는 몇 년 후 자영업으로 전환하는 사례도 종종 보았다. 어렵게 대학을 졸업해 기업의 전문 직종으로 진출하였으나 여러 가지 사유로 이민 1세대 부모 밑에서 살면서 보고 자라온 자영업이 낫다고 생각하기 때문이다. 안타까운 것은 많은 교민들이 소규모의 자영업에 종사하며 생계를 유지하다 보니 함께 공동 투자 등을 통한 큰 규모의 사업체를 운영하는 사례가 적어 아무래도 교민들의 자산 축적과 교민사회의 발전이 크지 않음을 느끼곤 했다.

교회 모임이 아니면 정서적 교류가 부족하기 때문에 성공한 교민들 중에는 골프 등 운동에 지나치게 몰입하는 교민들도 있고 도박에 빠지는 사례도 보았다. 지금은 해외에서도 한국 TV를 직접 시청할 수 있으나 약 20년 전에는 한국의 인기 드라마를 녹화한 비디오를 대여해 주는 비디오 가게 영업이 잘되었다. 누군가가 이런 말을 한 것이 기억난다. "미국은 재미없는 천국이고 한국은 재미있는 지옥이다" 미국에 장기 체류해 본 사람이라면 이 말이 수긍이 가고 실감이 날것이다. 직장도 대부분 4~5시 전후에 퇴근하고 퇴근한 사

애틀랜타 홈 야구 경기장 (Atlanta Brave)

람들은 거의 예외 없이 집으로 향한다. 우리처럼 회식도 거의 없고 일 년에 한두 차례가 전부이다. 주말에도 교회 이외에는 한국 사람들이 모이는 곳이 거의 없다. 신앙생활 하기에는 최상의 조건인 천국과도 같지만 그렇지 못한 사람들에게는 정서적 교류를 채울 수 없다는 목마름과 외로움으로 지옥처럼 느껴질 만도 하다.

# 02 _ 아랍에미리트(UAE) 아부다비 근무 체험기

## A. 계약자 마인드셋 갖기

팀코리아(Team Korea)가 UAE에 건설하는 바라카 원전 프로젝트는 우리에게 많은 것을 배우게 하였고 지금도 배우고 있다고 본다. UAE 바라카 원전 운영사는 팀코리아 측에서 보면 고객인 '갑' 인 것은 분명하다. 계약자인 한전은 '을' 이고 한전과 계약을 한 한수원 등은 '병' 이고 한수원과 계약한 협력업체는 '정' 이 된다. 한수원 등 국내 협력사가 바라카 원전 운영사와 직접 계약한 경우는 '을' 이 되기도 한다. 문제는 국내에서 '을' 이나 '병' 역할을 한 번도 해보지 않은 팀코리아 고위 간부들이 UAE 바라카 원전 현장에서도 여전히 '갑' 의 마인드를 갖고 일을 하는 데 있다. 예를 들면 이런 것이다. 바라카 원전 현장에서 특히, 발전소 운영과 관련하여 한국 기준에 안 맞는다고 생각되는 것을 모아서 NE사가 잘못하고 있다고 비판하는 경우다. 당연히 비판받은 그들은 곱게 받아들이지 않는다. 물론 국내 운영 경험을 바탕으로 바라카 현장의 일을 걱정하는 좋은 마음에서 시도했겠지만 운영사 입장에서 볼 때는 주제넘게 '갑' 처럼 군다고 생각한다. 속으로 이렇게 이야기하지 않을까? '당신들이 누구인데 주인처럼 이러쿵저러쿵하는가? 우리가 주인이야. 쓸데없는 소리 하지 말고 계약서에 있는 자기들 일이나 잘 하지.'

국내에서 '을'의 역할에 익숙한 한전/한수원 협력업체들은 UAE에서도 잘 적응하고 운영사로부터 그들의 역할에 대해 충분히 인정을 받는다. 향후 해외 사업에서도 '갑'의 마인드를 버리고 '을'이나 '병'인 계약자로서 고객을 만족시키는 마인드셋 관련 교육이 필요하다고 본다.

### B. 아부다비에서 친구 같은 후배와 모닝커피를

2019년도 UAE 수도 아부다비 호텔에 거주하면서 필자에게 가장 즐거운 시간은 필자보다 적어도 스무 살이나 아래인 후배와 아침 커피를 마시는 시간이었다. 2020년 봄부터 코로나-19 대유행으로 말미암아 호텔에서 재택근무가 장기화됨에 따라 많은 사람들이 고통을 받았지만, 필자도 심신이 힘들었다. 코로나로 인해 집사람은 귀국했고 혼자 생활하게 되어 마치 군대 내무생활을 다시 하는 느낌이 들었다. 물론 화상통화로 가족과 매일 통화를 하였지만 자유로운 이동이 제한된 상황 속에서 호텔에 거주하는 시간이 늘어만 갔다. 이때 필자를 주기적으로 찾아와 말동무해주고 읽은 책들도 교환하면서 커피와 음식을 함께 나누며 시간을 보낸 그 후배가 몹시 고마웠다. 시간이 지나면 그가 오는 시간이 기다려졌다. 그 후배는 커피를 몹시도 좋아했다. 그래서 필자가 묵는 호텔 주변에 맛있기로 소문난 수제 커피집은 다 돌아다녔다. 덕분에 커피의 맛과 향에 대해 조금 알게 되었다.

여기서 독자는 궁금할 것이다. 어떻게 20년 이상 차이가 나는 후배가 필자와 친구처럼 친근하게 지낼 수 있었는지에 대해서 말이다. 물론 아부다비에서 만나기 전 인재개발원에서 인연이 있었다. 어느 날 직원 승격 심사의 심사위원으로 서울 호텔에 머물렀을 때 공교롭게도 그 후배와 한방을 쓰게 되었다. 심사 후 시간적 여유가 있을 때 이런저런 이야기를 하던 중 필자는 직감적으로 그 후배의 큰 장점을 보았다. 다른 사람은 가질 수 없는 창의적인 아이디어가 있었고 본인이 생각하는 것을 꾸미지 않고 정확하고 솔직하게 이야기하였다. 필자는 그 후배가 깨닫지 못하고 있던 그의 장점을 툭 던지듯이 알려준 것이다. "자네는 남이 흉내 내기 어려운 독창적인 큰 장점이 있네. 당신을 알아주는 상사를 만난다면은 크게 성공할 수 있겠어." 그 후에도 필자는 그 후배의 사람됨과 자질을 늘 존중했다. 이제 우리는 서로 존중하고 아끼는 친구가 되었다. 엊그제 후배 친구로부터 카톡으로 반가운 연락이 왔다. "한국으로 휴가 나가면 막걸리 사주세요."

아부다비 Palace Hotel
유명 관광상품인 금가루 커피

아부다비 Palace Hotel에서 바라 본 Etihad Towers 야경

아부다비 전통 음식점 내부 전경

아부다비 가로수로 심는 대추야자나무

아부다비 그랜드 모스크 내부 전경

원자력발전소 경영과 코칭 리더십

UAE 전통춤과 놀이

UAE 민속촌에서 불꽃놀이 광경

## C. UAE 아부다비 근무를 마치고 세컨드 라이프를 꿈꾸며

2021년 어느 여름날 UAE 바라카 운영사인 Nawah Energy(NE사) CEO로부터 전화를 받았다. 사장고문으로 근무한 지 2년이 되어오는데 1년 더 연장할 것인지에 대한 필자의 의사를 타진해 온 것이다. 필자는 마치 준비한 것처럼 "No."라고 대답하였다. 급여 등 대우는 더할 나위 없이 만족하였지만, 왠지 인생을 낭비하는 것 같았다. 필자는 조금 더 적극적으로 자기 인생을 살아보고 싶었고, 새롭고 가슴 뛰는 일에 도전해 보고 싶었다. 지금은 그때 결단하기를 참 잘했다고 느낀다.

필자가 오래전에 지방 신문에 쓰인 기사를 읽었는데 지금까지 그 기사를 기고한 95세의 노인의 외침을 기억하고 있다. 내용을 요약하면 그 당시를 기준으로 30년 전, 65세에 대학교수로서 정년퇴직하고 이제 일할 만큼 했으니 여생을 즐기면서 편히 보내리라고 생각했으나 이렇게까지 오래 살지는 몰랐다고 하였다. 30년을 아무 목표 없이 살아온 것에 대한 안타까움과 회한이 담긴 글이었다. 앞으로 더 후회하지 않도록 무엇인가를 배우겠다는 다짐도 하셨다. 독자 여러분은 어떠한 세컨드 라이프를 꿈꾸고 있는가?

필자가 현직에 근무하고 있을 때는 퇴직한 선배들이 후배들에게 이렇게 조언하는 것이 일반적이었다. "퇴직 후의 커리어는 현직 시절의 인맥과 전문성에 달려있다." 이 말이 틀리지는 않지만 완전한 답이 아닌 것이 요즈음 실감이 된다. 왜냐하면 퇴직 후 짧게 잡아도 30년의 세월이 남아 있기 때문이다. 현직에 있을 때 맺은 인맥과 전문성도 짧게는 3~5년, 아무리 길어도 10년 이상 지속되지 못한다. 독자 여러분은 어떤가? 어떤 사람은 30년 일하는 것도 지겨운데 무슨 세컨드 라이프냐고 할 수 있다. 그런데 퇴직을 해본 사람들은 알 것이다. 그 말이 얼마나 철이 없고 배부른 소리인지를……

건강하면서 즐겁고 또한 보람찬 세컨드 라이프를 갖고 싶다면 스스로 질문해 보고 답변해 보아야 한다. 나는 무엇을(What) 해 왔는가? 그리고 나는 어디로(Where) 가야 할 것인가? 마지막으로 나는 어떻게(How) 살아갈 것인가? 나의 답변은 이렇다. "40년간 원자력발전소 건설 및 발전 분야 업무를 해왔고 원자력 리더십과 코칭 전문가로서의 경력을 쌓아 원자력 종사자 개인의 잠재력을 발굴하여 개인과 조직의 성장과 변화를 이끄는 길을 안내하는 내비게이션과 등대와 같은 역할을 하고 싶습니다. 또한 세컨드 라이프를 꿈꾸는 사람들의 올바른 길잡이가 되고 싶습니다."

의미 있는 세컨드 라이프 설계를 위해서는 자신이 추구하는 최고의 가치가 무엇이며, 현재 자신의 능력은 어느 정도이며, 자신이 원하는 최고의 가치를 달성하기 위해 무엇을 준비하며 자신에게 어떻게 동기부여를 할 수 있는지를 생각해 보아야 한다. 현직에 있을 때 세컨드 라이프를 설계하는 것이 현명하다. 소득이 있을 때 해야 한다. 소득이 없을 때 이것도 배부른 사람들의 이야기가 될 수 있기 때문이다. 퇴직 후 경제적 자립이 안 되어 있을 때 자신이 원하는 삶, 즉 세컨드 라이프를 길게 보고 준비할 여유가 없다.

# "원전의 경영 리더는 어떻게 육성되는 것일까?"

산속에서 약 40년 가까이 몸담고 있으면서 이 길 저 길 헤매기도 하고 낮은 개울부터 높은 정상 언저리까지 둘러보면서 많은 것을 체험하고 때로는 관조하면서 몸담은 산에 대해 잘 안다고 생각했다. 막상 산 밖으로 나와서 몸담았던 산을 물끄러미 바라보니 나의 많은 자취들이 곳곳에 스며있고 여러 가지 소회를 불러일으킨다. 아직 그 속에 있는 것처럼 생생하기도 하고 어떤 부분은 생경하기도 하다. 그 속에 있을 때는 몰랐던 음영 부분이 새롭게 크게 보이기도 한다.

다시 그 산속에 들어간다고 해서 옛날보다 더 나은 결과를 얻으리라는 보장은 없지만, 과거와는 다른 시각 혹은 확장된 관점을 공유한다면 그 산의 위상이 높아지고 현재 그 산속에 있는 사람들의 환경이 좀 더 나아지지 않을까 하는 미련에 이 책을 쓰게 되었다.

세계 원자력산업의 선도적 위치까지 오른 우리나라의 원자력산업이 현재 변곡점에 서 있다고 생각한다. 성공한 과거로부터의 탈피가 절실히 요구되는 시점이다. 즉, 과거의 타성에서 벗어나지 못하면 이미 찍은 정점을 뒤로 하고 내리막길로 가야 하는 기로에 서 있다. 변화 없이 과거의 방식으로 노력하면 할수록 아이러니하게도 내리막의 속도가 더 빨라지는 의도치 않은 현상에 직면할 수 있음을 누군가는 알려야 한다고 생각했고 이 책이 그 역할을 할 수 있기를 바란다.

공기업에 오랫동안 근무해 본 사람이라면 "직급이 깡패다"라는 말을 들어보았을 것이다. 지금은 공기업에서도 그러한 인식이 거의 없어졌을 것으로 생각되지만 권위적이고 보수적인 조직일수록 포지션 리더십이 리더십 파워의 대부분을 차지하기 때문이다. 아주 오래전 필자의 직급이 부장이었을 때 어느 날 본사 실장이 소집한 회의가 있었다. 현장에 있던 나는 회의 참석을 위해 전날 본사 근처에 와서 숙박을 해야 했다. 회의 참석자는 십여 명 정도였으나 한 시간 내내 실장 본인의 이야기만을 전달하고 회의를 마쳤다. 참 어이가 없었다. 포지션 리더십이 강한 조직일수록 소통이 일방적인 것이 특징이다. 회사의 경영 리더가 직원들이 의사소통을 원활히 할 수 있는 조직문화를 만들어야 그 조직이 병들거나 부패하지 않고 건전하게 지속적으로 발전할 수 있는 것은 너무나도 많은 사례에서 볼 수 있다.

필자가 원자력 리더십에 관심을 갖게 된 것은 2002년도에 미국원자력발전협회(INPO)에 주재원으로 근무할 때이다. INPO에서는 주기적으로 원전에 대한 안전 점검(Plant Evaluation, WANO에서는 Peer Review라 부름)을 수행하고 안전 점검 결과 원전 운영자에 대한 리더십 논의가 활발하게 이루어졌다. 그리고 여러 종류의 세미나와 워크숍에서도 토의 주제는 리더십으로 모아지며 발표자와 참석자 모두 거리낌 없이 이야기하는 것에 놀랐었다.

그 당시에 국내에서는 리더십에 대해 언급하기조차 어려웠지만 지금도 여전히 리더십 주제를 공개적으로 논의하기에는 부담을 느끼는 분위기이다. 그러나 이제는 바뀌어야 한다고 생각한다. 사내에서 리더십 논의가 활발하게 이루어져 리더십 역량이 있는 직원들이 발굴되고 또 지속적으로 더 높은 수준의 리더십 역량향상을 통해 경영 리더로 발전될 수 있도록 해야 한다. 특히 원전 운영종사자에 대한 원자력 리더십의 핵심은 안전 최우선 경영과 안전 문화 육성이므로 권위적이고 일방적 지시 스타일의 리더는 원자력발전 분야 경영 리더로서 적합하지 않다고 필자는 생각한다. 왜냐하면 원자력 안전 최우선 경영을 위해 종사자 누구나 다른 의견이나 지시에 대한 의문이 있을 시 언제든지 문제를 제기할 수 있는, 소통이 원활한 조직문화를 육성할 책임이 분명하게 원전 경영 리더에게 있기 때문이다.

따라서 원전 안전운영과 연관한 리더십이 무엇이고 어떤 역할을 하며 어떻게 조직문화에 정착해야 하는지를 다루고자 노력하였다. 그러한 리더십의 바탕에는 요즘 부각되고 있는 코칭을 적극 활용하는 것이 효과적이라고 생각하여 코칭과 코칭 리더십을 소개하였다. 리더뿐만 아니라 팔로워들도 직급과 직무권한에 의한 조직 운영만이 아니라 코칭을 통해 사람과 사람이 서로 존중하면서 정서적 교감을 갖고 팀워크를 통해 팀플레이를 자연스레 시연하는 그런 모습을 그려보았다. 이를 통해 과거와는 다른 차원의 원전 안전성과 업무성과를 높이는 방향으로 원전 운영 조직문화가 재창조되었으면 하는 바람이 크다. 나아가 한국의 원전 운영모델이 새로 정립되고 이를 바탕으로 원전 건설뿐만 아니라 운영 측면에서도 세계 선도적 위치를 굳건히 해 주었으면 하는 바람으로 이 책을 바친다.

원전의 경영 리더는 어떻게 육성되는 것일까? 이에 대해 『김형철 철학경영』에서 아래의 글을 발췌해 함께 생각해 보았으면 한다.

리더십 수업 시간에 질문이 있냐고 질문해 보면 가장 흔하게 나오는 질문이 있다. "리더는 만들어지는 겁니까, 타고나는 겁니까?" 리더는 당연히 만들어지는 것이다. 스타일과 기질에 따라 다를 수 있다. 물론 스타일까지 오랫동안 연습하면 바뀔 수 있다. 이 세상에 태어나면서부터 리더일 수밖에 없는 사람은 없다. 누구든지 리더가 될 수 있다. (김형철의 철학경영에서)

리더는 누구나 될 수 있다. 리더처럼 말하고 행동하면 누구든지 리더가 될 수 있다. 그러나 무엇보다도 중요한 것은 어떤 리더가 되는가이다. 현재 조직의 리더인 독자에게는 이런 질문을 드린다. "당신은 현재 자리를 떠난 후에 어떤 리더로 기억되기를 원하십니까?" 기업에 오랜 기간 근무하다 보면 많은 경영자와 주요 보직자들이 흐르는 물줄기 같이 들어 왔다가 떠나간다. 그리고 그분들의 어떠함은 많은 종사자들 속에 여러 가지 모양의 흔적들을 남기고 점차 사라져 간다. 모두들 한때 직원들에게 큰 영향을 끼친 리더들이었다. 지금 독자들 뇌리에 꼭 닮고 싶을 정도로 존경하는 리더가 있는가? 존경하는 리더가 한 사람이라도 있다면 그것은 본인에게 큰 행운이다.

경영 리더를 꿈꾸는 차세대 리더들에게 질문해 본다. "당신은 어떠한 리더가 되기를 원하십니까?" 성공적이고 존경 받는 리더가 되기 위해서는 이론과 실전을 통한 지속적인 배움과 자신을 갈고닦는 수신의 훈련과 그 과정을 이겨내는 인내가 필요하다. 그리고 더 성숙한 자신의 리더십을 개발하기 위해서는 예리한 통찰력을 갖도록 자신과 타인의 실패로부터 배우는 타산지석의 노력이 더욱 중요하다. 이 책을 읽는 독자들이 모두 성공적이고 존경 받는 리더들이 되시기를 바란다.

부족한 점도 많고 체계화되어야 할 부분도 적지 않지만 이러한 관점의 제시와 시도는 처음이라는 자부심에, 부끄럽지만 책을 낼 용기를 내었다. 이 책을 계기로 우리나라 원자력 산업이 변곡점에 머물지 말고 세계 정상을 향해 도약하는 데 작은 도움이 되었으면 좋겠다.

## References | 참고 자료

01    CHANDLER, R.C., The Marks of a Leader (2001)

02    Leadership in Nuclear Emergencies (IAEA, No. NG-T-1.5)

03    Leadership for Safety (IAEA, No. GSR Part 2)

04    Managing Change (IAEA INSAG-18)

05    Leadership and Team Effectiveness Attributes Implementation (INPO 16-008)

06    Performance Objective & Criteria (WANO)

07    2018 INPO Leadership Training Program

08    2017 WANO Leadership Development Programme

09    2017 COG Leadership & Safety Culture Training Program

10    IAEA International Nuclear Management Academy Program

11    2018 WNU Leadership Training Programme

12    Leadership and team cohesiveness across cultures (Hein Wendt, 2009)

13    고현숙, 『코칭하는 조직만 살아 남는다』, 두앤북, 2019.

14    박창규, 원경림 외 『코칭 핵심 역량』, 학지사, 2019.

15    김대희, 김병헌 외 『경영자 코칭』, 클라우드나인, 2021.

16    티머시 골웨이, 『이너게임』, 최명돈 옮김, 가을여행, 2019.

17    송영수, 『리더가 답이다』, 크레듀하우, 2014.

18    고현숙, 『티칭하지 말고 코칭하라』, 레디앙, 2011.

19    토드 로즈, 『평균의 종말』, 정미나 옮김, 21세기북스, 2021.

20    배용관, 『리더의 코칭』, 아비요, 2016.

21    조너선 로젠버그, 앨런 이글 외 『빌 캠벨, 실리콘밸리의 위대한 코치』, 김민주, 이엽 옮김, 김영사, 2020.

22    고현숙 외, Business Coaching Mastery, 코칭경영원